Economic voting in Japan

# 日本の経済投票

なぜ日本で政権交代が起こらないのか?

大村 華子 著
OHMURA Hanako

有斐閣

# 目 次

### 序章　日本の経済投票についての問い　　　*1*

*1*　経済投票（economic voting）とは何か　……………………………… *1*

*2*　経済投票について明らかになってきたこと，本書が明らかにしたい
　　こと　…………………………………………………………………… *3*

*3*　本書の問い，分析枠組み，主張　……………………………………… *6*
　　本書の問いと分析枠組み（*6*）　　本書の主張（*8*）

*4*　本書が扱うデータと分析の方法　……………………………………… *10*

*5*　本書の構成　……………………………………………………………… *12*

### 第Ⅰ部　日本の経済投票を考える

### 第1章　本書は何を明らかにするのか？
　　　　　──データの素描からみる日本の経済投票　　　*16*

*1*　経済投票における不平の非対称性
　　──否定性バイアス，不平の非対称性があるならば何が起こるのか？　…… *16*

*2*　党派性に動機づけられた推論
　　──不平の非対称性が働いても政権交代が起こらないのはなぜか？　……… *22*

*3*　不平の非対称性の党派間での非対称
　　──反応する与党派，無党派と反応しない野党派　…………………………… *28*

*4*　経済と政治の結びつき
　　──弱まっているのか，強まっているのか？　………………………………… *33*

*5*　第1章の分析からわかったこと　……………………………………… *35*

### 第Ⅱ部　時系列データを使った分析──日本の経済投票をめぐる見取り図の提示

### 第2章　経済評価はどのように動いてきたのか？　　　*38*

*1*　時系列データを使って分析すること　………………………………… *38*

*ii*

   2　経済評価の推移
      ——否定的な回答割合への注目 ……………………………………… *39*

   3　経済評価の推移と政治経済的出来事 …………………………… *43*

   4　党派別の経済評価 ………………………………………………… *46*

   5　第2章の分析からわかったこと ………………………………… *49*


## 第3章　経済評価は何によって動いてきたのか？　　*51*

   1　本章で分析すること ……………………………………………… *51*

   2　データと推定方法の説明 ………………………………………… *52*

      従属変数の説明（*52*）　　独立変数の説明——経済情報を測る（*53*）　　推定方法の
      説明（*56*）

   3　分析結果の検討 …………………………………………………… *58*

   4　第3章の分析からわかったこと ………………………………… *62*


## 第4章　政治的支持はどのように動いてきたのか？　　*64*

   1　政党支持率と内閣支持率の推移 ………………………………… *65*

   2　党派別の内閣支持率・内閣不支持率 …………………………… *69*

   3　第4章の分析からわかったこと ………………………………… *71*


## 第5章　政治的支持は何によって動いてきたのか？　　*74*

   1　本章で分析すること ……………………………………………… *74*

   2　データと推定方法の説明 ………………………………………… *76*

      従属変数の説明（*76*）　　独立変数と推定方法の説明（*76*）

   3　政党支持率に関する分析結果の検討 …………………………… *78*

   4　内閣支持率・内閣不支持率に関する分析結果の検討 ………… *82*

   5　第Ⅱ部の分析からわかったこと ………………………………… *88*

      第5章の分析からわかったこと（*88*）　　時系列データを使った分析からわかった
      こと（*89*）

   補論：世論調査の時系列データ分析について考える …………………… *91*

      時系列データ分析と因果性（*91*）　　時系列データを使った予測——私たちは物価
      を予測できていたのか？（*92*）

第Ⅲ部　個人データを使った分析——日本の経済投票をめぐる因果の解明

## 第6章　所得は経済評価，投票選択を決めるのか？
### ——観察データの分析（1）　　　　　　　　　　　　　　　96

*1*　観察データを使って分析すること …………………………… *96*

*2*　データの説明 …………………………………………………… *99*

*3*　分析方法の説明 ………………………………………………… *99*

第1の分析——所得階層，経済評価，党派性，投票選択の関係に関する平均値の差（*99*）　第2の分析——党派性のもとで所得が投票確率差に与える影響（*101*）

*4*　分析結果の検討 ………………………………………………… *103*

第1の分析結果の検討（*103*）　第2の分析結果の検討（*109*）

*5*　第6章の分析からわかったこと ……………………………… *113*

## 第7章　党派性，経済評価は投票選択を決めるのか？
### ——観察データの分析（2）　　　　　　　　　　　　　　　115

*1*　データと分析方法の説明 ……………………………………… *115*

第1の分析——経済評価，党派性，投票選択の関係についての平均値の差（*115*）
第2の分析——党派性と経済評価の内生性に関する2段階最小二乗法（2SLS）による推定（*117*）　第3の分析——党派性のもとで経済評価が投票確率差に与える影響の検証（*118*）

*2*　分析結果の検討 ………………………………………………… *119*

第1の分析結果の検討（*119*）　第2の分析結果の検討（*123*）　第3の分析結果の検討（*126*）

*3*　個人レベルの観察データの分析からわかったこと ………… *128*

第7章の分析からわかったこと（*128*）　個人レベルの観察データを使った分析からわかったこと（*129*）

補論：社会志向の経済評価と個人志向の経済評価
　　——「個人志向の経済評価のレンズ」を考える ………………………… *130*

## 第8章　経済情報をどのように受け取っているのか？
### ——実験データの分析（1）　　　　　　　　　　　　　　　134

*1*　実験データを使って分析すること …………………………… *135*

*2*　実験 8-1「経済情報の受容における党派性の作用の実験（1）」の設

計 ……………………………………………………………… *140*

  実験 8-1 の仮説（*142*）

3 実験 8-1 のデータ，変数の設定，推定方法の説明 …………… *144*

4 実験 8-1 の分析結果の検討 ……………………………… *146*

5 実験 8-2「経済情報の受容における党派性の作用の実験 (2)」の設計 ………………………………………………………… *155*

  実験 8-2 の仮説（*158*）

6 実験 8-2 のデータ，変数の設定，推定方法の説明 …………… *159*

7 実験 8-2 の分析結果の検討 ……………………………… *160*

8 第 8 章の分析からわかったこと ………………………… *164*


## 第9章 経済情報をどのように推論・表明しているのか？
### ——実験データの分析 (2)            *166*

1 実験 9-1「経済情報の推論における党派性の作用の実験」の設計 ……………………………………………………………… *167*

  実験 9-1 の仮説（*171*）

2 実験 9-1 のデータ，変数の設定，推定方法の説明 …………… *173*

3 実験 9-1 の分析結果の検討 ……………………………… *174*

4 実験 9-2「経済情報の表明における党派性の作用の実験」の設計 ……………………………………………………………… *178*

  実験 9-2 の仮説（*180*）　経済評価の解答と内閣支持率の解答の関係についての仮説群（*181*）

5 実験 9-2 のデータ，変数の設定，推定方法の説明 …………… *182*

6 実験 9-2 の分析結果の検討 ……………………………… *184*

  Bullock et al. (2015) の追試の結果（*184*）　経済評価の解答と内閣支持率の解答の関係についての分析結果（*187*）

7 第 9 章の分析からわかったこと ………………………… *191*


## 第10章 日本の経済投票はどのようなものなのか？
### ——実験データの分析 (3)            *194*

1 実験 10-1「経済投票に関するコンジョイント実験」の設計 …… *194*

  実験 10-1 の仮説（*197*）

2 実験 10-1 のデータ，変数の設定，推定方法の説明 ………… *200*

*3* 実験 10-1 の分析結果の検討 ……………………………………………… *201*

*4* 第Ⅲ部の分析からわかったこと ………………………………… *205*
　第 10 章の分析からわかったこと（*205*）　　個人データを使った分析からわかった
　こと（*206*）


## 終章　日本の経済投票についての答え　　*207*

*1* 本書の問いへの答え ……………………………………………… *208*

*2* 残る課題 …………………………………………………………… *212*

*3* 日本の経済投票，そこから浮かび上がる有権者像とその展望 … *216*
　日本のアカウンタビリティを考える──野党派の諦念はどこからきたのか？（*216*）
　日本の経済投票，その今後の展望を考える（*221*）


　参考文献　　*225*
　あとがき　　*237*
　事項索引　　*239*
　人名索引　　*243*

序章
# 日本の経済投票についての問い

## *1* 経済投票（economic voting）とは何か

　代議制民主主義のもとで，経済と政治は切りはなせない。そのため多くの国で，経済と選挙の結びつきを表すエピソードは多い。例えば，1992 年のアメリカ大統領選挙において，民主党のウィリアム・J・クリントン候補は「経済こそ重要なのだ，そんなこともわからないのか！（It's the economy, stupid!）」と繰り返し，共和党の現職をしりぞけて勝利した。この警句は，現実のアメリカ社会を動かしただけではなく，経済投票の核心をつく表現として，学術的にも，経済と大統領への支持をめぐる当時の研究を勢いづかせた[1]。

　日本の例として，2012 年 12 月の衆議院総選挙で，自由民主党（以下，自民党）の安倍晋三は「日本を，取り戻す。」といった[2]。その「取り戻す」中心に，経済状態の好転，名目 3% 以上の経済成長とデフレ脱却に向けた 2% の物価上昇目標を公約し，民主党連立政権から政権を取り返した。こうした国内外の例をみると，経済と政府への支持，経済と投票の関係は，いまさら分析するまでもなく自明とすら思える。しかし，実はそれほど単純でないことを明らかにしてきたのが，いまからみていく経済投票の研究である。

　本書は，日本の経済投票を分析する。日本の有権者の経済への評価は，どの

---

　1　Singer（2011: 285）を参照。この警句からは，さまざまなタイトルの経済投票研究が派生した。Soroka, Stecula, & Wlezien（2015）は，It's (change in) the (future) economy, stupid として，有権者が将来的な経済状況の変化に反応するとした。なかには，It's the local economy, stupid として，地方レベルの経済状況の悪化が内戦の起因と主張する紛争研究も生まれた（Buhaug, et al. 2011）。

　2　以降しばしば，安倍政権とそのもとでの経済政策であるアベノミクスへの言及がある。それぞれの開始時期について，本書では以下のように整理し書きわける。2012 年 12 月に安倍政権が発足しているが，発足日が 12 月 26 日であるため，安倍政権の発足は 2012 年，アベノミクスの開始時期は 2013 年とする。

ように形づくられてきたのか。経済への評価は，どのように政治的な支持や決定につながってきたのか。そして多党制のもとにありながら，与党から野党への政権交代があまり起こらないという日本の現状に，経済投票はどう関係してきたのか。本書は，こうしたことを問うていく。

経済投票とは，「人々の経済認識が政治的判断に影響する」ことである[3]。経済投票の研究は，そうした人々の姿を明らかにしようとしてきた。人々が経済状況を何かしら評価し，政治的な意思決定につなげる在り方はさまざまであるとしても，投票のときに経済を何かしら考慮に入れる有権者像を，私たちの多くが自然に思いえがくのではないか。それゆえに経済と政治，なかでも経済と選挙をつなげる学術的な取り組みは，選挙研究の中心にあった。そして経済投票の研究として続いてきた。

投票とは，狭くは国政選挙や地方レベルの選挙において票を投じる行為をいう。では経済投票研究が，投票時の選択に経済が与える影響のみを扱うかといえば，そうではない。経済投票の研究者は，投票と政治的支持の双方に対して，経済が与える影響をともに分析してきた[4]。国政選挙での投票の機会は数年に1度しかない。しかし政治的支持は年ごとや四半期，場合によっては毎月のデータから知ることができる。経済投票の研究者は，投票も支持も似たものであると考え，投票と支持の両面に経済状態や経済評価が与える影響について考えてきた[5]。いまや経済が政府への支持，大統領への支持，内閣への支持，知事や市長といった首長への支持に与える影響，そしてそれらへの投票に与える影響までもが，経済投票の分析対象になっている。

また経済投票は，業績投票という考え方と近い。業績投票は，政府の経済政策を含む業績に対する評価が投票に影響することを指す。その意味で，経済投票と業績投票は不可分である[6]。そして，経済投票，業績投票の研究は代議制民主主義が機能しているかを知ることにつながっている。有権者は政府の業績としての経済をみる。業績をみられていることを知る政府は，有権者への応答

---

3　経済投票の定義については，Lewis-Beck & Stegmaier（2019: 247-248），MacKuen, Erikson, & Stimson（1992: 597），平野（1998: 29）を参照。

4　伝統的な研究として，Frey & Schneider（1978），Monroe（1984），Nannestad & Paldam（1994）などを参照。

5　投票と支持の類似性については，Stegmaier, Lewis-Beck, & Park（2017: 584）を参照。支持と投票の間には，「類似の力（similar force）」が作用していると表現している。

として経済の業績を新たに積む。そして有権者は，経済の業績が良いと思えば再び現政府を選び，悪いと思えば制裁として政権の交代を求める。このメカニズムが働いているときにアカウンタビリティが機能していると評価しよう，と研究者たちは呼びかけてきた[7]。一連の構図の起点に有権者の経済への業績評価が働くことから，私たちがどれだけ経済を知って評価する力があるのか，うまく政府の評価へとつなげられているのかが，代議制民主主義のもとでのアカウンタビリティの質を決めると考えられたのである[8]。

　このように経済投票も業績投票も，ただ有権者の実像を表す用語にとどまらない。代議制民主主義における重要性に鑑み，多くの研究が積み重なったことで経済投票理論，業績投票理論の体系が築かれ，いまに至る。研究の発展は，もちろん日本国内だけではない。他の国では，日本よりも多くの研究が生まれた。それらの先行研究を参照しながら，新たな分析を行うことで，経済投票は学術的な関心の対象というだけでなく，私たち有権者の姿を知る手がかりにもなるし，戦後日本の経済と政治をめぐる問いを解くうえでもカギになってくると論じる。

## 2　経済投票について明らかになってきたこと，本書が明らかにしたいこと

　経済投票の研究は，経済と政治的支持，経済と選挙の関係について，実に多くのことを明らかにしてきた。表序-1は，マイケル・S・ルイス゠ベックとマーティン・パルダムという研究者が，いまから約20年以上も前に，「経済投票についてわかっていること」をまとめたものである（Lewis-Beck & Paldam

---

6　例えば，Kiewiet & Rivers（1984: 370）を参照。現在では，業績投票研究は，既に伝統的な経済投票研究の範疇を越えるという見方もある（Healy & Malhotra 2013）。しかしなおもって，業績投票研究の中心に経済投票研究は位置する。本書もその立場をとる。日本語の関連文献としては，遠藤（2009: 12），平野（1998）を参照。

7　アカウンタビリティについては，粕谷・高橋（2015），Barro（1973），Ferejohn（1986），Ferejohn & Rosenbluth（2009），Inglehart（1977），Kayser & Peress（2012），Manin, Przeworski, & Stokes（1999）などを参照。

8　Mueller（1970）は，悪い現職を下野させることを「悪漢の放逐（kicking the rascals out）」と表現した。業績投票研究において，アカウンタビリティとの関連でよく使われる表現である。

**表序-1　経済投票についてわかっていること**

(1)近視眼性：有権者が経済評価するための時間軸は短く，限られている。そこで何らか
　の誤謬が起こる。
(2)社会志向／個人志向の相克：社会志向（国家単位）の経済投票のほうが，個人志向
　（個人単位）の経済投票よりも一般的には強い傾向にある。
(3)不平の非対称性：有権者は，経済状態の良い方向の変化よりも，悪い方向の変化によ
　り反応する。
(4)不安定性の問題：多国間比較研究だけではなく，1国の継時的研究からも，経済投票
　が安定性を欠くことがわかっている。

注：Lewis-Beck & Paldam（2000: 114, Table 1）をもとに筆者作成。本表序-1では，本書に関係
　するものを中心に抜粋した。

2000)[9]。表序-1に挙げた「経済投票についてわかっていること」をもとにしな
がら，日本の経済投票の分析を進めるために注目すべき点を述べる。

　第1に，(1)有権者の近視眼性とマクロ経済に関する知識の獲得の問題は，日
本の有権者は経済に関する知識を十分に受容し，推論し，表明できているのか，
それらのプロセスが歪んでしまってはいないだろうか，という問いへとつなが
る。私たちの経済評価や政府への支持は何に影響を受け，どれだけ正確である
のかを知ることは，経済投票の研究の第一歩といえる。本書も，有権者の経済
評価の正確性やそれに影響を与える要因について考えていく。

　第2に，(2)社会志向と個人志向という経済評価の分け方は，日本の有権者の
経済評価は国や社会全体に向けられたものなのか，自分自身に向けられたもの
なのか，という問いへとつながる。経済投票の研究は，経済評価を社会志向
（景気をはじめとしたマクロ経済の動向といった国家単位）と個人志向（暮らし向きや
所得の動向，懐事情といった個人単位）という2つの面に分けて分析する。本書も，
日本では社会志向の経済評価の影響が大きいのか，個人志向の経済評価が特徴
的な働きをしているのか，という点を明らかにしていく[10]。

　第3に，(3)不平の非対称性という観点は，日本の有権者は良い経済よりも，
悪い経済に反応してきたのか，という問いへとつながる。これは本書を通じて，
日本における経済投票を解くためのカギとなる。例を挙げてみよう。失業率が
1％上がる悪い状況が起こったとする。そのために政府への支持率が10％下

---

　9　関連する整理として，Carlin et al.（2023），Lewis-Beck & Stegmaier（2013）がある。
　10　例えば，Sigelman, Sigelman, & Bullock（1991）を参照。

がり，続く選挙で野党の得票率が 10% 増えたとする。かたや失業率が 1% 下がる良い状況が起こり，政府への支持率が 5% 上がって，続く選挙で与党の得票率が 5% 増えたとする。経済の良化と悪化の度合いは変わらないにもかかわらず，良化のときの与党の支持率上昇／得票率増加よりも，悪化のときの与党の支持率低下／野党の得票率上昇のほうが大きい。この例のように，悪い状況に対する反応のほうが大きくなり，良い方向と悪い方向で反応に非対称が生じることを「不平の非対称性（grievance asymmetry）」という[11]。このメカニズムが多くの人に働くならば，不平がもたらす鋭い反応のために経済パフォーマンスの悪い政権与党は選挙に敗れ，政権交代が生じやすくなるはずである。

　ここで日本の状況について考えると，もう 1 つ問うことができる。もし日本の有権者が，悪い経済状況のほうにより反応しているのだとしたら，長期間にわたって経済成長がさほど進まず，経済状況の好転が認められない日本において，なぜ政権交代が頻繁には起こらないのだろうか。いまからもみていくように，日本において，どうやら不平の非対称性は働いているようである。さらに，経済投票研究の中心であるアメリカが二大政党制なのに対して，日本は多党制である[12]。政権与党以外の政党が多いなら，日本の有権者にとって代替となる選択肢は多く，政権交代の機会は本来ずっと多かったはずである。経済投票における不平の非対称性が働いているとして，多党制である日本では，もっと頻繁に与党から野党への政権交代が生じるはずではないだろうか。そしてそうなっていないのは，なぜだろうか。

　最後に，不平の非対称性と関係して，⑷不安定性の問題がある。近年の経済投票の研究は，経済投票の不安定性の要因としての「党派性（partisanship）」を重視する。党派性は，ある特定の政党を支持する態度をいう。党派性は時期

---

11　代表的なものとして，Maloney & Pickering（2015），Nannestad & Paldam（1997），Nezi（2012），Park（2019）を参照。Lewis-Beck & Stegmaier（2013）のように，不平の非対称性を示す証拠は不十分であるとの見方もあるが，現在でも不平の非対称性は各国でしばしば見出されている。

12　日本を多党制とみなす根拠は，Sartori（1976: 199-200，邦訳：334）による「一党優位政党制は〈クラス〉ではなく一つの〈タイプ〉である…（中略）…一党優位政党制を二党制の一変形，つまり政権交代が事実上かなりの長期にわたって生じない二党制，と考えることもでき…（中略）…目的次第では，一党優位政党制を多彩な容貌を持つ多党制の変形と考えることもできる」という記述に主にもとづく。ほかにも，伊藤・田中・真渕（2000: 200）を参照。

によっても，国によっても，国のなかにある諸集団によっても多様である。多様な党派性が，経済評価に影響を与えるとき，経済評価は単に良い経済に対して良い評価，悪い経済に対して悪い評価と定まったものにはならない。政権与党を応援している人にとって，失業率が1%上がるという与党の失策ともとれる情報は，ともすればフェイク・ニュースやデマ，ときに陰謀に映るかもしれない。それほど極端でないとしても，“多少悪化していても，支持している政党がやっていることだしかまわない”と判断する人はいるだろう。そのとき，経済評価は経済状況や経済情報の影響のみを受けるのではなく，党派性というレンズの影響を受けて不安定になる。では，日本の有権者の党派性は，どのような特徴を備えてきたのか。

## 3　本書の問い，分析枠組み，主張

### 本書の問いと分析枠組み

　経済投票についてわかっている点，さらに明らかにするべき点をもとに考えると，日本の経済投票を分析するに際して，4つの大きな問いに取り組むとよいことがわかる。第1に，経済評価はどのように動いてきたのか，何によって動いてきたのか。第2に，政府への支持や投票に際して，否定的な経済の側面がより作用する不平の非対称性が起こっていたのか，また不平の非対称性に与党支持者，野党支持者，無党派層という党派間で違いがあるのではないか。第3に，経済評価は政党や政府への支持にどのように影響してきたのか，あるいは政党への支持はあらかじめ経済評価を形づくってきたのではないか。第4に，経済投票に不平の非対称性があるとして，なぜ政権交代が他国ほど頻繁には起こってこなかったのか，そこに多党制下の党派性はどのように作用したのか。4つの大きな問いは，本書冒頭の問いにも応じる。

　そしてこれらの大きな問いに取り組むために，本書では，カギとなる要素を図序-1のように並べて，分析枠組みとする。

　図序-1に示した分析枠組みは簡素で，あたりまえの図式に映るかもしれない。しかし，経済投票をめぐるこれまでの研究は，図序-1にある政治経済過程のいずれかのプロセスに注目し，時にこの図式の周辺にある要素を組み込みながら発展を遂げてきた。そのほかの要素には，国際安全保障やグローバル経

図序-1　本書の分析枠組み

出所：筆者作成

済の影響，各国の制度的背景，経済評価に影響を与える個人の属性（性別，年齢・世代，教育歴，知識，政治的専門性，信仰，人種など），政党支持や政府支持に影響を与える細かな心理的要因などがある。しかし経済投票というとき，扱うべきことがら・経路は，もっぱらこの枠組みのどこかに帰着する。

　一方で，破線で表した逆行する矢印が，経済投票とは，それほど簡単な研究課題ではないことを示している。表序-1のなかの不安定性のことも思い返してほしい。党派性が働くことで，経済評価は実線の流れで進まない。実線からなるある種の真（true）の姿があるとするなら，そこに偏り（bias）が生じることを，破線の矢印は示唆する[13]。そして偏りを伴った経済評価が，政府への支持・不支持，そして投票に作用することになる。そう考えれば，日本における党派性の作用はどのようなものだったのか，自民党を中心とした政権が続いたこととどのように関係するのか，という考察が必要となってくる。

　こうした考察の先に，経済投票の研究とは何か，ということを本書はより深く考えていく。経済投票とは，「政治的主体としての有権者」と「経済的主体としての消費者」がつながるところにある[14]。そして，人々の有権者としての側面と消費者としての側面をつなげて理解しようとする学術的営みともいえる[15]。経済投票という枠組みを通すことによって，日々を暮らし，時に政治的なものに触れて決めるという，私たち市民の姿に肉薄できる。国内外で取り組まれてきた関連研究は，こうした関心のもと発展を経た[16]。本書も同様の立場にもとづいて，上記の問いと分析枠組みを定めた。

---

13　これを一般的に党派性バイアスという（Bartels 1996）。党派性バイアスをめぐる因果経路は複数考えられてきた（Pickup & Evans 2013）。例えば，Anderson, Mendes, & Tverdova (2004), Becher & Donnelly (2013), Hansford & Gomez (2015), Pickup & Evans (2013), Yagci & Oyvat (2020) を参照。
14　Duch & Stevenson (2008) を参照。
15　詳しくは，大村（2025）を参照。
16　Lewis-Beck & Paldam (2000: 113) を参照。

## 本書の主張

では，「政治的主体としての有権者」と「経済的主体としての消費者」をつなげてみせた先に，どういった日本の経済投票の姿がみえてくるだろうか。

第1に，日本の有権者は経済情報によく反応してきたが，それは否定的な経済情報への反応を基調としてきたことを示す。既述のように，不平の非対称性は「経済投票についてわかっていること」の1つである。それが，日本の経済投票のメカニズムを解くうえでも当てはまるし，まずは1つ目のカギになると主張する。

第2に，経済評価が政府への支持・不支持，投票に影響を与える過程で，党派性が作用していたことを示す。党派性の影響は大きかったが，与党を支持する人たちは経済状態の悪化を伝える情報に触れて経済評価を変え政府を支持しなくなっていた，と主張する。与党支持者は，かたくなに政権与党の支持にとどまるのではなく，柔軟な姿勢を保ってきた。やや意外とも思える与党支持者のこうした特性は，野党支持者，無党派層との対比でより鮮明になる。この分析のときに，「党派性に動機づけられた推論（partisan motivated reasoning：PMR）」という考え方を使う。人々が自らの党派性に執着し，自党にとって不利な情報を得ても評価を改めないばかりか，時に事実とわかっていてすら，自党に不利な情報の表明や行動を差し控えることがある。いまアメリカをはじめとする世界の政治学者たちは，こうした現象をPMRと呼び，単なる党派性の働きと区別し注意深く検証し始めている。PMRとは，かなり強烈な歪みを有権者にもたらすことだ，と現時点でも想像してもらえるだろう。こうしたPMRの働きが，日本の有権者，特に与党支持者には限られていた，と本書は主張していく[17]。

第3に，経済評価が政府への支持・不支持，投票に影響を与える過程で，与党支持者，野党支持者，無党派層の間に異なるメカニズムが働いたことを示す。

---

17　本書で与党支持者（のちに「与党派」とも記述）は，各時期の与党を支持していた人をもとに操作化している。したがって，1993年から95年にかけて，2009年から12年にかけて，自民党が政権党でなかった時期に自民党支持者は与党支持者として定義されていない。与党支持者という分類のなかに，一時期自民党支持者以外が含まれ，野党支持者に一時期自民党支持者が含まれることになる。しかし，これらの例外的な期間はありながらも，多くの場合に与党支持者は自民党支持者を中心とし，野党支持者はそれ以外の政党の支持者を中心とするという前提のもとに，以下の多くの議論を進める。

野党を支持する人たちが，経済状態の悪化を伝える情報をもとに政府への不支持を選び，野党への投票を選ぶならば，政権交代の素地が整う。また与党を支持する人たちが，否定的な経済情報に反応するならば，政権交代はより起こりやすいだろう。本書では，日本において，無党派は経済情報の悪化に反応していたし，与党を支持する人たちも，同様であったと明らかにする。しかし野党を支持する人たちは，悪い経済情報にあまり反応していなかった。つまり野党支持者は，経済状態が悪いときに与党の評価を下げたり，野党に投票したりする傾向が与党支持者や無党派層とは異なっていた，と明らかにする。また，経済状態が悪化した際に，人々は野党を選択肢として選ばないこともわかってくる。このことを，本書では経済投票における不平の非対称性が与党支持者，無党派層，そして野党支持者間で非対称であったという意味で，「経済投票における不平の非対称性の党派間での非対称」と呼ぶ。

　第4に，上記3点を検証することで，与党支持者ですら経済情報の悪化を伝える情報に対して経済評価，政府への支持を更新していたのに対して，野党支持者による悪い経済情報への反応が限られていたことが日本の経済投票の特徴であると論じる。野党支持者による不平への反応の弱さは，与党支持者および無党派層との対比でより際立つ。無党派層や与党支持者よりも野党支持者の悪い情報への反応が薄く，経済状態が悪化しても野党に投票せずに，いずれかの政党を選ぶ意欲すら失ってしまう——そうした日本の有権者の意思決定が，経済評価における否定性，不平の非対称性を基調とするにもかかわらず，また，多党制下で複数の野党の選択肢があるにもかかわらず，頻繁な政権交代へつながらない日本を形づくってきたのではないか，と本書は主張する。

　このように本書では，日本の有権者は経済の情報にたしかに反応してきたのだということ，しかしそこに，党派性あるいは無党派性が興味深く働いてきたと論じる。それは日本の政治経済のダイナミクスに1つの説明を提供できる。ただ本章では，いまのところ本書の分析の問いとそれらへの主張・答えに簡単に触れただけである。次章からは，複数のデータを使いながら，本書の分析課題の導入へと進む。それに先立ち，本書がデータ分析に際して，どのような立場をとるかを次節で述べる。

## 4 本書が扱うデータと分析の方法

　経済投票を研究するために，研究者たちは多様なデータを使ってきた。データの種類は，時系列データと個人データに分けることができる。それぞれのデータを使う利点と欠点があることから，これまでの研究は多様なデータを分析して，頑健な知見を見出すことを目指してきた[18]。

　本書は，日本の経済投票を調べるために，3種類の数量的なデータを使う。第1は時系列データ，第2は個人レベルの観察データ，第3は個人レベルの実験データである。データによって分析の方法が異なることから，使うデータに従って，本書を「第Ⅱ部　時系列データを使った分析」，「第Ⅲ部　個人データを使った分析」に分ける[19]。

　第1の時系列データは，長い期間にわたって，経済，政党支持，政府への支持といった世論がどのように推移してきたのかを調べるために使う。時系列データは，日本1か国の長期間の世論調査をもとにする。そのデータを分析するために，政治学，経済学の分野で多くの研究が利用している方法のなかから，より容易に分析ができ，今後の研究が再現しやすい方法を使うよう心がける[20]。時系列データを使った分析で，長期間の傾向を知ることによって，日本の経済投票の見取り図を得られるだろう。しかし，「第Ⅱ部　時系列データを使った分析」だけでは，経済評価から政党支持，政党支持から内閣支持の間に，個人レベルでもつながりがあるのか，ひいては，本当に因果なのかを明らかにすることに限りがある。

　そこで第2の個人データは，時系列データではとらえきれない経済評価，政党支持，政府への支持，そして投票のメカニズムを調べるために使う。個人デ

---

18　1つの本や論文のなかで，多様なデータを使うことでより確度の高い分析結果を目指す研究もあった。経済投票研究におけるデータに関しては，De Vries, Hobolt, & Tilley (2018), Lewis-Beck & Paldam (2000), Lewis-Beck & Stegmaier (2013, 2019) に詳しい。

19　個人データは，individual-level data の意味で使っている。

20　なお社会科学全般においてそうであるように，政治学領域でも時系列データ分析の発展は著しい。現在では，時系列のデータ生成過程をもとに因果配列を特定するための手法も開発・応用されつつある (Lanne & Luoto 2021; Moneta et al. 2013; Ohmura 2022; Shimizu et al. 2006)。第5章「補論：時系列データ分析について考える」も参照。

ータの分析は，観察データと実験データからなる。観察データとは，個人の意識や意思決定について調査したデータであり，実験による処置を含んだデータではない。個人に聞いた質問への回答から，個人の認識，態度形成，意思決定，行動選択の間のつながりを分析できる。本書が使う日本のデータは，古くは1983年から，最新は2019年のものである。長期間にわたる貴重なデータであることから，このデータは日本の選挙研究を支え，経済投票・業績投票の優れた研究を生んだ。本書では，そうした日本の先行研究で使われてきた重回帰分析の伝統に重きを置き，継承する。そのうえで，相互にかかわりあう党派性，経済状況，経済評価，そして投票のつながりを解き明かすために，党派性差異（partisan difference）や，推定モデルの残差に注目する推定方法を取り入れる。これらの方法は，時系列データの分析のときと同じように容易に追試ができ，再現性が高いものである。

　しかし個人レベルの観察データを使って，個人のなかでの態度と意思決定のつながりを探ったとしても，「ある態度 X が原因となって態度 Y に効果をもたらしている」とか，「態度 X から意思決定 Z に因果性がある」といったことまでは明らかにし難いといわれている。なぜなら意識調査は因果関係を念頭に置いて設計されているとしても，因果関係を明らかにするための設計になっているとは限らない。意識調査のデータには，多くの選択バイアス（selection bias）というデータ収集時の偏りが不可避だという[21]。経済評価，党派性，投票選択という複雑に入り組む私たちの心の中の因果をひも解くために，設計にもとづいた実験的手法が有効なことも，よく知られるようになっている。そして経済投票の研究は，実験を使うことで，近年急速に発展した。本書も，その発展の系譜を重視して，本書の分析課題である PMR，不平の非対称性の作用を調べるためにサーベイ実験を行う。サーベイ実験は，海外で既に実施されたサーベイ実験の設計を応用するものもあれば，筆者が独自に設計するものもある。

　最後に，データの問題ばかりでなく，紹介する過去の研究，本書が扱う分析のうちのいくつかは，理論上も，方法上も込み入ったものに映るかもしれない。知的営為の追求のみが目的となっているのではないか，との疑念を抱かれる危惧もある。後に出てくる，動機づけられた推論，否定性バイアス，経済投票の

---

21　Hernán, Hernández-Díaz, & Robins（2004），Rubin（2005），Imai, King, & Stuart（2008），
　邦語での政治学に関わっての解説としては，松林（2021）に詳しい。

非対称性，さらにはその非対称といった考え方の紹介・実証は，その最たるものととらえられるかもしれない。政党支持が経済評価に先行したり，否定的情報への反応が強いとわかったりすることに何の意味があるのだ，研究に携わるものの狭隘な関心ゆえではないかと思われる懸念もある。しかし，本書の目指すところは，単純な知的営為の追求にない。たくさんの文献を知っていると示し，数字を多く使った分析ができると示すことでは無論ない。

本書は，文献的背景の紹介も行い，より確度の高い分析を使うことで，私たちが限られた合理性の資源をうまく活用していることを示そうとする。難しい思考の壁にぶつかりながらも，経済という日々の暮らしを生き，時に政治にのぞみを託す姿を確からしく示したいとも考える[22]。そういう意図をもった本であることを理解していただいたうえで，以降の各章を読み進めてもらいたい。

## 5　本書の構成

上記の目的をもつ本書は，以下の章で構成される。第Ⅰ部「日本の経済投票を考える」，第1章「本書は何を明らかにするのか？──データの素描からみる日本の経済投票」では，各種のデータを素描し，日本の有権者の経済投票を知るために必要となる3つの理論的主張・カギとして，経済投票の不平の非対称性，PMR，「不平の非対称性の党派間での非対称」を説明する。

第Ⅱ部「時系列データを使った分析──日本の経済投票をめぐる見取り図の提示」，第2章「経済評価はどのように動いてきたのか？」では，時事通信社による経済評価のデータをもとに，実数和分（Fractional Integration: FI）の方法を使って，経済評価，そして党派別の経済評価の安定性・不安定性を評価する。また，政治的出来事との連動についても検証する。続く第3章「経済評価は何によって動いてきたのか？」では，第2章と同じデータをもとに，実数和分誤差修正メカニズム（Fractional Error Correction Mechanism: FECM）の方法を使って，社会志向と個人志向の肯定的評価，否定的評価に作用するものは何かを特定する。

次に，第4章「政治的支持はどのように動いてきたのか？」では，時事通信

---

22　Healy & Malhotra（2013）を参照。

社による政党支持率，内閣支持率，内閣不支持率のデータを加えた分析をする。FI を使って政治的支持率の安定性・不安定性を評価し，政治的出来事との連動についても検討する。第 4 章の知見を手がかりにすると，内閣支持率・不支持率に対して党派性の作用は継続的に大きいことがわかる。しかし，両系列の不安定性は，時々に変化する経済からの作用なしには説明できないこともわかる。そこから，第 5 章「政治的支持は何によって動いてきたのか？」では，経済状況，経済情報，経済評価が政治的支持にもたらす作用を検証する。包括的な政治経済間の関連性を想定し，これまでの日本に関する研究では取り組まれていない特定化にもとづくことで，内閣支持率・内閣不支持率への党派性，経済評価の効果を確かめる。

　第 5 章までの時系列データを使った分析から，日本の経済と選挙，経済と政治をめぐる見取り図を示す。しかし，個人データをうまく使わなければ，経済情報，経済評価，党派性，政治的支持，投票選択をめぐる確かなメカニズムをとらえられず，因果の解明にまでは踏み込めない。

　第Ⅲ部「個人データを使った分析——日本の経済投票をめぐる因果の解明」，第 6 章「所得は経済評価，投票選択を決めるのか？——観察データの分析 (1)」では，個人の所得と党派性が経済評価と投票確率に与えてきた影響を，「日本人の選挙行動（Japan Election Study：JES)」データを使って検証する。JESデータは 1983 年から 2019 年までの国政選挙時の調査を中心としたデータであることから，個人レベルでの経済投票の推移を，長期間にわたって確かめることができる。類似した構成のもとに，第 7 章「党派性，経済評価は投票選択を決めるのか？——観察データの分析 (2)」では，経済評価と党派性が投票確率に与えてきた影響を，JES データを使って検証する。

　続いて，第 8 章から第 10 章では，実験データを使った分析を行う。第 8 章「経済情報をどのように受け取っているのか？——実験データの分析 (1)」では，有権者が情報を受容する際に，PMR がどのように作用するかを 2 つの実験を使って検証する。第 9 章「経済情報をどのように推論・表明しているのか？——実験データの分析 (2)」では，有権者が経済をはじめとする知識を表明する際に，党派性のもとでの事実に関する信念がどのように作用するのかを 2 つの実験を使って検証する。第 10 章「日本の経済投票はどのようなものなのか？——実験データの分析 (3)」では，経済投票を包括的に分析するために

コンジョイント実験を行い，不平の非対称性，さらにはその非対称が日本の有権者に働いていることを明らかにする。

終章「日本の経済投票についての答え」では，本書が示した 4 つの問いへの答えを示し，本書の残る課題について論じる。そして 4 つの問いへの答えをもとに，日本の経済投票をめぐる有権者像として，本書の分析から得られる含意を述べる。その含意は，党派性のもとに経済投票がバイアスにさらされやすい有権者層であっても，他国に比べて相対的に高い政治的洗練性をもってきた，というものである。そうした日本の有権者は，他国であまり例をみない「党派性も，経済の影響もともに強いつながりをもつ経済投票」へと向かいつつあるのではないか，と展望する。そのもとでの日本のアカウンタビリティ，民主主義を最後に論じる。

第Ⅰ部
日本の経済投票を考える

第1章
# 本書は何を明らかにするのか？
## ——データの素描からみる日本の経済投票

　序章でもみたように，経済投票は民主主義の根幹であり，アカウンタビリティとかかわる。経済投票を明らかにすることで，民主主義の働き方の特徴を知ることができる。そこで，まず本章では，日本の経済投票をめぐる見通しを得るためデータを素描する。データの素描から，日本の経済投票を分析するに際して必要な分析課題が浮かび上がってくる。

　本章が取り組む課題は，次の3つである。第1に，時系列データと個人レベルの観察データを使って，日本の有権者の経済評価の推移を示す。経済評価の推移から，経済評価が圧倒的に否定性に傾く傾向が明らかになる。ここから，経済評価における否定性バイアス，経済投票における不平の非対称性が，本書の問いを解くための1つ目のカギになってくると論じる。第2に，同じデータを使って，党派別に分けた経済評価の違いについて述べる。党派性によって経済評価が異なってきたという歴史的経緯をまとめる。ここから，党派性に動機づけれた推論（PMR）が2つ目のカギになると示す。また，3つ目のカギである「不平の非対称性の党派間での非対称」についても説明する。最後に，政党支持と内閣支持，経済評価と内閣支持の関係がどのように推移してきたかについて述べる。これらの素描を通して，党派性の影響も，経済の影響もともに強めている日本の有権者像を示すことが，本書の最大の課題であると論じる。

## 1 経済投票における不平の非対称性
### ——否定性バイアス，不平の非対称性があるならば何が起こるのか？

　表序-1にも挙がった不平の非対称性は，人々が肯定的な経済情報よりも否定的な情報に反応しやすいことを表す現象であり，経済投票研究の初期から今日まで注目を集めてきた[1]。不平の非対称性が経済投票において働くならば，人々は頻繁に否定的な情報に反応し，望ましくない与党は野党にとってかわら

れる。経済はずっと良い状況，あるいはずっと悪い状況であるということはなく，両方の状況をたどる。不平の非対称性が作用している場合，有権者は経済状況の悪いときに強く反応することで，与党への支持が下がる。そのときに政党から政党への政権交代は起こりやすくなる。では，日本の有権者の経済投票の根底で，経済評価はどのように推移してきたのだろうか。

　まずは長期間のデータによって，経済評価の推移を確かめる。時事通信社が『時事世論調査特報』で公表している経済状態に対する質問への回答割合のデータを使う。図1-1と図1-2では，時事経済質問データをもとに，景気への評価と暮らし向きへの評価の肯定的・否定的割合を示した。景気評価は，社会全体における経済状態を，景気という言葉を通して尋ねたものである。景気質問への回答割合は，社会志向の経済評価を表す指標として使われてきた。暮らし向き評価は，個人の暮らしの程度の良し悪しの経過を尋ねている。暮らし向き質問への回答割合は，個人志向の経済評価を表す指標として使われてきた（表序-1も参照）[2]。両図からは，経済への否定的評価の割合が大きく，その状態が50年以上にわたって変わらず続いてきたことがわかる。否定的評価の占める割合は，他国の経済評価の時系列データを比べてみても突出した多さに特徴づけられる[3]。

　続いて，日本の有権者の政治意識に関する「日本人の選挙行動（JES）」を使う素描からも，経済評価の特徴を確かめる[4]。国政選挙ごとのデータであることから，図1-1と図1-2の時系列データのように，毎月のデータは得られない。しかし選挙のときに，どのような人が経済を良い・悪いと判断し，それが政党

---

1　詳細な説明は，大村（2024, 2025）を参照。代表的な研究に，Dassonneville & Lewis-Beck（2014），Lau（1985），Nezi（2012），Park（2019），Riba & Diaz（2002），Soroka（2006, 2014），Wlezien（2017）がある。日本を対象とした検証に，マッケルウェイン（2015），Taniguchi（2016）がある。

2　1963年12月から，時事通信が景気質問と暮らし向き質問を，ほぼ変わらない質問のもとに尋ね続け，データが収集されてきたことは大きな意味をもつ。1980年代に海外で，社会志向と個人志向の経済評価を概念化する20年近く前に（Kinder & Kiewiet 1981），日本では既に2種類の経済評価に関するデータが毎月収集され始めたからである。

3　例えば，De Boef & Kellstedt（2004），Enns, Kellstedt, & McAvoy（2012），Hellwig & Singer（2023）を参照。これらの論文・論考において否定的経済評価の割合が明示されているわけではないが，肯定的評価の割合から，その割合が十分に高く，否定的割合が日本に比べるとかなり少ないことは明らかである。

## 図1-1 時事通信社データをもとにした景気評価の推移

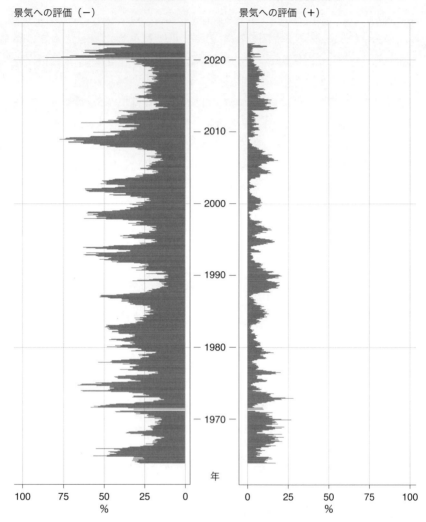

注：景気評価は、「世間の景気をどう見ますか。先月と変わらないと思いますか、悪くなってきたと思いますか、良くなってきたと思いますか」という質問に対して、肯定的評価は、「確かに良くなってきたと思う」と「やや良くなってきたと思う」の回答割合を足し合わせたもの、否定的評価は「確かに悪くなってきたと思う」と「やや悪くなってきたと思う」の回答割合を足し合わせたものである。「変わらないと思う」の回答割合は除いた。
出所：筆者作成

第1章　本書は何を明らかにするのか？　　*19*

## 図 1-2　時事通信社データをもとにした暮らし向き評価の推移

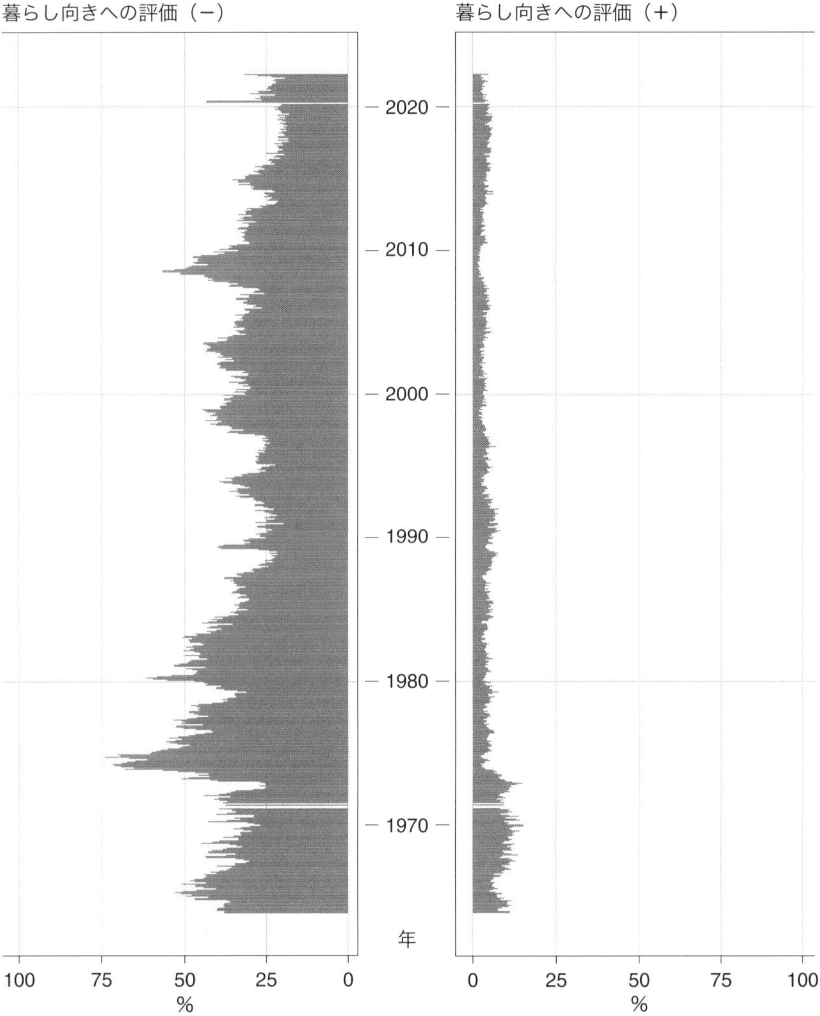

暮らし向きへの評価（−）　　　　　　　暮らし向きへの評価（＋）

注：暮らし向き評価は，「あなたの暮らし向きは，昨年の今ごろと比べてどうですか。楽になってい
　　ますか，苦しくなっていますか」という質問に対して，肯定的評価は，「大変楽になった」と
　　「やや楽になった」の回答割合を足し合わせたもの，否定的評価は「大変苦しくなった」と「や
　　や苦しくなった」の回答割合を足し合わせたものである。「変わりない」の回答割合は除いた。
出所：筆者作成

20　第Ⅰ部　日本の経済投票を考える

への支持や投票にどうつながっていたのかを，個人の単位で分析できるデータである。本書では，JES データを第Ⅲ部「個人データを使った分析」において，観察データとして使う。そして本章では，景気に対して尋ねたデータを使って，経済評価の推移を確かめる。

　図 1-3 では，景気質問に対する肯定的・否定的回答の割合を示した[5]。図 1-1 の結果を裏づけるように，景気評価について，どの年度においても，否定的割合が肯定的評価の割合を上回る。その傾向は，いずれの選挙年でも変わらない。紙幅の関係で示していないが，暮らし向きについても同様の傾向となっている（オンライン上の補遺を参照）。

　図 1-1 から図 1-3 で明らかなように，日本の有権者の経済評価は否定的回答の割合が，肯定的回答の割合より多くを占める。特に景気評価（社会志向の評価）では，否定的評価の割合の多さが目立つ。日本の経済投票を分析するに際して，私たちは否定的評価，およびそれがもたらす影響に重きを置かねばならないだろう。このように経済評価が否定性に偏っていることを，経済投票の研究者たちは，否定性バイアス（negativity bias）と呼んできた[6]。ここからは，日本の有権者にも経済評価の否定性バイアスが働いていると想定したうえで，経済投票における不平の非対称性について説明していく。

　さて，図 1-1 から図 1-3 の「否定的評価の割合が多い」ということだけからでは，不平の非対称性が日本の経済投票の特徴をなしているとは示せない。経

---

4　JES データは，有権者個人に聞いたデータを集計することなく，個票のまま利用できる。国政選挙のたびに日本の選挙研究者のグループが収集にあたり，2023 年 6 月現在，JES Ⅱから JES Ⅵ までのデータを，所定の申請手続き後に使用条件を遵守したうえで利用可能である。

5　景気に関しては，過去からの変化に関する質問（今の景気は 1 年前と比べるとどうでしょうか），将来期待に関する質問（これから日本の景気はどうなっていくと思いますか），暮らし向きに関しては，暮らし向きへの現在の満足度に関する質問（今のお宅の暮らし向きに，どの程度満足していますか），将来期待に関する質問（これからお宅の暮らし向きはどうなると思いますか。この中ではどれですか）の質問が，それぞれ用意されている。本章では，時事通信社データの質問との整合性をもとに，景気に関しては現在への質問，暮らし向きに関しては過去からの変化に関する質問を使った。

6　経済評価の否定性バイアスに関する基盤的な研究として，Akhtar et al. (2011), Akhtar, Faff, & Oliver (2011), Blood & Phillips (1995), Casey & Owen (2013), Nguyen & Claus (2013), Soroka (2014), Starr (2012)，業績投票の研究としての取り組みに，Duch & Kellstedt (2011), Enns, Kellstedt, & McAvoy (2012), Mian, Sufi, & Khoshkhou (2023) がある。

第1章 本書は何を明らかにするのか？ 21

## 図1-3 JESデータをもとにした景気評価の推移

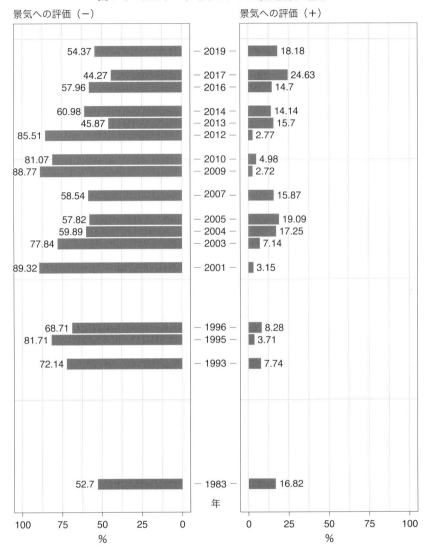

注：景気評価は，「今の日本の景気はどんな状態だと思いますか」という質問に対して，肯定的評価は，「かなり良い」と「やや良い」の回答割合を足し合わせたもの，否定的評価は「かなり悪い」と「やや悪い」の回答割合を足し合わせたものである。「どちらでもない」の回答割合を除いている。なお各割合値は，分析に使用する変数をもとに整形した，欠損値処理後のデータに依拠しているので，コードブック内等での集計値とは必ずしも一致しない。
出所：筆者作成

済評価に否定性バイアスがあるからといって，ただちに経済投票に不平の非対称が働いているとはいえない。不平の非対称性とは，肯定的情報・肯定的評価が与党への支持・投票につながるよりも，否定的情報・否定的評価が不支持・投票しないにつながるメカニズムのほうがよく働くことである。したがって，日本の経済投票が否定性を基調とし，不平の非対称性が働いているのかは，後に詳しく分析しなくてはならない。しかし経済評価の素描から，これだけ多くの割合を占める否定的評価こそが政治的支持に影響を与えていると推測され，どうやら日本の経済投票も不平の非対称の特徴を備えていると見通すことができる。

さらにここで，重要な知見に触れておかなくてはならない。不平の非対称性があてはまり，その研究が活発に行われきた国では，政党間での政権交代がよく起こってきた（例えば，イギリスやギリシャ）[7]。少なくともその頻度は，日本のように稀な現象ではなかった。経済評価の否定性を基調に，不平の非対称性が働く国では，政権与党に対する否定的評価が頻繁な政権交代をもたらしやすい。悪い現職を淘汰するアカウンタビリティのメカニズムが作用しやすいからである。こうした不平の非対称性のメカニズムを考慮すると，日本の場合も同様に，経済投票に起因するアカウンタビリティが働きやすく，与党から野党への政権交代が起こりやすかったはずである。

しかし現実には，日本において，与党から野党への政権交代は稀にしか起こっていない。肯定的評価よりも否定的評価が多くを占めている日本で，なぜある政党から別の政党への政権交代があまり起こらなかったのか。有権者の経済投票という視点を通して，自民党を中心とした政権与党から，他の政党への政権が起こらない国・日本を，どのように解き明かしていけるのか。

## 2 党派性に動機づけられた推論
### ——不平の非対称性が働いても政権交代が起こらないのはなぜか？

前節の議論から，日本の経済投票とは，単に日本の有権者の経済に対する態度と政治的態度・意思決定の関係にとどまる分析課題ではないとわかる。「日

---

7 Nannestad & Paldam（1997），Nezi（2012），Park（2019），Wlezien（2017）を参照。

本の有権者にとっての経済と選挙」は，なぜ自民党が長期にわたって選ばれ，ほかの政党が選ばれにくかったのか，という政体レベルの問いを解くために，不可欠なパズルのピースになってくる。経済に対する否定的な評価と政府に対する否定的な態度・意思決定のほかに，どのような要因が働いてきたのだろうか。

　それを解くカギは，表序-1 の「不安定性の問題」と密接にかかわる。本書は，経済投票を不安定にする各国のコンテクストのうち，党派性に注目する。党派性について考えるために，まずは日本の有権者の政党への支持の推移を確かめる。図 1-4 では，時事通信社データをもとに，与党支持率，野党支持率，無党派層の割合を示した。まず，「支持政党なし」を選択する無党派層の割合が最も多く，その割合は増えている。1970 年代には 20% を超える程度であったものが，1990 年代半ば以降は 50〜60% 台に至る。無党派層の割合と野党支持率は対照をなす。野党支持率は，1970 年代から 90 年代にかけて 20% 程度前後を維持していたものの，2000 年代には 10% 台の前半，ないしはさらに低い水準へと下がった。ただし，例外もある。2009 年から 12 年の間，民主党が政権にあり，自民党が野党であった 3 年間である。同じく民主党政権後半の約 1 年間を例外とするが，他の時期に与党支持率は 20% から 40% 台で推移する。与党支持率は大きく高まらない一方で下がりもせず，あまり変わらない。多くの時期に，自民党が政権与党または連立政権与党の中心であったことを考えると，自民党とその連立政権与党への支持は一定していたことが改めてわかる。

　このように政党支持率が安定して推移してきたことは，内閣支持率・不支持率との関係で，何を意味するだろうか。これまでの研究から，政党支持率が内閣支持率の主たる規定要因であることがわかっている[8]。第 4 章でも確かめるように，もし内閣支持率・不支持率が頻繁に変化するならば，安定的な政党支持率だけが内閣支持率・不支持率の規定要因ではないということになる。内閣支持率・不支持率の短期変動を説明するために，各時期に生じる経済状態，経済情報，そのもとでの経済評価といった要因に目を向けなくてはならないだろう。政党支持率の安定性から，内閣支持率・不支持率の安定性・不安定性との関係を精査せねばならないことが示唆される。以降の章の分析では，長期安定

---

8　飯田（2005），三宅・西澤・河野（2001），Maeda（2011）を参照。レビューとして，大村（2021）も参照。

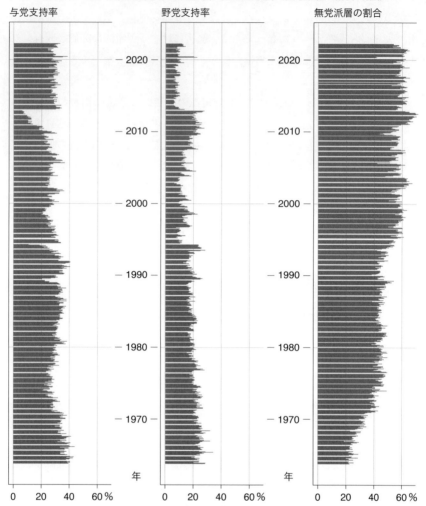

図1-4 日本の有権者の与党支持率，野党支持率，無党派層の割合の推移

注：政党支持率は，「あなたはどの政党を支持しますか」という質問に対して，政権与党の支持率，または連立政権下の与党の支持率を足し合わせたものである。野党支持率は，野党にあたる政党への支持率を足し合わせたものである。無党派層は「支持政党なし」または「支持する政党はない」という回答の割合である。
出所：筆者作成

的な政党支持だけでは説明できない内閣支持・不支持に対して，経済がいかに影響を与えているのかを精査していく。

　さらに，もう少し踏み込んで，日本の有権者の政党支持について考えてみよう。有権者がどの程度政党支持にとどまるのか，離脱するのかを考えるために，三宅一郎による政党支持の「幅」という考え方は有効である。三宅によれば，「政党支持態度はいわゆる支持政党を頂点とし，第2，第3の選択の支持政党を含む支持の幅としてとらえる」とよいという[9]。政党支持の幅自体は安定するので，人々の政党支持が揺れ動く範囲は狭まり，集合的には，政党支持の安定を生むことになる。三宅が約50年前に述べたように，日本の有権者の政党支持は移ろいやすいが，ある程度の支持の範囲にとどまってきたのだろうか。

　図1-5では，JESデータ内のパネル・データに絞って，異なる政党への支持の移動を示した。パネル・データとは，同じ個人に対して異なる時期に2回以上の調査を実施したデータである。本節では，選挙の前と後に同じ個人に聞いたことが確かなデータを使って，選挙前に尋ねる「ふだんの政党支持」と選挙後に尋ねる「投票した候補者の政党」への答えの違いをみた。選挙前に答えた「ふだんの政党支持」と選挙時の「投票した政党」すら異なるぐらい政党への支持から離れた人，あるいは変わらずに政党への支持に残った人を調べる[10]。支持から離脱している人とは，選挙前の調査から選挙後の短い期間に，何らかの情報に反応しやすかった層と考えてもいいだろう。党派性の影響が小さく，選挙公示期間中の（経済）情報に影響を受けやすい層とみなしてもいい。

　図1-5の上2つの図は，与党支持で与党投票を，野党支持で野党投票を行い，支持政党が変わらなかった割合を示している。それに対して，下2つの図は，与党支持であったのに野党に投票した人，野党支持であったのに与党に投票した人の割合を示した。まず，支持にとどまる有権者も大きな割合ではない。他

---

　9　三宅（1970: 95）。関連研究に，三宅・木下・間場（1967）。政党支持にかかわる研究のレビューとして，善教（2016），谷口（2012），西澤（1998），山田（2009）を参照。近年では，政党支持の規定力は「揺らぎ」をみせ（善教 2016），経済投票にもそれほど影響せず（大村 2017），投票率に対する党派的効果すら限定的であるといったように（鈴木 2019），党派性の規定力は投票行動のさまざまな局面で限られているとの研究もある。

　10　支持政党間の移動を支持政党と投票政党間の移動で定義し，分析することには難点がある。ここでは，三宅がいう「幅」を厳密に表しえてはいないとしても代替的にこの方法を使ったことを断っておきたい。

26　第Ⅰ部　日本の経済投票を考える

## 図1-5　支持政党への残留と支持政党からの移動

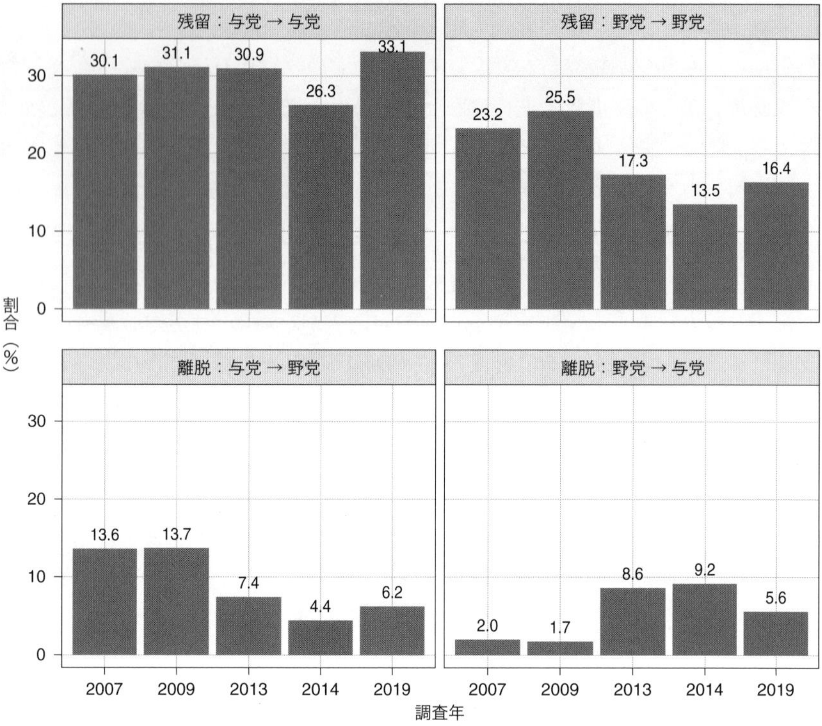

**残留：与党 → 与党**

- 2007: 30.1
- 2009: 31.1
- 2013: 30.9
- 2014: 26.3
- 2019: 33.1

**残留：野党 → 野党**

- 2007: 23.2
- 2009: 25.5
- 2013: 17.3
- 2014: 13.5
- 2019: 16.4

**離脱：与党 → 野党**

- 2007: 13.6
- 2009: 13.7
- 2013: 7.4
- 2014: 4.4
- 2019: 6.2

**離脱：野党 → 与党**

- 2007: 2.0
- 2009: 1.7
- 2013: 8.6
- 2014: 9.2
- 2019: 5.6

割合（%）　調査年

注：選挙前の政党支持の質問は，多くの場合，「今回何党に投票するかは別にして，ふだんあなたは
　　何党を支持していますか」である。選挙後の投票選択の質問は，衆議院選挙の場合，小選挙区で
　　投票したかを尋ねた後に，「どの候補に投票しましたか」（あるいは類似の質問文）の回答をもと
　　にした，候補者の政党所属のデータ，参議院選挙の場合「都道府県単位で行われる参議院の選挙
　　区選挙ではどの政党の候補者に投票しましたか」（あるいは類似の質問文）に対する回答のデー
　　タを利用した。この図に反映されていない区分は，「与党／野党支持であったが投票に行かなか
　　った層」と「"支持政党なし"で投票に行った／行かなかった層」である。よって各年の値を足
　　し合わせても，100 になるわけではない。
出所：筆者作成

方で，離れる有権者はさらに限られている。平均して 30％ 程度が，与党への
支持にとどまった。これに対して，野党支持にとどまる有権者の割合は減りつ
つある。日本の与党支持者，野党支持者のなかには，ごく短い期間であるにも
かかわらず支持から離れる層が存在する。しかし多くは支持にとどまる。その
傾向は与党支持者で強まり，野党支持者で弱まっている。ここから日本の有権
者の党派性とは，自民党を中心とした与党への持続的な支持にあり，野党支持

者の党派性は揺らいでいると推測できる。この結果は，図1-4の時事通信社データの結果を，個人データから部分的に補ってもいる。

日本の党派性について，図1-4と図1-5の2つの図をもとに検討すると，(1)最も多いのは無党派層だが，(2)政党への支持の重心は与党にあり，党派性は与党支持を中心に形づくられ，(3)与党への支持の安定性と野党への支持の不安定性・減少傾向という対比があるとわかってきた。では，党派性を維持する有権者が一定程度存在する社会で，経済情報の処理，経済評価，政府への支持，そして投票行動のメカニズムに，どのようなことが起こっているのだろうか。どのような党派性の働きに注目すればよいだろうか。

本書では，党派性に動機づけられた推論（PMR）という考え方を使って，日本の与党支持の定着を考えていく。人はしばしば，事実をもとにした情報であっても，事実とは異なる理解に至る。単なる間違いではなく，事実だろうと薄々わかっていても，当初の信念，思い込み，偏りのもとに，情報を受け取り，推論し，表明することがある。そのとき，情報の受容，推論，表明には動機づけが働いている。この動機づけを，党派性が駆動することを，特に党派性に動機づけられた推論という[11]。党派性による動機づけの作用によって，党派性は政府への支持や投票選択を決めるだけにとどまらなくなる。党派性は，人々の経済情報の探索，受容，推論，ときに表明までをも，根源的に左右する。PMRが働く有権者は自党派に不利な情報を退け，有利な情報を好んで受容し，表明しようとする。そしてPMRが有権者に幅広く浸潤するとき，党派性によって分断され，党派性やそれが刺激する感情のために分極化が生じやすい政治空間が生まれることになる。政治学者の多くが，これを民主主義の病理と深刻にとらえ，その世界大での波及に高い関心を寄せている[12]。経済投票の研究者もこの潮流を重く見て，経済投票へと波及するPMRの（負の）作用の解明に取り組んでいる。

経済投票という代議制民主主義の根幹ともいうべき過程に，日本では，どれ

---

11　PMRについては，Chaiken, Liberman, & Eagly（1989），Flynn, Nyhan, & Reifler（2017），Kunda（1987, 1990），Leeper & Slothuus（2014），Taber & Lodge（2006）を参照。この後も，本文でいくつかの主要研究に触れる。なお，邦語での解説に，秦（2022），大村（2024, 2025）がある。

12　例えば，Herman（2017）を参照。

だけ PMR が及んでいるのか。日本の与党を支持する有権者にも，PMR は作用してきたのだろうか。不平の非対称性が働いているにもかかわらず，自民党を中心とした与党から他の政党への政権交代が起こらない背景に，与党支持者の PMR が働いてきたのだろうか。与党支持者に PMR が働くことで，与党支持者は与党支持にとどまり，経済に関する悪い情報がもたらされても新たに経済評価を更新せず，与党や政府を支持し続けてきたのだろうか。それが図 1-4 や図 1-5 に見てとれる与党支持への残留，その安定性をもたらしているのだろうか。以降の各章では，PMR が与党支持者に働いてきたのかを分析しながら，これらの疑問に答える。これらの疑問への答えにあらかじめ触れると，日本の与党支持者の PMR はほぼ認められないか，あったとしても軽微であった，というものになる。

さて，与党支持者が支持にとどまる傾向にあったとしても，悪い経済情報を受け，否定的な経済評価に至る人々が野党に投票してきたならば，別の帰結がありえたはずである。さらに，政党支持をもたない無党派層のことも考えると，帰結はもっと多様でありえただろう。では，日本の与党支持者，野党支持者，無党派層は，どういった経済投票を特徴としてきたのだろうか。

## 3 不平の非対称性の党派間での非対称
### ——反応する与党派，無党派と反応しない野党派

本書の目的の 1 つは，日本の政体を特徴づける限られた政党間での政権交代を，経済投票から明らかにすることである。そのためのカギは，不平の非対称性を探り，PMR から与党支持者の態度形成・意思決定のメカニズムを検討することではないかと述べた。そのためには，日本における党派性が与党支持者を中心とし，したがって PMR が与党支持者を中心に作用しているのか確かめることになる。PMR という観点から考えていくと，経済状況，経済情報に応じて柔軟に経済評価を変えず，与党支持にとどまる有権者層が多いため政権与党がそのまま支持される。さらに，政党から政党への政権交代が起こり難くなるとも想定できる。

しかし仮に，与党支持者に党派性が強く働き支持からあまり離脱せず，有権者のうちの約 20% が与党の党派性を維持しているのだとしても，経済評価の

否定性が野党支持者や無党派層にある程度働くのであれば，政権交代はより多い頻度で生じたかもしれない。ましてや，日本は多党制の国である。党派性のバリエーションが大陸ヨーロッパの国々ほど多くないにしろ，アメリカやイギリスよりは多い。有権者にとって，与党の代替になる野党の選択肢の数は，（政権担当能力の問題は別として）他国に比べて決して少なくない[13]。しかし，政党から政党への政権交代が稀にしか起こらない日本で，与党支持者，野党支持者，無党派層は，どのように振る舞ってきたのだろうか。

図1-6では，時事通信社が提供している党派別の経済評価の割合を示した[14]。本書ではこれ以降，与党を支持する回答者を「与党派」，野党を支持する回答者を「野党派」，"支持する政党はない"と答えた回答者を「無党派」と呼ぶ。近年，PMRを研究する人たちは，与党支持者を「in-partisans」，野党支持者を「out-partisans」，無党派を「independents」と分けて呼ぶ。そして，与党派，野党派，無党派といった党派別での政府への支持率の違いや政治経済への評価の違いを重視する[15]。こうした動向を念頭に置いて，本書では，党派別の経済評価を分析に多用する。

さて，図1-6から与党派，野党派，無党派すべてにおいて，否定的経済評価の割合は，常に肯定的経済評価の割合を上回る。ただし，与党派と無党派の否定的経済評価の割合が，小泉政権から第1次安倍政権期，そして第2次安倍政権期（アベノミクス）の時期には低い水準で推移したのに対して，野党派では総じて高い水準にあった。また野党派の経済評価は，与党派や無党派の経済評価に比べて頻繁に変化・更新しているようである。

この党派ごとの経済評価の割合の違いを，ここからは党派性差異と呼んで，

---

13　政権担当能力と野党支持の関係についての分析として，秦（2023，2024）を参照。

14　党派別の経済評価データは，『時事世論調査特報』といった一般的に閲覧が可能な資料からは入手が難しい。時事通信社に問い合わせ，データを購入する必要がある。また，1999年7月以前のデータは整備されておらず，時事通信社に対して作業を依頼する必要があることから，党派別の経済評価データは1999年8月以降のもののみを使った。

15　呼称をめぐる詳細な説明は，大村（2024）を参照。多党制下の日本における経済投票を分析するためには，本来なら，個別の野党が支持され，選ばれるメカニズムに迫る必要がある。しかし，野党支持者・野党派のデータが限られることを背景に，個別の野党をめぐる検証に十分に踏み込めないという限界を抱える。この点に関しては，第7章末尾の補論「社会志向の経済評価と個人志向の経済評価──「個人志向の経済評価のレンズ」を考える」，終章第2節「残る課題」での議論も参照。

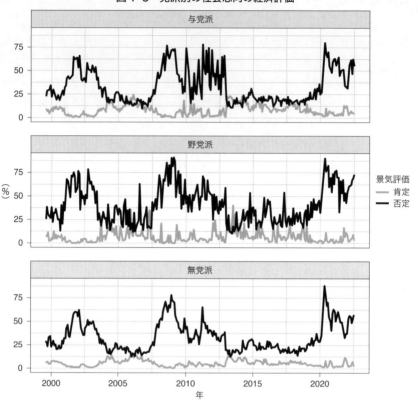

図1-6 党派別の社会志向の経済評価

注：図1-1，図1-2と図1-4のデータを仕分けたもの，クロスしたものである。本データは公刊された文献に所収されていないため，時事通信社から購入し，使用許諾を得たものである（脚注14を参照）。
出所：筆者作成

PMRを検証するための重要な考え方・操作的定義として使う[16]。経済投票の研究者たちは，党派間の支持率の違い，党派間での投票確率の違い，党派間での経済評価の上昇・下降の度合いの違いを，党派によって駆動される態度や行動の違いとして重視してきた[17]。党派性差異の程度，推移，規定要因を探ることによって，PMRがどの程度深刻で，どのような歴史的経緯をたどり，何に

---

16 党派性差異とほぼ同義の表現として，partisan divide が使われることもある（Peterson & Iyengar 2021）。日本語では，ともに党派性差異として訳すのが適当と思われることから，特に訳し分けずに使用する。

左右されるのかを明らかにしようとしている。本書でも，この党派性差異を重視し，以降の分析では一貫して，それをもたらす要因を探るための推定を繰り返す。

　図1-6からは，経済評価における党派性差異がさほど大きくないようにみえる。例えば，野党派の否定的経済評価の割合が，与党派や無党派に比べて著しく多いといったことはない。アメリカの研究では，選挙で政権交代が起こるときには，党派ごとに分けた経済評価が入れ替わるほど大きく変化する[18]。それに比べれば，日本の経済評価は党派性に駆られてのものではないようにも思える。

　しかし，個人データをみると，党派別の経済評価が見過ごせない違いをもつとわかる。図1-7は，JESデータをもとに，与党派，野党派，無党派での肯定的・否定的な景気評価を表したものである（暮らし向き評価については，オンライン上の補遺を参照）。図1-7をみると，与党派の否定的な景気評価の割合は，野党派と無党派のそれより少ない。そしてその割合は，近年に至ってさらに減った。同時に，肯定的回答が占める割合は増えた。また与党派，野党派，無党派の回答割合を比べてみると，野党派の否定的回答の割合は，無党派の回答割合より少ない。無党派の割合は多く，（時期ごとの多寡はありつつも）否定的評価の割合が多くを占めてきた。またその割合は，近年に至って増え，与党派と対照をなしている。

　このようにみてくると，日本の経済評価が否定性を基調とし，経済投票の不平の非対称が働いていそうだと推測できる。そのなかにあって与党派は，他党派に比べれば，経済状態を良いと評価する傾向を徐々に強めている。また否定性の重心は与党派に対抗するはずの野党派にはなく，無党派にある。野党派の割合自体が少ないことを考え合わせると，野党派の否定的経済評価が野党支持を促し，野党への投票につながったとしても，与党派の肯定的経済評価を覆すほどには至らないのではないかと考えられる。

　さらに，もし党派間に，経済情報に対する反応の違いがあるとするならば，どうであろうか。野党派は，無党派よりも否定的な経済評価の割合が小さいば

---

17　Bisgaard（2019），Donovan et al.（2023），Jones（2020），Lebo & Cassino（2007），大村（2023, 2024）を参照。

18　Mian, Sufi, & Khoshkhou（2023）を参照。

32　第Ⅰ部　日本の経済投票を考える

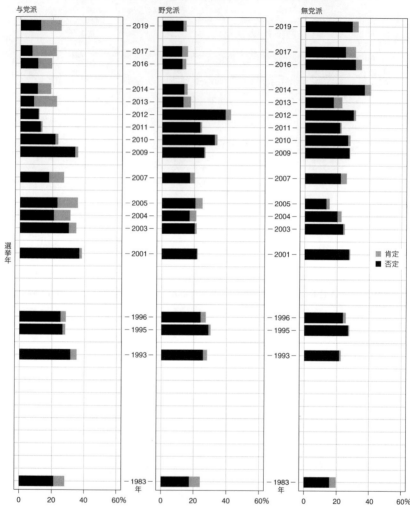

図1-7　党派別の景気評価の肯定的・否定的回答の割合

注：景気評価の回答割合の計算に関しては，図1-1を参照。例えば，野党派のクロス棒グラフの場合，ここで挙げられている以外に，野党派の「変わらないと思う」という中間回答の割合と，野党派以外（与党派または無党派）の肯定的・否定的・中間回答の割合が存在する。
出所：JESデータをもとに筆者作成。

かりでなく，否定的な経済情報に対しての反応が薄いなら，野党派の政府に対する否定的な経済評価が野党支持を促し，野党への投票につながるメカニズムは働き難くなるだろう。その場合，経済評価の基調に否定性があり，不平投票の非対称性が働いているのだとしても，政権与党以外の政党が選ばれる余地は小さくなる。政権与党・政府の経済パフォーマンスへの評価が下がったとしても，それを覆す集合的な経済投票の意思決定に至らない。ひいては，政党から政党への政権交代にはつながり難いだろう。

　このようにみると，日本は「単純に不平の非対称性が働いた国」ではないと推測できる。単なる不平の非対称性に加えて，そのメカニズムが党派ごとに異なる「不平の非対称性の党派間での非対称」をもつ国であったのではないか。否定的情報に反応する与党派と無党派，反応しない野党派の対比が，日本の政党システム，ひいては政体にも影響を及ぼしたのではないか。本書では，日本における政権交代メカニズムのカギが「不平の非対称性の党派間での非対称」にあると考え，論証を進めていく。

## *4* 経済と政治の結びつき
### ──弱まっているのか，強まっているのか？

　前節まで，日本の経済投票に焦点を絞って，各種のデータを検討してきた。ここで他国との比較の視点も加えて，日本の事例を考えてみよう[19]。いま世界の経済投票研究は，共通して，経済と政治の結びつきが弱まっていることを明らかにしつつある。その背景に，経済投票を不安定化させる党派性をはじめ，各国の多様な文脈があるという[20]。世界的な趨勢のもと，日本の経済投票はどのようになっているだろうか。

　図1-8および図1-9は，ローリング回帰分析（Rolling Window Regression）により，与党支持率，社会志向の肯定的経済評価から内閣支持率への効果を示したものである。ローリング回帰を使うと，関心のある変数どうしの結びつきの強さを，時間的推移に従って示すことができる。実線がゼロ付近を推移してい

---

19　本書は多国間比較分析を含まないが，著者の分析も含んだ多国間比較の文献として，Hellwig & Singer（2023）を参照。

20　例えば，Donovan et al.（2023），Hellwig & Singer（2023）を参照。

**図1-8 与党支持率と内閣支持率の関係に関するローリング回帰分析**

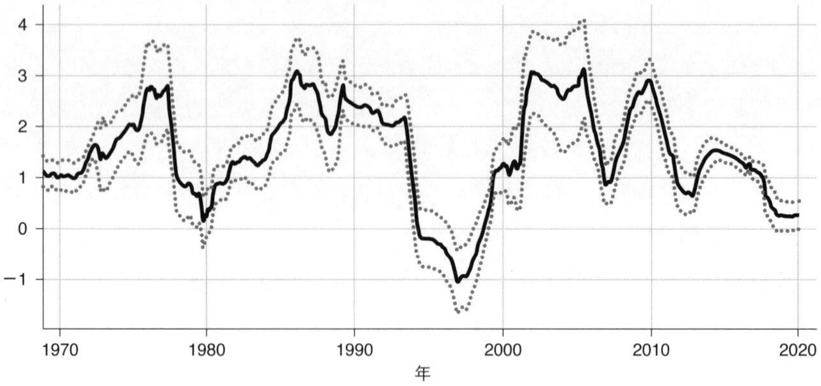

注：実線は係数，点線の部分は95%の信頼区間を表す。50の窓（window）を設定したローリング回帰分析の結果である。Pythonのstatsmodelsパッケージの RollingOLS 関数を使って作成した。
出所：Ohmura & Hino（2023）をもとに筆者作成

**図1-9 社会志向の肯定的経済評価と内閣支持率の関係に関するローリング回帰分析**

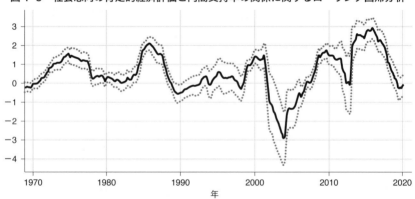

注：図1-8・注を参照。
出所：Ohmura & Hino（2023）をもとに筆者作成

るときに2変数間の関係は弱く，正の十分に大きい値で推移しているときには正の結びつき，負の十分に小さい値で推移しているときには負の結びつきがある。まず与党支持率と内閣支持率との結びつき（図1-8）は2000年代以降強まる時期もあるが，2010年代後半以降はやや低下傾向にみえる。

これに対して，経済評価と内閣支持率の結びつきは，近年に至って強まる傾

向にある（図1-9）。社会志向の肯定的経済評価は，過去に幾度も循環的な推移を経て，関係が強まる時期と弱まる時期があった。しかし2010年代以降，経済評価と内閣支持率は結びつきやすくなっているとわかる。他の経済評価と内閣支持率・不支持率との関係についてはオンライン上の補遺を参照していただきたいが，概ね結びつきは強まる傾向にある。

こうした結果から，各国において経済投票が弱まっているといわれるなか，日本では，党派性からの作用を考慮しても，経済評価と内閣支持との結びつきが強い時代へと向かっているようである。経済投票の不安定性という各国のトレンドに比して，経済投票の強度が増している日本の現況が浮かび上がってくる。前節までに確かめてきたように，党派性の作用も重視すべきことを考えると，日本の経済投票はいま党派性の影響も強く，経済の影響も強いという比較の観点からみても，特異な事例・時代へと向かっているのかもしれない。

ただし，ローリング回帰分析は影響を測ったり，因果関係を確かめたりするためには限界のある方法だと考えられている。よって，図1-8および図1-9も，いわば両者の関係の素描にすぎない。この素描が，より確かな分析のもとでも追認できるのだろうか。次章以降，時系列データを多角的に使うことで，日本の経済投票をめぐる見取り図を提示する。

## 5　第1章の分析からわかったこと

第1章では，時系列データと個人レベルの観察データを使って，日本の有権者の経済評価，政治的支持，投票との関係を考えた。そこからわかったことをもとに，本書の分析課題を4つ示した。

第1に，日本の経済投票では，否定性，不平の非対称性に注目するべきであると明らかになった。したがって，本書の第1の分析課題は経済投票における否定性，不平の非対称性の検討である。日本の経済評価も，政府への支持も否定性を基調とするなら，否定的・悲観的側面に注目しなければ，日本の経済投票を分析しきれない。否定性，不平の非対称性が働くとき，政党から政党への政権交代が本来的にはより多く生じるはずなのに対して，日本がそうはなってこなかったメカニズムの解明を，第1の分析課題に据える。

第2に，党派性の安定性が党派間で異なる可能性があるとわかった。特に与

党派は自党派性を維持するのに対して，野党派の離脱は進んでいる。ここから第2の分析課題は，党派性への定着に対して，PMRの概念からアプローチしていくことである。割合をみれば一定しているようにみえる与党派だが，与党派が経済に関する新たな情報に対して反応するか否かは，ここまでの素描だけでは明らかにならない。与党派はPMRという概念に照らして検討すると，与党への支持に固着せずに評価，態度を変えているのではないか。これに対して，野党派，無党派による経済情報への反応はどうか。これらの問いに答えるために，第2の分析課題として，PMRの精査に取り組む。

第3に，第2点目と関連するが，日本の経済投票は単に不平の非対称性をもつ，党派性がかかわる，というだけでは十分に説明しきれない。第3の分析課題は，不平の非対称性と党派性の観点をつなげ，「不平の非対称性の党派間での非対称」という見方から，日本の経済投票を説明することである。日本の場合，与党派，野党派，そして無党派間で不平の非対称性のメカニズムがおそらく異なっている。そこには野党派の経済評価と政治的支持，政治的意思決定の特性が潜在しているようである。複数の党派間での（否定的）経済評価と（不）支持の関係を精査することで，第3の分析課題に取り組む。

第4に，日本では，経済と政治の結びつきが強まっているようである。よって第4の分析課題は，経済と政治の結びつきの推移を知ることである。他国では，両者の結びつきは弱まり，経済投票が不安定性の時代に向かっているというなかで，日本は異なるトレンドにあるのではないか。

上記の4点が厳密な分析によっても確かめられるか，第Ⅱ部「時系列データを使った分析——日本の経済投票をめぐる見取り図の提示」，第Ⅲ部「個人データを使った分析——日本の経済投票をめぐる因果の解明」を通じて検証する。

第Ⅱ部

時系列データを使った分析
　　日本の経済投票をめぐる見取り図の提示

## 第2章
## 経済評価はどのように動いてきたのか？

　本章では，時系列データを使って，日本の有権者の経済評価はどのように動いてきたのかを検証する。過去60年間，日本の有権者は経済をどのように評価し，そこに党派性はどうかかわっていたのか。また，経済評価はあまり変わらないものだったのか，よく変化してきたのか。本章では，日本の有権者の経済評価の動態を明らかにする。

　本章が取り組む課題は，次の4つである。第1に，時系列データを用い，以下第5章までの分析課題を整理する。第2に，経済評価の推移を確かめる。前章の素描でも示された否定性バイアスをより明示的にとらえるとともに，経済評価がどれだけ頻繁に変化するのか，あるいは安定的なものであったのかを分析する。第3に，経済評価は経済的な出来事や景気循環といった，社会経済の潮流とどのように結びついていたのかを検証する。外生的な要因に対して，経済評価が反応してきたのかを，次章の推定に先だって概観する。最後に，党派別の経済評価の推移を分析する。与党派，野党派，無党派の経済評価を精査することで，経済評価に影響するPMRについての見通しを得る。

　具体的な分析は次のとおりである。データは，時事通信社が1960年代から2020年代まで収集してきたものを利用する。まず有権者の経済評価の推移・動態を確かめる記述的な分析を行う。続いて，経済評価の種類別，そして党派別の経済評価によって，安定性・不安定性に違いがあるのかを実数和分（Fractional Integration：FI）分析により明らかにする。また経済投票の検証という性質上，景気の状態を表す景気循環や経済的イベントの影響を併記した図をもとに，イベントと経済評価の関係を議論する。

## 1　時系列データを使って分析すること

　第1章の素描でも用いたように，時系列データの分析は，世論の動態を確か

めることに役立つ。また，経済状況と経済評価，経済評価と政治的支持というように，長期に集められた変数（系列）間の関係性を検証することで，日本の経済投票の歴史的推移を示せる。

　本書が定めた分析課題や図序-1の枠組みをもとにすると，時系列データを使った分析は表2-1と図2-1として整理できる。第1に分析することは，経済評価である（第2章と第3章）。日本の有権者の経済評価がどのように動き，何によって動いてきたのかを分析する。第2章では，経済評価がどのように動いてきたのかを知るために，歴史的推移の素描を行い，FI分析によって，経済評価が安定的に推移する性質のものだったか，頻繁に更新する性質のものだったかを確かめる。第3章では，経済評価が何によって動いてきたのかを知るために，実数和分誤差修正メカニズム（Fractional Error Correction Mechanism：FECM）によって，経済評価の規定要因を探る。規定要因として扱う変数は，本書が新たに提案する経済情報，複数のマクロ経済指標，経済的イベント，景気動向，そして党派性である。

　第2に分析することは，政治的支持である（第4章と第5章）。政治的支持として，本書では，政党支持率と内閣支持率・不支持率を分析の対象とし，日本の有権者の政治的支持がどのように推移し，何によって影響を受けてきたのかを検証する。第4章では，政治的支持がどのように動いてきたのかを調べるために，経済評価の場合と同じように歴史的推移を素描し，FI分析により各系列の安定性・更新の特性を確かめる。第5章では，政治的支持が何によって影響を受けてきたのかを調べるために，経済評価の場合と同じようにFECMによって，政治的支持の規定要因を探る。規定要因として扱う変数は，経済情報，経済評価，複数のマクロ経済指標，政治経済的イベント，景気動向，さらに内閣支持率・不支持率にかかわる党派性である。

## 2　経済評価の推移
### ──否定的な回答割合への注目

　日本の有権者の経済評価は，どのように動いてきたのか。その動態を改めて確かめる。これまで景気評価と暮らし向き評価については確かめたが，時事通信社データは，物価，これから先の生活（将来の経済見通し）の質問への回答割

表 2-1　時系列データを使った分析で行うこと

| 従属変数が…… | どのように動いてきたのか？ | 何によって動いてきたのか？ |
|---|---|---|
| 経済評価が…… | 【第2章】<br>経済評価の素描とFI分析 | 【第3章】<br>実数和分誤差修正メカニズム（FECM）による経済評価の規定要因の分析<br>・経済情報／経済状態→経済評価 |
| 政党支持と内閣支持・不支持が…… | 【第4章】<br>政党支持率と内閣支持率・不支持率の素描とFI分析 | 【第5章】<br>FECMによる政党支持率と内閣支持率・不支持率の規定要因の分析<br>・経済情報／経済状態／経済評価→政党支持率<br>・経済情報／経済状態／経済評価→内閣支持率・内閣不支持率 |

出所：筆者作成

図 2-1　本書の分析枠組み（図序-1）と時系列データの分析

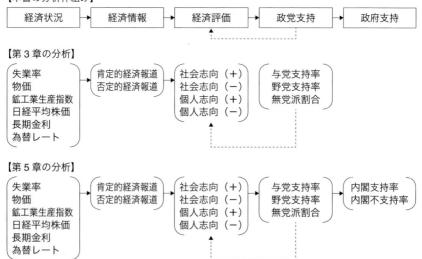

注：政治経済的イベントと景気循環については図から除いている。
出所：筆者作成

第 2 章 経済評価はどのように動いてきたのか？ 41

**図 2-2 時事通信社データの経済質問における回答割合の推移**

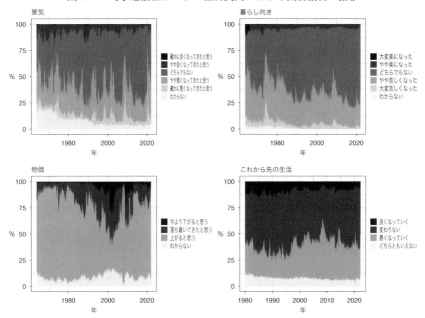

注：物価に関する質問は「物価は落ち着いてきたと思いますか，これから上がると思いますか，今より下がると思いますか」，これから先の生活に関する質問は，「これから先，あなたの生活は良くなっていくと思いますか，悪くなっていくと思いますか」である。
出所：筆者作成

合も含む[1]。図 2-2 には，物価とこれから先の生活の 2 変数も加えて，各経済評価の推移を示した。濃い色ほど良い方向の評価の割合を表し，薄い色ほど否定的評価の割合を表す[2]。まず，中間選択肢の回答割合が多いことが，いずれにも共通する。中間選択肢の回答割合が多いことは，この質問への回答に限らず，日本における意識調査データの特徴である。景気，暮らし向き，物価，将来の経済見通しに関する質問は，回答者（有権者）にとって容易な質問ではないか，あるいはより明確な回答を差し控えたいものとなっている[3]。

---

1 なお 2020 年に，新型コロナウイルス感染症の感染拡大により，データが途絶えた期間が存在する。また経済評価データにも，1960 年代に一部欠損が存在する。その欠損については，移動平均に従って，欠損の補完を行ったうえで分析を行っている。
2 三宅・西澤・河野（2001: 37）も参照。
3 Harzing（2006），Masuda et al.（2017）に詳しい。

*42*　第Ⅱ部　時系列データを使った分析

　続いて，肯定的な回答割合よりも否定的な回答の割合が多いことが目を引く。いずれの質問においても，現状の悪い状態や今後の悪化を懸念する回答割合が，良い方向の回答割合をしのぐ。また否定的回答割合の多さは，調査が開始されてからいままで一貫している。この結果は，本書がいう日本の経済投票における不平の非対称性の観点から，再び示唆的である。日本では，悲観的な経済評価を説明に生かしたほうがよいとわかる。

　肯定的・否定的回答割合を単純に比較すると，否定的回答割合のほうが多いと明らかになった一方で，それぞれの回答割合にはどういった特徴があるだろうか。続いて，推移の特徴を調べる。時系列データでの指標の安定性・不安定性を確かめるために，FI 分析が有効であることが知られている[4]。とりわけアメリカにおける政治学の時系列分析は，変数の安定性・不安定性を測るために，FI 処理の $d$ 値を活用した。変数がどの程度安定しているのか（非定常性：non-stationary），または不安定で頻繁に変化するのか（定常性：stationary）を，$d$ 値を使えば判別できる[5]。また，変数が右肩上がりで発散する性質なのか，平均に回帰する循環的な性質なのかも $d$ 値からはわかる[6]。よって，本章と第 4 章「政治的支持はどのように動いてきたのか？」でも，FI 分析による $d$ 値を使う。

　表 2-2 は社会志向と個人志向の肯定的評価と否定的評価の $d$ 値である。$d$ 値は次のように解釈する。1/2 がさかいとなり，$0<d<1/2$ のときに変数が頻繁に変化し，$1/2<d<1$ のときに安定する傾向と解釈する[7]。また，$d<1$ ならば平均へと回帰し循環的に動くが，$d>1$ ならば右肩上がりに上昇するといったように発散する。表 2-2 の結果から，社会志向の肯定的評価と否定的評価は頻

---

4　時系列データの安定性および不安定性の判断は，しばしば定常（stationary）か非定常な単位根（unit root）プロセスかに二分される。これに対して，FI 分析は中間的な特性をもち，データの長期記憶性（long-memory）や持続性をより詳細に把握することが可能となるところに利点がある。FI については，Box-Steffensmeier & Smith（1996, 1998），Box-Steffensmeier & Tomlinson,（2000），Ohmura（2023），Smidt（2018）に詳しい。

5　変数が定常であるとは，そのデータを生み出すプロセスの統計的特性が時間とともに変動するとしても，その変動の確率的性質がいつ観測しても一定であることを指す。これに対して，非定常な変数は，変数の性質が時間とともに変化することを意味する。定常性，非定常性は通常，何らかの回帰分析による仮説検定に際して問題となるが，変数の性質を特定する分析上の意義もあることが知られている（Grant & Lebo 2016）。

6　Box-Steffensmeier & Smith（1998: 667）を参照。

7　Box-Steffensmeier & Smith（1998），Grant & Lebo（2016），Parke（1999: 632）に詳しい。

表 2-2 　 2 種類の経済評価に関する実数和分分析の結果

|  | $d$ 値 | SD |
|---|---|---|
| 社会志向（＋） | 0.434 | 0.159 |
| 社会志向（－） | 0.185 | 0.155 |
| 個人志向（＋） | 0.738 | 0.126 |
| 個人志向（－） | 0.616 | 0.15 |

注：$d$ 値の算出に際しては，統計ソフトウェ
ア R 4.0.1 において，fracdiff（Ver. 1.5-2）
パッケージ内の fdGPH コマンドを利用
した。肯定的評価を（＋），否定的評価
を（－）と表記している。

繁に変化し，個人志向の肯定的評価・否定的評価は安定性を基調とする。

## 3　経済評価の推移と政治経済的出来事

　次に，肯定・否定の評価の推移は，どのような出来事の影響を受けてきたの
かをみる。図 2-3 の A・B では，各質問の肯定的・否定的回答割合の推移と，
主要な政治経済的な出来事とを並べて示した。主たる政治経済的な出来事とし
て，1973 年の石油ショック，89 年の消費税導入，91 年のバブル経済の崩壊，
97 年のアジア通貨危機，2008 年のグローバル経済危機，11 年の東日本大震災，
13 年のアベノミクス導入，20 年の新型コロナウイルス感染症の拡大に伴う第
1 回目の緊急事態宣言を記した。A 図と B 図で，出来事の記載内容は共通して
いる。図 2-3 の A をみると，社会志向の経済評価は，経済危機をはじめとす
る出来事に鋭く反応してきたことがわかる。

　これに対して，個人志向の肯定的経済評価は，低い値のもと頻繁に更新して
はいない。日本の有権者の暮らし向きへの肯定的評価は，60 年以上にわたっ
て，10% 程度かあるいはそれ以下の割合のもと低い水準にあった。そして個
人志向の否定的経済評価の描画は興味深い。政治経済的な危機の際に，否定的
評価が高まる。暮らし向きへの好感は 60 年間にわたって一貫して低い一方，
悲観はしばしば更新され，とりわけ政治経済的な出来事に対して敏感である。

　さらに，景気の動向との結びつきについても確かめる。日本では，景気動向
指数をもとに景気の拡張局面と後退局面を定義し，その上下動を景気循環とい

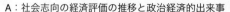

### 図2-3 2種類の経済評価と政治経済的出来事の関係

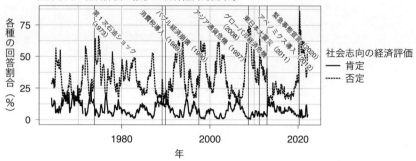

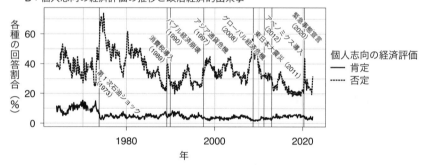

出所：筆者作成

う[8]。図2-4では，景気循環と両経済評価を示した。景気が上昇している局面は太い実線で表し，太い直線間の空白部分が下降局面を表す。ここでも上下のA図・B図で，景気循環を表す太い直線の形状は共通する。

図2-4のAによれば，景気の上昇局面で社会志向の肯定的評価は高い値となり，否定的評価は下がってきた。また後退局面では，顕著な逆の傾向が見てとれる。景気に対する評価を直接尋ねたものであることから，景気動向に対して反応することは自然であろう。また，$d$値を考慮した場合にも，最も更新が頻繁な社会志向の肯定的評価が，景気に反応して変動してきたと推測できる。

続いて，個人志向の経済評価についてみると，否定的評価が景気の後退局面

---

8 景気の上昇局面と下降局面は，内閣府による「景気基準日付」のデータにもとづく（URL：https://www.esri.cao.go.jp/jp/stat/di/hiduke.html，最終閲覧日：2024年10月28日）。

**図 2-4 2種類の経済評価と景気循環の関係**

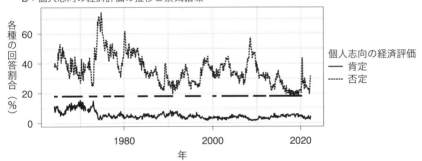

注：太い直線は，景気循環における「山」，その間の空白は「谷」を表す。
出所：筆者作成

で上昇するように見える。他方で肯定的評価に関しては，最も高い $d$ 値も反映して，一定して低値で推移し，景気の上昇／下降局面との明らかな結びつきを見出せない。

　こうして各経済評価と景気循環とを照らし合わせると，頻繁な更新に特徴づけられる社会志向の両評価，また更新自体は限定的であるものの個人志向の否定的評価が，景気動向に反応していると推測できる。2種類の経済評価に対して，どのような要因が影響を与えているのかについては，次章で検証する。

46 第Ⅱ部 時系列データを使った分析

## 4 党派別の経済評価

次に党派別の経済評価について確かめることで，PMRのもとでの経済評価について検討する。そのために，経済評価の党派性差異を，次のように定める。与党派と野党派間での社会志向の肯定的経済評価の場合，与党派の経済評価と野党派の経済評価との差として，党派性差異を以下（2-1）式のように定義する。

> 与党派・野党派間の社会志向の肯定的経済評価の党派性差異
> ＝与党派の社会志向の肯定的経済評価
> －野党派の社会志向の肯定的経済評価

(2-1)

他の党派間の場合，他の経済評価の場合も（2-1）式で計算する。表 2-3 は党派別の社会志向の否定的経済評価と各党派性間の差異に関する記述統計である。表 2-3 には，最も本書の議論を理解しやすいものを中心に，紙幅の関係で，社会志向の否定的経済評価の FI の結果のみを示した。他の結果に関しては，オンライン上の補遺から確かめることができる。例えば，与党派の平均値は，与党派のなかで社会志向の否定的経済評価の割合が，期間中平均して 33.42％であったことを意味し，最小値と最大値は期間中最も否定的経済評価の割合が低かった時点の値が 10.1％，最も割合が高かった時点の値が 79.54％であることを意味する。与党派の否定的経済評価の割合が最大で 79.54％ に上るというとかなり大きな数値のようだが，野党派では最大で 90.74％ のタイミング，無党派でも 87.9％ のタイミングが存在した。各党派・無党派の平均値を比較してみても，与党派の否定的評価の割合は低いほうであり，野党派の否定的割合は高いとわかる。

こうした傾向は，党派性差異にも反映されている。与党派と野党派間の党派性差異の平均値・中央値や最小値が負の値であることから，日本の場合，野党派のほうが与党派よりも否定的評価が強いとわかる。そして最大の党派性差異は，アメリカのように与党派－野党派間ではなく，野党派－無党派間にある。

次に表 2-4 は，FI の結果である。こちらも本書の議論を最も理解しやすい

第2章 経済評価はどのように動いてきたのか？　*47*

表2-3　党派別の社会志向の否定的経済評価・党派性差異の記述統計

|  | *n* | 平均 | 標準偏差 | 中央値 | 最小値 | 最大値 |
|---|---|---|---|---|---|---|
| 与党派 | 275 | 33.42 | 17.89 | 26.98 | 10.10 | 79.54 |
| 野党派 | 275 | 40.94 | 19.36 | 36.73 | 10.49 | 90.74 |
| 無党派 | 275 | 33.35 | 15.42 | 29.10 | 12.39 | 87.90 |
| 与党派 – 野党派間差異 | 275 | −7.53 | 12.06 | −7.20 | −45.27 | 31.24 |
| 与党派 – 無党派間差異 | 275 | 0.07 | 7.74 | 0.69 | 25.30 | 36.60 |
| 野党派 – 無党派間差異 | 275 | 7.60 | 9.84 | 7.33 | 21.65 | 40.65 |

表2-4　党派別の経済評価に関する実数和分分析の結果

|  | *d*値 | SD |
|---|---|---|
| 与党派・社会志向（＋） | 0.727 | 0.203 |
| 野党派・社会志向（＋） | 0.511 | 0.283 |
| 無党派・社会志向（＋） | 0.622 | 0.224 |
| 与党派・社会志向（−） | 0.74 | 0.191 |
| 野党派・社会志向（−） | 0.695 | 0.193 |
| 無党派・社会志向（−） | 0.746 | 0.189 |

注：表2-2・注を参照。

ものに絞って，社会志向の経済評価の結果のみを載せた。*d*値から，野党派の社会志向の肯定的評価が頻繁に更新される傾向にあるとわかる。少なくとも，与党派，無党派の各経済評価は平均に戻る性質をもち，安定して推移する傾向にある。

　続いて，図2-5と図2-6には，与党派と野党派の社会志向の肯定的・否定的評価を与野党の党派別に示し（A図），与党派・野党派間での差異も示した（B図）。これまでのいくつかの図表と同様に，社会志向の経済評価の結果のみを載せた。政権交代期も図の中に示している。両図から，2000年代以降の日本で，与党派 – 野党派間での社会志向の経済評価の党派性差異は目立って大きいものではないとわかる[9]。与党派が自党派の政権期に経済を良く評価し，野党派が他党派の政権期に経済を悪く評価するという明らかな対照は認められない。アメリカのように，政権交代によって2つの変数は逆転しない。党派性差異の素描だけをみると，党派性は経済評価を分けないようである[10]。

---

9　紙幅の関係で，個人志向の経済評価の結果はオンライン上の補遺に報告した。

10　Donovan et al.（2023），Mian, Sufi, & Khoshkhou（2023）を参照

## 図 2-5 党派性と社会志向の肯定的経済評価

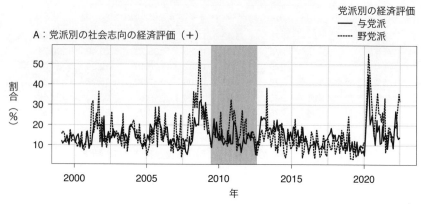

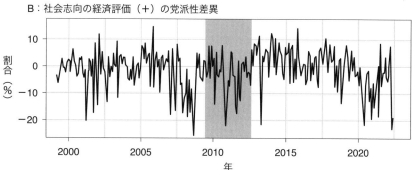

注：網掛けした期間は，自民党を中心としない政権の期間を表す。その期間の始まりと終わりが政権交代を意味する。
出所：筆者作成

　しかし，これは 2000 年代のみのデータである。そして，党派性によって経済評価に差異が生まれないのだとしても，党派別の経済評価は，他の変数から受ける影響が異なるかもしれない。少なくとも，与党派，無党派，そして野党派は変数の安定性・不安定性を異にする。図 2-5 と図 2-6 の結果から，経済評価が党派性から受ける影響は限定的なようだが，「党派性は経済評価を分けない，影響しない」と現時点では結論できない。

**図2-6 党派性と社会志向の否定的経済評価**

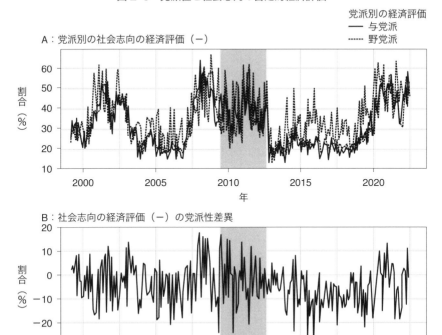

注：図2-5・注を参照。
出所：筆者作成

## 5 第2章の分析からわかったこと

　本章では，「経済評価はどのように動いてきたのか」を分析した。社会志向と個人志向の肯定的経済評価と否定的経済評価を分け，政治経済的出来事や景気循環といった経済をめぐる潮流との関係を確かめた。また，各変数が安定的に推移するのか，不安定に頻繁に変化するのかも探った。そして党派別の経済評価を分析することで，党派性のもとでの経済評価に差異があるのか，そこから，党派性は経済評価に寄与しているのかも推測しようとした。

　分析の結果，3つのことが明らかになった。第1に，日本の有権者の経済評

価は，否定的経済評価を中心としている。よって経済評価における否定性バイアスや経済投票における不平の非対称といった，「肯定的情報よりも否定的情報に反応しやすい日本の有権者像」をとらえたほうがよいという見通しが立った。

　第2に，経済評価は否定性を基調として，社会志向の経済評価ではとりわけ頻繁に変化すると明らかになった。社会志向・個人志向の否定的な経済評価が政治経済的出来事に反応し，社会志向の肯定的な経済評価が景気循環に反応するといったように，社会経済状態と経済評価との一定の関連を認めた。

　第3に，党派別の経済評価を検討した結果，与党派であることで肯定的な経済評価が多く，非与党派の場合にそうではないといった経済評価の党派性差異についてはさらに精査が必要であるとわかった。表2-3からは与党派－野党派間，野党派－無党派間に党派性差異が認められたが，図2-5・図2-6の可視化からはさほど顕著ではないといったように，本章の素描と2000年代以降のデータだけでは，経済評価への党派性の関与を直ちに結論づけられない。

　本章の「経済評価はどのように動いてきたのか？」の分析からわかったことは，経済評価の否定性バイアス，経済投票の非対称性が重要である，経済評価における党派性差異はどうやら存在しているようである，といったように現時点で明示的な結論に至るものではない。次章では，党派性，経済情報の効果を直接測ることで，さらに詳細な分析を進めていく。

# 第3章
## 経済評価は何によって動いてきたのか？

　本章では，時系列データを使って，経済評価は何によって動いてきたのかを検証する。前章では，日本の有権者の経済評価が否定性を基調としつつ，党派性によって経済評価の否定性に違いがあるとわかった。では経済評価は，肯定的情報よりも，否定的情報により反応してきたのだろうか。そこに党派性は，どのようにかかわってきたのだろうか。

　本章では，経済評価を，(1) PMR，(2)否定性バイアス，(3)経済評価が党派間で異なる否定性バイアスの非対称，以上3つの観点から分析する。ここまでの分析が，素描や推移の精査といった記述的な分析であったのに対して，本章では，経済情報から経済評価へというつながりをはじめ，経済評価に作用する要因を探る。

　具体的には，新聞報道のデータをもとに，新しく肯定的経済情報と否定的経済情報の変数を提案し，経済評価に与える影響に注目する。この新たに定義した経済情報変数によって，経済評価が否定的情報により反応するのか（否定性バイアス），与党派の経済評価は否定的経済情報によって改まるのか（PMR），与党派とそれ以外の党派の間で否定的情報への反応に違いがあるのか（否定性バイアス・不平の非対称性の党派間での非対称）を包括的に分析する。

## *1*　本章で分析すること

　本章では，第1に，PMRの観点から経済評価を検証する。本分析のためには，党派性ごとの経済評価のデータが必要になる。与党派，野党派，無党派の経済評価のデータがあれば，与党派の経済評価は，否定的な情報に接しても否定的な方向に変化しない，といったことを確かめ，PMRが働いているのかがわかる。第1章でも紹介したように，時事通信社が，日本の有権者の党派性と経済評価を仕分けたデータを揃えている。党派別の経済評価データをもとに与

党派，野党派，無党派の肯定的・否定的経済評価を分けた時系列データを準備
できる。近年の研究が，PMRの分析に党派性差異を活用していることを念頭
に，党派性ごとの経済評価データを分析に生かす。

　第2に，経済評価を，否定性バイアスの観点から分析する。そのために，経
済評価に対して，経済状況が与えてきた影響をまずは調べる。次に，経済情報
の影響を測る。経済情報として，本書では，肯定的・否定的経済報道に注目す
る。肯定的情報の増加は肯定的評価を，そして否定的情報の増加は否定的な評
価を促してきたのかを確かめる。そして，否定的情報が否定的経済評価にもた
らす影響のほうが，肯定的情報が肯定的経済評価にもたらす影響よりも強いこ
とがわかれば，日本の有権者の経済評価は否定性を基調とするといえる。この
ために本書では，新たに経済情報のデータを集めて，その影響を測る。

　第3に，経済評価を，否定性バイアスの党派間での非対称の観点から分析す
る。第1章でも確かめた日本のデータの素描から，党派間の経済評価の比較が
必要だとわかった。否定的な経済情報に対して，野党派の否定的な経済評価が，
与党派や（ベンチマークとなる）無党派のものよりも強く反応しているならば，
アカウンタビリティが働く基盤があると考えられる。しかし，三者の反応が変
わらないか，あるいは与党派と無党派の否定的経済評価のほうが反応するなら
ば，どうだろうか。そのとき，経済評価をめぐる不平の非対称性のなかに，さ
らに党派間での経済評価をめぐる不平の非対称があると考えることになる。与
党派や無党派は否定的情報に反応するのに野党派はしない，という不平の非対
称性の党派間での非対称ゆえに，野党派の政府に対する経済評価が野党への投
票をもたらす力をもちえなかった，と主張できる。上記3点の課題に沿って，
次節からは実際に分析を進める。

## 2　データと推定方法の説明

### 従属変数の説明

　本章の分析における従属変数は，各種の経済評価である。経済評価のデータ
は，すべて時事通信社データを利用する。分析に利用する時事通信社データの
質問や期間は，表3-1にまとめた。

　従属変数は，2つのパターンに分ける。第1に，政治学において伝統的に利

第3章 経済評価は何によって動いてきたのか？ 53

表 3-1　分析に利用する従属変数（経済評価変数）の詳細

| 経済評価の種類 | 時事通信社データの質問 | データ期間と観察 |
|---|---|---|
| 【第 1 の従属変数】<br>社会志向の肯定的経済評価<br>社会志向の否定的経済評価 | 景気質問の肯定的評価<br>景気質問の否定的評価 | 1964 年 1 月〜2022<br>年 5 月；n＝701 |
| 【第 2 の従属変数】<br>与党派・社会志向の経済評価（＋）<br>野党派・社会志向の経済評価（＋）<br>無党派・社会志向の経済評価（＋）<br>与党派・社会志向の経済評価（−）<br>野党派・社会志向の経済評価（−）<br>無党派・社会志向の経済評価（−） | 与党派・景気質問の肯定的評価<br>野党派・景気質問の肯定的評価<br>無党派・景気質問の肯定的評価<br>与党派・景気質問の否定的評価<br>野党派・景気質問の否定的評価<br>無党派・景気質問の否定的評価 | 1999 年 8 月〜2022<br>年 5 月；n＝275 |

注：紙幅の関係で個人志向の経済評価に関しては，表から除外しているが，社会志向の経済評価を個
　　人志向の経済評価に置き換えた分析も，本章で行う。

用されてきた社会志向と個人志向，それぞれの肯定的評価と否定的評価である。
第 2 に，党派別での社会志向と個人志向，それぞれの肯定的評価と否定的評価
である。

### 独立変数の説明——経済情報を測る

　本章の分析における独立変数は，経済に関する肯定的情報・否定的情報，経
済状況，そして前章で検討した景気循環，経済危機である。経済状況に関する
変数として，先行研究をもとに消費者物価指数，失業率を加える。また，国内
外の研究で扱われてきた経済的要因として，日経平均株価，GDP 成長率を月
次データとして代替する鉱工業生産指数，政策変数として政策金利のそれぞれ
を推定モデルに組み込む。景気循環については，景気の上昇局面を 1，景気の
下降局面を 0 とするダミー変数を用いる。経済危機については，危機のあった
月を 1，それ以外の月を 0 とするダミー変数を用いる[1]。

　そして本章でカギとなる独立変数は，経済の情報である[2]。本分析では，
1964 年 1 月から 2022 年 5 月の期間内に，「経済」というキーワードを含む記
事の見出し（以下，「記事」とも略記）を利用した。利用した新聞は，『朝日新
聞』（以下，「朝日」），『日本経済新聞』（以下，「日経」），『読売新聞』（以下，読売）
であり，朝刊と夕刊，東京版・地方版すべてを使った[3]。新聞社ごとの記事数
は表 3-2 である。日経の経済記事数が，他社に比べると多いことがわかり，日

#### 表 3-2　新聞社ごとの記事見出しの数

| 新聞名 | 朝日 | 日経 | 読売 |
|---|---|---|---|
| 記事数 | 254,623 | 438,777 | 236,712 |

経の性質を考慮した場合の直観にも沿う。

テキスト分析では，コーパスの作成，形態素解析，分かち書き，肯定的・否定的のセンチメントの分析のすべてを，統計ソフトウェア R のパッケージである quanteda と LSX を使って行った。テキスト分析は以下の手順で進めた。文章のなかから有意味の語句を取りだす前処理の後に，各記事のセンチメントを Linguistic Inquiry and Word Count（LIWC）の日本語版・J-LIWC に照らして判定した[4]。判定後に，まずは positive（肯定的）と negative（否定的）と判定された語の数を記事ごとに数え，肯定的な語の数，否定的な語の数を各記事に割り振った[5]。それをもとに各記事が肯定的記事か，否定的記事か

---

1　経済危機・経済的な大きな出来事として，第 1 次石油ショック（1973 年 11 月），消費税導入（1989 年 4 月），バブル経済崩壊（1989 年 4 月），アジア通貨危機（1997 年 9 月），グローバル経済危機（2008 年 11 月），東日本大震災（2011 年 3 月），緊急事態宣言（2020 年 4 月）を含めた。経済危機はしばしば長期にわたって継続するが，どの時点で危機が収束したかを判断するのが難しいため，発生した月に 1 を割り当てた。記事は各社の提示する規約にもとづいて，主に見出しのテキストを入力したうえで使用した。記事全文を利用することが望ましいが，すべての記事を購入することは筆者の経済的事由もあり困難であったためである。したがって，追試用データの配布は難しい。必要に応じて，記事の利用申請を行っていただいたうえで，追試データを整備し，オンライン上の補遺にあるコードにより再現を行っていただきたい。

2　本分析では，海外を中心とした経済投票のテキスト分析との整合性を念頭に，従来の Linguistic Inquiry and Word Count（LIWC）の日本語版・J-LIWC を適用した分析を進めた。他の手法を用いたテキスト分析の結果については，オンライン上の補遺を参照していただきたい。

3　新聞社の選定に際しては，左右イデオロギーも考慮した。左右イデオロギーを考慮するにあたって，金子（2023）を参照した。

4　Igarashi, Okuda, & Sasahara（2022）を参照。

5　肯定的・否定的センチメントの信頼性を確かめるために，筆者自身と別の 2 人のコーダーの計 3 人で，人的なコーディングを行った。そのために約 93 万の見出しのなかから 500 件の見出しを無作為抽出した。その見出しに，J-LIWC が与えたスコア，筆者とコーダーが与えたスコアの 4 種をもとに信頼性を検証した。計 3 以上のコーダーによる結果であることから，クリッペンドルフの α 係数（Krippendorff's α coefficient: Hayes & Krippendorff 2007; Hughes 2021; Krippendorff 2004, 2011）とフライスの K 係数（Fleiss's K coefficient: Fleiss 1971）を使った。クリッペンドルフの α 係数の値は 0.68，フライスの K 係数の値は 0.66（z = 20.2, p 値＜0.000）であった。これらの結果から，センチメントの判断をめぐる信頼性は保たれていると判断した。いずれも統計ソフトウェア R の irr パッケージを用いて評価した。

第3章 経済評価は何によって動いてきたのか？ 55

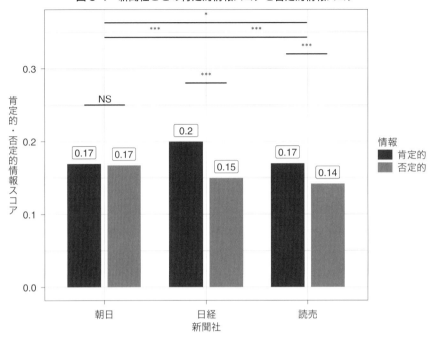

図3-1 新聞社ごとの肯定的情報スコアと否定的情報スコア

注：＊＊＊：$p<0.001$；＊：$p<0.05$；NS：統計的に有意でないこと，をそれぞれ表す。
出所：筆者作成

を判別した。最後に，月ごとの肯定記事数と否定記事数を，月ごとの記事の総数で割った。その値を，肯定的情報スコア，否定的情報スコアと定めた[6]。

　新聞社ごとの肯定的・否定的情報スコアは図3-1である。新聞社ごとのスコアには一部で有意な差がある。日経の肯定的スコアが最も高い。日経は経済情報に関して他の新聞社より記事数も多いが，そのなかには経済状況を好感する記事のほうが多かったことがうかがえる。また，読売の否定的情報スコアは最も低く，朝日の否定的情報スコアは最も高い。読売が保守的で経済状況に対する否定的な論調が抑えられているのに対して，朝日の場合は，対照的なイデオロギー性に応じて否定的論調がやや多くなっていると推察できる。これらの知見は，日本の新聞のイデオロギー性に関する従来の知見とも一貫性のあるもの

---

6　なお，肯定的・否定的情報スコアは新聞ごとに算出するものではなく，3つの新聞から集めた情報を統合（プール）したデータである。

**表 3-3　経済情報スコアに関する記述統計と実数和分分析の結果**

|  | $n$ | 平均 | 標準偏差 | 中央値 | 最小値 | 最大値 | $d$ 値 |
|---|---|---|---|---|---|---|---|
| 肯定 | 701 | 0.18 | 0.03 | 0.18 | 0.04 | 0.29 | 0.737 (0.170) |
| 否定 | 701 | 0.15 | 0.03 | 0.15 | 0.05 | 0.27 | 0.518 (0.188) |

注：$d$ 値の算出に際しては，統計ソフトウェア R 4.0.1 において，fracdiff（Ver. 15-2）パッケージ内の fdGPH コマンドを利用した。（　）内は $d$ 値についての回帰標準誤差である。

になっている[7]。

　また，肯定的情報スコアと否定的情報スコアの記述統計と FI 分析から得られる $d$ 値は，表 3-3 に示した。どちらかというと肯定的な情報のほうが否定的なものよりも多いようだが，その差は明示的なものではなかった。また $d$ 値からは，否定的情報のほうがより頻繁に更新しているとわかる。

　次に，肯定的情報と否定的情報の推移を示す。図 3-2 は，肯定的情報スコアと否定的情報スコアに，政治経済的な出来事と景気循環を並べて示したものである。第 1 次石油ショック，消費税導入，バブル経済崩壊，アジア通貨危機，グローバル経済危機，東日本大震災，新型コロナウィルス感染症に伴う緊急事態宣言の発令時に肯定的情報スコアが下がり，否定的情報スコアが増える傾向がある。他方で，景気循環との明らかな連動は認められない。

### 推定方法の説明

　ここからは，明らかにしたい要因を含めて，FECM をもとに推定を進める。これまで政治学の時系列データ分析では，単位根のあるデータに対して一般誤差修正モデル（General Error Correction Model：GECM）がよく利用されてきた。誤差修正モデルは，短期的な変動と長期的な均衡関係を同時に考慮できる推定方法である。経済投票の研究者は，短期的な変動とともに，データが長期均衡に戻る速度を示す誤差修正項を含んだモデルによって，政治的支持率に経済要因が与える短期的／長期的影響を精査してきた。GECM は短期変動の効果を測るために，今期の値から 1 期前の値を差し引く 1 次の階差をとる。しかし，

---

7　金子（2023）を参照。

**図 3-2　経済報道，政治経済的出来事，景気循環の関係**

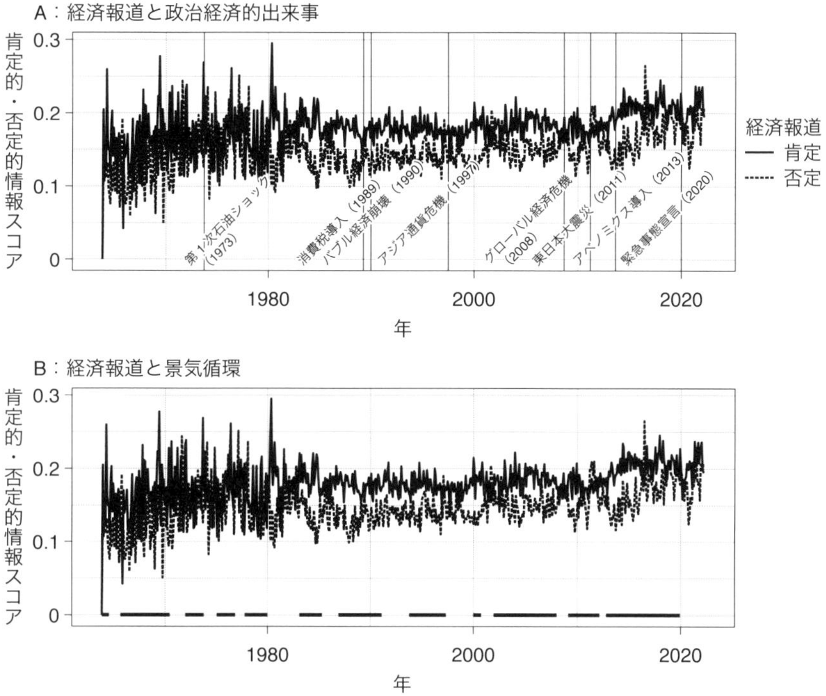
A：経済報道と政治経済的出来事
肯定的・否定的情報スコア
0.3
0.2
0.1
0
第1次石油ショック (1973)
消費税導入 (1989)
バブル経済崩壊 (1990)
アジア通貨危機 (1997)
グローバル経済危機 (2008)
東日本大震災 (2011)
アベノミクス導入 (2013)
緊急事態宣言 (2020)
1980
2000
2020
年
経済報道
肯定
否定
B：経済報道と景気循環
肯定的・否定的情報スコア
0.3
0.2
0.1
0
1980
2000
2020
年

注：太い直線は，景気循環における「山」，その間の空白は「谷」を表す。
出所：筆者作成

この「1」次という整数値の階差はしばしば問題となることが知られている。よって，1 に限らない実数からなる和分過程をモデル化する試みが進んだ。そこで注目されたのが FECM である。FECM は短期効果の仮説検定における第Ⅰ種の過誤が起こり難い方法のひとつであり，本書のように経済要因の短期効果の統計的有意性を確かめることが目的となる場合に，望ましい分析手法となる（Grant & Lebo 2016）。なぜ FECM を使うのか，FECM のアルゴリズムについてのさらに詳細な説明は，オンライン上の補遺を参照していただきたい。

本書では，この FECM を使って，大きく分けて 2 つの推定をする（表 3-1 参照）。1 つ目は，肯定的・否定的社会志向，肯定的・否定的個人志向の経済評価を従属変数とする分析である。2 つ目は，与党派，野党派，無党派ごとの肯定的・否定的経済評価を従属変数とする分析である。前者によって，経済評価

における否定性バイアスの程度，すなわち経済投票における非対称性の基盤を探る。後者によって，PMR の作用を探る。予測される結果は，表 3-4 のとおりである。不平の非対称性が働いている場合，PMR が作用している場合の結果がわかるように示した。

## 3 分析結果の検討

はじめに各種の経済評価に関する分析結果を検討する。図 3-3 は，各種の経済評価を従属変数，経済情報を独立変数とする分析の結果である。図内には，係数と信頼区間を表した。係数とは，各要素から従属変数に，どれだけの効果があるかを示したものである[8]。信頼区間は，その係数がどの程度確からしいかを示す。各図内の点・白丸は係数の値，それに付随する棒線は 95% の信頼区間を表す。図の中央付近に引かれた実線の垂線はゼロを指し，95% の信頼区間内にゼロを含むならば，当該変数の係数がゼロであることを否定できないと解釈する。ゼロであるならば，作用がないかもしれないので，その要素は原因になっていないだろうと考える。これに対して，ゼロを含まずに，十分に大きな正か負の値ならば，その量の分，ある要素が経済評価を押し上げたり，押し下げたりする効果があると考える。これ以降の図では，統計的に有意な結果を，多くの場合にハイライトで示す。

図 3-3 は各政党支持率を含む結果（フルモデル・濃い線）と，含まないモデル（党派性無・薄い線）の結果に分かれており計 4 つからなる。肯定的評価を従属変数とするモデルには与党支持率，否定的評価を従属変数とする場合は野党支持率を含むモデルと無党派割合を含むモデルを推定した。すべての変数の結果は，オンライン上の補遺から確かめることができる。

図 3-3 全般から，政党支持率がいずれの経済評価にも最も作用している。肯定的評価に対して与党支持率が，否定的評価に対して野党支持率が作用してい

---

8 ここでいう効果は，直ちに因果効果を意味しない。FECM の係数は，従属変数，独立変数ともに実数和分の処理を経ていることから，解釈が難しい（Grant & Lebo 2016）。独立変数が 1 ポイント上昇したときの従属変数への効果量を，実質的に読み解くことは難しい。他方で係数の解釈は犠牲にしても，仮説検定における第 I 種の過誤を防ぐことを目的とした分析であることから，FECM の結果の解釈は効果量の多寡に注目するのではなく，信頼区間の評価を中心とする。

第3章 経済評価は何によって動いてきたのか？ 59

表 3-4 分析結果の予測

| | 結果（従属変数） | 要因（独立変数） | 結果の予測 |
|---|---|---|---|
| 従来の分析 | 肯定的経済評価 | 客観的経済状況 | ------------ |
| 本書の分析 | 肯定的経済評価 | 与党支持率 | ＋ |
| | | 肯定的経済報道 | ＋ |
| | | 否定的経済報道 | － |
| | 否定的経済評価 | 野党支持率 | ＋ |
| | | 無党派割合 | どちらでもない |
| | | 肯定的経済報道 | － |
| | | 否定的経済報道 | ＋ |
| | 与党派・肯定的経済評価 | 肯定的経済報道 | ＋ |
| | | 否定的経済報道 | ＋/どちらでもない |
| | 与党派・否定的経済評価 | 肯定的経済報道 | どちらでもない |
| | | 否定的経済報道 | ＋/どちらでもない |
| | 野党派・肯定的経済評価 | 肯定的経済報道 | どちらでもない |
| | | 否定的経済報道 | － |
| | 野党派・否定的経済評価 | 肯定的経済報道 | どちらでもない |
| | | 否定的経済報道 | － |
| | 無党派・肯定的経済評価 | 肯定的経済報道 | どちらでもない |
| | | 否定的経済報道 | － |
| | 無党派・否定的経済評価 | 肯定的経済報道 | どちらでもない |
| | | 否定的経済報道 | － |

注：薄い網掛けのセルは PMR の作用，濃い網掛けのセルは不平の非対称性の作用の検証で
特に注目を要する点である。

る。基準・ベンチマークとなる無党派割合が，いずれの経済評価の反応ももたらさないこととも対照をなす。日本の場合，経済評価に対する党派性の作用を重くとらえる必要がある。

そして党派性を含むフルモデルであっても，含まないモデルであっても，否定的情報が増えると，社会志向の否定的経済評価は高まり（図3-3右上），個人志向の肯定的評価は下がる（同左下）。さらに，肯定的情報が増えれば，個人志向の否定的経済評価は低下することも示されており（同右下），肯定的情報の効

## 図3-3 党派性，経済情報から経済評価への作用に関する実数和分誤差修正メカニズムによる分析

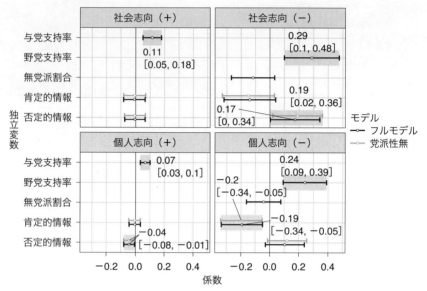

注：$n=699$。各図内の点・白丸（以降，図表内では各点）は係数値，それに付随する棒線（error bar）は95%の信頼区間を表す。ハイライトされた結果は，5%水準で統計的に有意であることを表す。なお例えば，独立変数である「肯定的情報」は，実際には実数差分（fractional difference）をとった「$\Delta^d$肯定的情報」と表記する。しかしここでは，図のわかりやすさを重視し，単純に変数の名前のみを書くにとどめている。以下，実数和分誤差修正メカニズムを使った図3-3と図3-4において，独立変数の表記は同様である。フルモデルは，情報変数に加えて，政党支持率，CPI，失業率，日経平均株価，鉱工業生産指数，景気循環ダミー，経済危機ダミーを含む。
出所：筆者作成

果も，負の方向に作用するかたちで認められるようである。これらの結果から，すべての推定結果においてではないが，肯定的経済評価の反応よりも，否定的経済評価の反応のほうが明らかとなっている。日本の場合，長い間にわたって，経済評価における否定性バイアスが働いてきたことを，一定程度示唆する結果といえるだろう。

図3-4は，党派別の社会志向の経済評価に関する分析結果である。図3-4からは，図3-3の全体の分析だけではわからなかったことが示されている。最上段・両パネルは，与党派の社会志向の肯定的評価と否定的評価を従属変数とするモデルである。否定的情報によって与党派の肯定的評価は下がる。ここから，否定的情報が作用しやすく，否定的経済評価のほうに人々が反応しやすい否定

**図 3-4 経済情報から党派別の社会志向の経済評価への作用に関する実数和分誤差修正メカニズムによる分析**

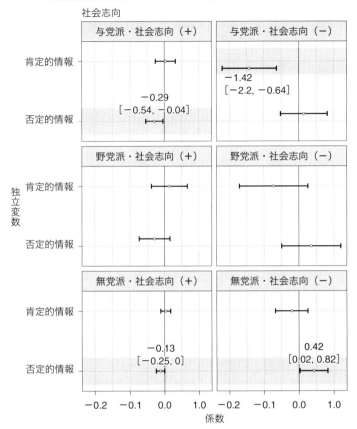

注：$n$ は各図によって異なるが，273 から 275。そのほかは図 3-3・注参照。
出所：筆者作成

性バイアスが，与党派に働いていることが明らかである。与党派の経済評価は，経済の悪化を伝える情報を受けて更新され，「党派性のゆえに，否定的情報に反応しない」とはなってこなかった。与党派の経済評価において，PMR は限られているようである。またこの傾向は，最下段・両パネルの無党派の場合にも顕著である。否定的情報によって，無党派の肯定的経済評価は下がり，否定的経済評価は上がる。

一方で，これらの結果を中段・両パネルの野党派の経済評価に関する結果と

比べると，経済情報に反応しない野党派の経済評価と，（すべての場合でないものの）否定的経済情報に反応する与党派・無党派の経済評価の対照が明らかになる。野党派の経済評価は肯定的・否定的経済情報を受けても変わらない。経済評価には単に否定的評価のほうが反応しやすい否定性バイアスが働いているだけでなく，否定性バイアスに野党派，そして他党派（与党派・無党派）間で非対称性がある[9]。

## 4 第3章の分析からわかったこと

本章では，「経済評価は何によって動いてきたのか」を分析した。社会志向と個人志向の肯定的経済評価と否定的経済評価とを分け，経済情報と経済状況への反応を調べた。また政党支持率を推定モデルに加え，党派性が経済評価にあらかじめ作用しているかも確かめた。そして，経済情報に対する党派別の経済評価の反応をみることで，経済評価におけるPMR，否定性バイアス，そして党派間での否定性バイアスの非対称が働いているかを分析した。

分析の結果，3つのことが明らかになった。第1に，経済評価は政党支持率に最も反応していた。政党支持率を有権者の間での党派性の強弱であると考えれば，経済評価は長期にわたって党派性の作用を受けてきたといえる。よって，日本の場合，図序-1に挙げた破線の矢印を軽視することはできない。これ以降のいずれの分析も，経済評価に先行する党派性を念頭に置く。

第2に，党派別での経済評価に関する分析から，与党派と野党派で異なる経済情報への反応が認められた。単に政党支持率・党派性が経済評価に作用しているだけではなく，与党派と無党派は，否定的情報によって，社会志向の肯定的経済評価を修正している。野党派の場合，この傾向は認められなかった。よって，党派性が主たる投票選択の要因となり，日本で経済投票は認められないとの結論には至らない。むしろ「誰が経済に反応しているのか」を，詳しく確かめていく必要性を，党派別での経済評価の分析結果は示している。

さらにこれらの結果は，PMRからみる日本の経済投票にとって重要である。PMRが働いているならば，与党派のなかで経済情報に対する経済評価の変化

---

9 個人志向の経済評価の結果も含めた詳細な分析結果は，オンライン上の補遺に示した。

は認められないはずである。与党支持率は，たしかに経済評価の主因となっている。しかし与党派の社会志向の評価の結果をみれば，「与党支持者は経済状態が悪いと聞いても経済評価を更新しない」といったPMRの働きが限られているとわかる。

　第3に，野党派の経済評価はいずれの経済情報によっても動かないのに対して，与党派と無党派は否定的情報によって，社会志向の経済評価を下げる。否定的情報に反応しない野党派に対して，反応する与党派と無党派という対比から，野党派と他の党派間での否定性バイアスをめぐる非対称性が明らかになった。ここから，政治的支持を重視し，「不平の非対称性の党派間での非対称」を精査したほうがよいという見通しが得られた。

　次章以降の分析では，経済投票に党派性があらかじめ作用することを前提に分析を進めることになる。しかし党派性が経済投票に影響し，PMRといった特異な作用をもたらしているという実態を現時点では想定できない。では，党派性はどのように作用しているのか，やはり与党派による動機づけられた推論なのか，野党派の場合は無党派と比べてどうか，といった点を，次章以降さらに検証する。

## 第4章
# 政治的支持はどのように動いてきたのか？

　本章では，時系列データを使って，政治的支持はどのように動いてきたのか
を検証する。前章までに，経済評価について詳しく分析してきた。日本の有権
者の経済評価は否定的経済情報の影響をより受けやすく，党派間でその影響に
違いがあることがわかった。続いて経済評価は，政治的支持にどのように影響
するのだろうか。本格的な分析の前に，政治的支持率の推移を検討する。与党
支持率，野党支持率，無党派の割合，そして内閣支持率・不支持率の推移には，
どのような特徴があったのだろうか。政治的支持率が頻繁に変化してきたのな
ら，時々の政治経済的な出来事への反応と推測できる。一方で，安定して推移
してきたならば，政治経済的な出来事の影響は限られていたことになる。各種
の政治的支持率は，どのように動いてきたのだろうか。

　本章が取り組む課題は，次の3つである。第1に，政党支持率と内閣支持
率・不支持率の推移を確かめる。各変数にはどのような特徴があるのか，その
推移はどの程度安定していたのか，あるいは不安定なものだったのかを分析す
る。第2に，政党支持率と内閣支持率・不支持率は政治経済的な出来事や景気
循環といった，大きな社会経済の潮流とどのように結びついていたのかを確か
める。第3に，党派別の内閣支持率・不支持率の推移を検討する。日本の場合，
内閣支持率・不支持率における党派性差異がどのように推移してきたのかを検
証する。

　各支持率の分析に際して，第2章と同様に，FI分析を行う。FI分析による
*d*値が与党支持率，野党支持率，無党派の割合，そして内閣支持率・不支持率
に関して，どのように異なるのか，あるいは似ているのかを明らかにする。ま
たここでも，景気循環や政治経済的イベントの影響を確かめる。

## *1* 政党支持率と内閣支持率の推移

はじめに，政党支持率について検討する。与党支持率，野党支持率，無党派割合の 3 つの変数の推移は図 4-1 に示した。図 4-1 から，最も多くの割合を占めるのは無党派である。無党派の割合は，調査開始時である 1960 年代の 20% 前後から増え続け，2000 年代以降は 60% 前後に至る。そして 2012 年 12 月の安倍政権発足以降，その割合にはあまり変化がない。対して，最も少ないのは野党支持率である。その割合は与党支持率の半分程度のまま推移し，2012 年 12 月の安倍政権発足後はさらに低い値のまま，横ばいとなっている。与党支持率は 1960 年代から 70 年代初頭にかけて高い。その後下がりはするものの無党派に次ぐ割合のまま推移し，安倍政権発足以降，その割合は増したうえで安定している。

また，経済評価に関する図 2-3 と同じように，政治経済的出来事を併せて示した[1]。各変数は，あまり出来事の影響を受けないようである。しかし，2012 年 12 月の安倍晋三政権の発足，それに続く 2013 年以降のアベノミクスの推進以降に与党支持率は上がり，野党支持率は下がった。また無党派の割合もやや減った。60 年間の政党支持率の素描から，日本の党派性にとって大きな変化は，2013 年 1 月以降に生じてきたと考えられる。しかし党派性全体が強まり，党派間の分極化が進んでいるわけではない。野党への支持率が下がり，無党派の割合はやや減りながらも高い水準のままだからである。

表 4-1 は，政党支持率・3 変数の FI 分析の結果である。分析結果は，表 2-2 の経済評価の場合と同じように解釈できる。3 変数のなかで，与党支持率が最も頻繁に変化している。しかし，与党支持率の変数も定常ではない。第 2 章でみた経済評価のうちのいくつかと異なり，安定していることもわかる。またその変化の程度は，野党支持率とあまり変わらない。他方で，無党派に関しては，$d > 1.0$ となる可能性を否定できない。そこから無党派の割合は，右肩上がりに増える傾向も認められる。

次に，内閣支持率と不支持率について検討する。図 4-2 から，内閣支持率と

---

1　三宅・西澤・河野（2001: 142）も参照。

### 図4-1 与党支持率，野党支持率，無党派の割合の推移

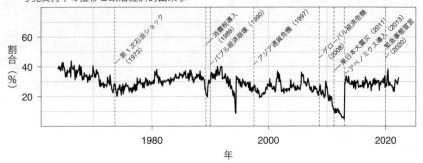

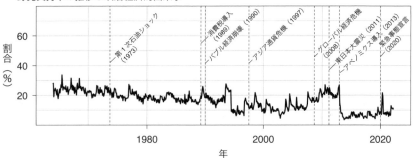

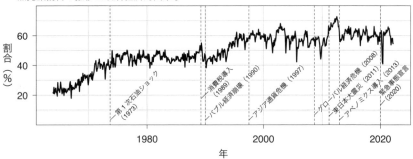

出所：筆者作成

不支持率の高低は大きく変わらない[2]。内閣への支持と不支持は，どちらかのほうがより多くを占めるという特徴をもたない。また表4-2から明らかなように，両変数ともに定常であり頻繁に変化する（$d<0.5$）。また，政党支持率より，

表 4-1 与党支持率，野党支持率，無党派割合の実数和分分析の結果

| | $d$ 値 | SD |
|---|---|---|
| 与党支持率 | 0.667 | 0.143 |
| 野党支持率 | 0.766 | 0.105 |
| 無党派割合 | 0.977 | 0.127 |

注：$d$ 値の算出に際しては，統計ソフトウェア R 4.0.1 において，fracdiff（Ver. 1.5-2）パッケージ内の fdGPH コマンドを利用した。

図 4-2 内閣支持率と不支持率の推移

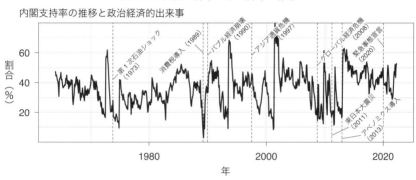

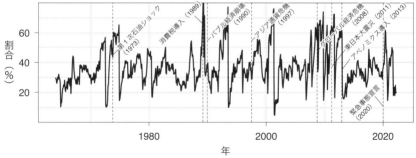

出所：筆者作成

出来事に反応していることもみてとれる。第 1 次石油ショック後，消費税の導入後，アジア通貨危機後に内閣支持率は下がり，不支持率は上がった。そして

---

2 三宅・西澤・河野（2001: 46）も参照。

68    第Ⅱ部    時系列データを使った分析

表 4-2    内閣支持率・不支持率の実数和分分析の結果

|  | $d$ 値 | SD |
|---|---|---|
| 内閣支持率 | 0.282 | 0.114 |
| 内閣不支持率 | 0.177 | 0.151 |

注：表 4-1・注を参照。

安倍政権の発足後に内閣支持率が上がり，不支持率が下がったことは，政党支持率の動きと似ている。しかし，与党支持率や野党支持率と違って，その後も高い値，低い値にとどまらず頻繁に変化している。

FI 分析の結果から，政党支持率と内閣支持率・不支持率の安定性は異なることがわかった。また政治経済的出来事への反応も異なっていた。日本の政党支持率は，アメリカの二大政党制やイギリスといった（有効）政党数の少ない国に比べると，頻繁に更新しているのかもしれない[3]。しかし FI 分析の結果から，その変化は著しいものではないこともわかる。これに対して，内閣支持率・不支持率は定常で，頻繁な変動を基調としている。日本の有権者の政党への支持はいったん形成されると長く続くようだが，内閣・政権への支持と不支持は頻繁に変わるようである[4]。

このコントラストは何を意味するだろうか。第 1 章でも触れたように，少なくとも政党支持率の安定的な推移からだけでは，内閣支持率・不支持率の頻繁な変化を説明できない。内閣支持率・不支持率が頻繁に変わることを説明するために，変動を左右する政党支持率以外の要因を考えなくてはならない。そこで，経済状況をもとに生じる経済情報，経済情報によって形成される経済評価が内閣支持率・不支持率の頻繁な変動を説明できるのか確かめる必要がある。経済投票研究は，選挙期に目まぐるしく変化する経済状況や経済情報の影響を重視してきたが，日本についても，政党支持率だけでは内閣支持率・不支持率を説明できず，経済的要因を考慮する必要がある。

---

3    Ohmura（2023）を参照。

4    なおこの分析結果は，三宅・西澤・河野（2001）が，与党支持率と内閣支持率の連動性を自明視せずに両者のつながりを分析したことの意義を，改めて浮き彫りにする。与党支持率と内閣支持率は更新の頻度の違いを背景に，両者は異なる性質をもつ変数と推測できるからである。

## 2　党派別の内閣支持率・内閣不支持率

　次に，党派別の内閣支持率・不支持率をみることで，PMR のもとでの内閣支持率・不支持率について考える。図 4-3 は，与党派，野党派，無党派で分けた内閣支持率・不支持率の推移である。表 4-3 の FI 分析の結果から，与党派，野党派，無党派の内閣支持率・不支持率ともに $d$ 値はすべて 0.5 より小さく，頻繁に変化することがわかる。いずれも，内閣支持率・不支持率の原系列の性質を引き継いでいる。与党派の内閣支持率・不支持率が安定的に推移し，あまり変動しないならば，ただちに PMR が働いていると考えることになるが，そのようにはなっていない。

　図 4-4 の上 2 図は，内閣支持率・不支持率を与党派と野党派で分けて示したものである。支持率の中心は与党派，不支持率の中心は野党派であることがわかる。また，上 2 図を見比べると，支持率と不支持率は異なる変数であり，それらを党派別に分けているにもかかわらず，4 つの変数はかなりの程度，対となって推移していることもわかる。

　また図 4-4 の下 2 図は，内閣支持率・不支持率に関する党派性差異である。内閣支持率の党派性差異は，与党派と野党派の内閣支持率の場合，与党派の内閣支持率と野党派の内閣支持率の差として定義する[5]。この定義はアメリカを対象とした先行研究をもとに，多党制下の日本に適用可能にしたものである。党派性差異は，1993 年の 55 年体制の崩壊に続く短期間，2009 年から 2012 年までの民主党政権期に限り，低い値に至ったり，推移したりしたが，それ以外の時期はかなりの程度大きい。アメリカにおける先行研究と比較しても，55年体制下を経て現代に至るまで，日本は党派性差異が大きい事例といえる[6]。

　さらに，日本は政党から政党への政権交代が少ない。よって，アメリカのように政権交代期に共和党派と民主党派の大統領支持率が入れ替わり，党派性差異が急激に縮小してから再度広がる時期が多くはない。しかし日本でも，2012年安倍政権の発足時に，党派性差異の縮小と再度の拡大が起こった。（安倍政権

---

5　第 2 章の（2-1）式を参照。

6　アメリカに関する研究として，Donovan et al.（2020），Donovan et al.（2023），Lebo & Cassino（2007）を参照。

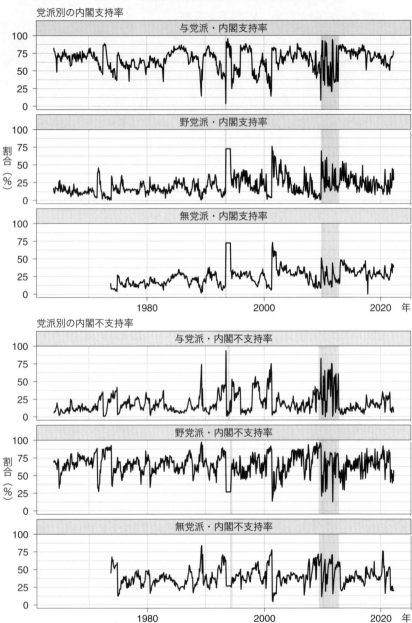

図4-3 党派別の内閣支持率・不支持率の推移

注：網掛けの期間は，自民党を中心としない政権の期間を表す。その期間の始まりと終わりが政権交代を意味する。
出所：筆者作成

表 4-3　各党派の内閣支持率・不支持率の実数和分分析の結果

|  | $d$ 値 | SD |
|---|---|---|
| 与党派・内閣支持率 | 0.202 | 0.109 |
| 野党派・内閣支持率 | 0.332 | 0.192 |
| 無党派・内閣支持率 | 0.369 | 0.128 |
| 与党派・内閣不支持率 | 0.321 | 0.150 |
| 野党派・内閣不支持率 | 0.035 | 0.142 |
| 無党派・内閣不支持率 | 0.007 | 0.139 |

注：表 4-1・注を参照。

が本格的に始動した）2013 年以降，日本において，とりわけ党派性差異は広がったといえる。

　野党派・無党派間の内閣支持率・不支持率，内閣支持率・不支持率の党派性差異についての分析結果については，オンライン上の補遺に示しているので参考にしていただきたい。

## 3　第 4 章の分析からわかったこと

　本章では，「政治的支持はどのように動いてきたのか」を分析した。与野党の政党支持率・無党派割合，内閣支持率・不支持率と政治経済的出来事や景気循環といった社会的潮流との関係を確かめた。また，各変数が安定的に推移するのか，頻繁に変化するのかも検討した。加えて，党派別の内閣支持率・不支持率を探ることで，党派性のもとでの内閣支持率・不支持率の差異が注視すべきものか，党派性は政府への支持・不支持の主因となりそうかも確認した。

　分析の結果，3 つのことが明らかになった。第 1 に，日本の政党支持率・無党派割合は安定していたのに対して，内閣支持率・不支持率は頻繁に変わる。2012 年 12 月の安倍政権の発足は，それ以降の政党支持率を変えた。与党支持率は上がり，野党支持率は下がっている。そして，無党派割合は変わらず増えている。そして内閣支持率・不支持率が頻繁に変化するのに対して，政党支持率が安定的であるならば，頻繁な変動はほかの要因によってもたらされていると考えなくてはならない。内閣支持率・不支持率の頻繁な変動は，経済状況・経済情報・経済評価だと見通したうえで，次章の分析を進める。

72 第Ⅱ部 時系列データを使った分析

**図4-4 与党派・野党派間の内閣支持率・不支持率，内閣支持率・不支持率の党派性差異の推移**

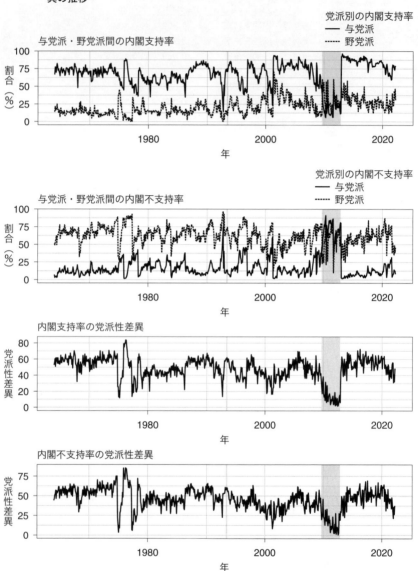

注：図4-3・注を参照。
出所：筆者作成

第2に，与党派と野党派間の内閣支持率・不支持率の党派性差異は大きい。内閣支持率・不支持率ともに，党派性が主因になっていることは確かであろう。そして与党派・野党派間の内閣支持率・不支持率をめぐる党派性差異は，党派的分極化が大きいとされるアメリカと同程度か，あるいは 2013 年をさかいにさらに広がっている。

　これらの結果から，第3に，党派性が内閣支持率・不支持率に与える影響は，与野党派間の党派性差異をみる限り強まっている。内閣支持率・不支持率と党派性は，徐々に結びつきを強めているようである。第 1 章・図 1-10 と図 1-11 で示したローリング回帰の結果が示しているよりいっそう，党派性の影響は強まっているのではないか。

　よって，本章の分析からわかったことは，「与野党派間の党派性差異がこれだけ大きく，政党支持率と内閣支持率の結びつきが増しているならば，党派性は内閣支持率・不支持率の主因だろう」ということである。第3章では，経済評価に党派性はあらかじめ作用していることが確認できた。であるとするならば，次章「政治的支持は何によって動いてきたのか？」の答えは，党派性だけ，といってしまっていいだろうか。ここまで見てきた経済情報も，経済評価も一考に値しないのだろうか。

　次章では，政府への支持は党派性だけで決まっているわけではないと明らかにしていく。党派別で分けた内閣支持率・不支持率は頻繁に変化していた。この頻繁な変化を，安定性を基調とする政党支持率だけでは説明できない。党派性は中長期的に内閣支持率・不支持率を動かすのだとしても，短期的に支持率・不支持率を動かす要因は何かを確かめなくてはならない。次章では，ここまで使用してきた経済状況，経済情報，経済評価を分析に含め，内閣支持率・不支持率を動かしてきた要因は何かを明らかにしていく。

## 第5章
## 政治的支持は何によって動いてきたのか？

　本章では，時系列データを使って，日本の政治的支持率は何によって動いてきたのかを検証する。前章で，政党支持率が安定して推移してきたのに対して，内閣支持率・不支持率は頻繁に変化し，政治経済的な出来事に左右されてきたと示した。内閣支持率・不支持率は，経済情報，経済評価，党派性にどのように影響を受けてきたのか。日本において，PMR，不平の非対称性，さらにその党派間での非対称といったことが認められるのか。

　本章が取り組む課題は，次の4つである。(1)政党支持率の規定要因を明らかにし，内閣支持率・不支持率の関係を，(2)不平の非対称性の観点，(3)PMRの観点，(4)「不平の非対称の党派下での非対称性」の観点から分析する。マクロ・レベルのデータを使って，経済投票のメカニズムを直接的に検証する。

　具体的には，ここまでの分析に使用してきた変数をすべて含めて，包括的なモデルにもとづき検証を進める。はじめに政党支持率を従属変数とする分析を行い，続いて内閣支持率・不支持率を従属変数とする分析を行う。本章の最後には，これまでの時系列データの分析を足がかりとして，第Ⅲ部以降の個人データの分析に進むために，マクロな視点から，日本の政治的支持への経済の影響について明らかになったことを論じる。

## 1　本章で分析すること

　本章では，第1に，政党支持率が何によって決まってきたのかを検証する[1]。従来の分析に加えて，与党支持率だけではなく，野党支持率，無党派割合への経済評価の影響を測る。そうすることで，あまり明らかになっていない政党支

---

1　政党支持率の規定要因の分析課題については，三宅・西澤・河野（2001）を基盤に，飯田（2005），Maeda（2011）などを念頭に置いた。詳細な説明については，大村（2021, 2024）を参照。

持率や無党派割合が，何によって決まっているのかを確かめる。また単に，良い経済評価が与党支持を促す，という肯定的な方向の経済投票・業績評価メカニズムだけではなく，悪い評価が野党への支持や無党派性につながっていたのか，についても確かめる。この分析を通じて，良い政府であれば再び選ばれ，悪い政府は制裁を受けて下野するというアカウンタビリティの作用について検証できる。

第2に，経済投票の不平の非対称性の観点から，経済評価と内閣支持率・不支持率の関係を分析する。肯定的経済評価から内閣支持率への影響だけではなく，否定的経済評価から内閣不支持率への影響を測る。日本では，これまでにも不支持率を重視した研究が行われてきた[2]。しかし党派性の効果，情報の効果を組み込んだ不支持率の分析もまた必要となる。党派性や情報といった要素を加えたうえで，不支持率に対して否定的経済評価が与える影響が十分に大きいならば，日本は経済投票の非対称を基調とする事例だと，確固としていうことができる。

第3に，PMRの観点から，経済評価と内閣支持率・不支持率の関係を分析する。このために党派別の経済評価の分析と同じように，党派別の内閣支持率・不支持率データを使う。与党派，野党派，無党派の内閣支持率・不支持率のデータがあれば，与党派の内閣支持率は，否定的な経済情報に反応せず否定的な経済評価にも反応しないのか，といったことを確かめられ，PMRの働きを評価できる。

第4に，不平の非対称性の党派間での非対称の観点から，経済評価と内閣支持率・不支持率の関係を分析する。このために，党派別の内閣不支持率データを使う。野党派の内閣不支持率が否定的な経済情報や否定的な経済評価に反応するよりも，与党派や無党派の不支持率のほうがそれらに反応するならば，党派性間で不平の非対称性に非対称があるといえる。不平の非対称性の党派間での非対称が働くことで，野党支持率が伸びずに，結果として野党への政権交代の基盤が整わなかったという示唆を得る。上記4点の課題に沿って，次節からは実際に分析を進める。

---

2　不支持率に注目した代表的な分析として，マッケルウェイン（2015）を参照。

76    第Ⅱ部　時系列データを使った分析

## 2　データと推定方法の説明

### 従属変数の説明

　本章の分析における従属変数は，大きく分けて2つである。1つ目は与党支持率，野党支持率，無党派の割合からなる政党支持率である。2つ目は内閣支持率と内閣不支持率である。政党支持率，内閣支持率・不支持率は，すべて時事通信社データを利用する。分析に利用する時事通信社データの質問や期間は，表5-1に整理した。

　内閣支持率と内閣不支持率に関する従属変数は，3つのパターンに分ける。第1は，伝統的に利用されてきた内閣支持率である。第2は，内閣不支持率である。本書各章で見てきたように，日本では，経済評価における否定性，そして経済投票における不平の非対称性が認められるようである。それをさらに精査するために，内閣不支持率を使う分析を行う。第3は，内閣支持率と不支持率を与党派，野党派，無党派ごとで仕分けた党派別の内閣支持率・不支持率データである。党派別の支持率・不支持率データを使うことで，経済評価の分析のときと同様に，PMRが働いているかを検証する。

### 独立変数と推定方法の説明

　本章では，ここまで分析に用いてきたすべての独立変数を推定モデルに加える。経済状況として消費者物価指数，失業率，鉱工業生産指数，政策金利，日経平均株価，経済情報として肯定的・否定的経済情報スコア，社会志向と個人志向の経済評価，そして，景気循環ダミー（景気の山＝1／景気の谷＝0），経済危機ダミー（危機が発生した月＝1／発生しなかった月＝0）である。

　それらに加えて，政権与党議員による失言や汚職・スキャンダルが報道されることで内閣支持率が影響を受ける。よって，失言ダミー変数（政権与党の国会議員による失言が報道された月＝1／されなかった月＝0），汚職ダミー変数（政権与党の国会議員の汚職が報道された月＝1／されなかった月＝0）も加える[3]。また，内閣支持率の分析に不可欠な政権発足ダミー変数（政権が発足した月＝1／それ以外の月＝0）を加える。

　さらに本章では，第3章で用いた政党支持別の経済評価を独立変数とし，政

第5章　政治的支持は何によって動いてきたのか？　77

表 5-1　分析に利用する従属変数（政治的支持率）の詳細

| 従属変数の種類 | 時事通信社データの質問など | データ期間と観察 |
|---|---|---|
| 政党支持率 | | |
| 与党支持率 | 「あなたはどの政党を支持しますか？」の質問に対して与党に分類される政党を答えた回答者の割合。連立政権の場合には，与党に含まれる政党の支持率を足し合わせたもの | 1964 年 1 月〜2022 年 5 月 $n$=701 |
| 野党支持率 | 同上質問に対して野党に分類される政党を答えた回答者の割合を足し合わせたもの | |
| 無党派の割合 | 同上質問に対して "支持政党なし"，または "支持する政党はない" と答えた回答者の割合 | |
| 内閣支持率・内閣不支持率 | | |
| 【第一の従属変数】内閣支持率 | 「あなたは〇〇内閣を支持しますか？」の質問に対する「支持する」の回答割合 | 1964 年 1 月〜2022 年 5 月 $n$=701 |
| 【第二の従属変数】内閣不支持率 | 上記と同様の質問に対する「支持しない」の回答割合 | |
| 【第三の従属変数】与党派・内閣支持率 | 与党派のなかで内閣を支持すると答えた回答者の割合 | |
| 与党派・内閣不支持率 | 与党派のなかで内閣を支持しないと答えた回答者の割合 | |
| 野党派・内閣支持率 | 野党派のなかで内閣を支持すると答えた回答者の割合 | |
| 野党派・内閣不支持率 | 野党派のなかで内閣を支持しないと答えた回答者の割合 | |
| 無党派・内閣支持率 | 無党派のなかで内閣を支持すると答えた回答者の割合 | |
| 無党派・内閣不支持率 | 無党派のなかで内閣を支持しないと答えた回答者の割合 | |

3　1960 年以降の分析対象となる各月の新聞報道（朝日新聞，日本経済新聞，読売新聞）をもとに，与党議員の失言に関する報道があった月に失言ダミー＝1，なかった月に 0 を割り振った。また汚職に関する報道があった月に汚職ダミー＝1，なかった月に 1 を割り振った。また持続的に報道があった場合，報道があった月すべてに 1 を割り振った。

78　第Ⅱ部　時系列データを使った分析

**表 5-2　内閣支持率・不支持率に対する経済報道の影響に関する予測**

| | 結果（従属変数） | 要因（独立変数） | 結果予測 |
|---|---|---|---|
| 第 1 の従属変数 | 内閣支持率 | 肯定的情報・評価 | ＋ |
| | | 否定的情報・評価 | － |
| 第 2 の従属変数 | 内閣不支持率 | 肯定的情報・評価 | － |
| | | 否定的情報・評価 | ＋ |
| 第 3 の従属変数 | 与党派・内閣支持率 | 肯定的情報・評価 | ＋ |
| | | 否定的情報・評価 | どちらでもない |
| | 与党派・内閣不支持率 | 肯定的情報・評価 | －/どちらでもない |
| | | 否定的情報・評価 | どちらでもない |
| | 野党派・内閣支持率 | 肯定的情報・評価 | ＋/どちらでもない |
| | | 否定的情報・評価 | － *1 |
| | 野党派・内閣不支持率 | 肯定的情報・評価 | －/どちらでもない |
| | | 否定的情報・評価 | ＋ *2 |
| | 無党派・内閣支持率 | 肯定的情報・評価 | ＋/どちらでもない |
| | | 否定的情報・評価 | － |
| | 無党派・内閣不支持率 | 肯定的情報・評価 | －/どちらでもない |
| | | 否定的情報・評価 | ＋ |

注：薄い網掛けのセルは PMR の作用，濃い網掛けのセルは不平の非対称性の作用の検証で特
　　に注目を要する点である。なお，不平の非対称性に関しては，肯定的情報・評価との対
　　比が必要になるが，本表では否定的情報・評価のほうにのみ網掛けをつけている。
　　*1，*2：不平の非対称性の党派間での非対称が働いている場合には「どちらでもない」と
　　いう結果になる。

党支持別の内閣支持率・不支持率を従属変数とする分析も加える。推定方法は，
第 3 章と同じように，FECM を使う。各従属変数に対応する経済評価の組み
合わせと結果の予測は，表 5-2 のとおりである。

## 3　政党支持率に関する分析結果の検討

　政党支持率に関する分析結果を検討する。図 5-1 は，政党支持率，無党派割
合を従属変数，経済情報や評価を独立変数とする分析の結果である。前章と同
じように，係数と信頼区間を示した。与党支持率，野党支持率，無党派割合ご

**図 5-1 経済情報,経済評価から政党支持率への作用に関する実数和分誤差修正メカニズムによる分析**

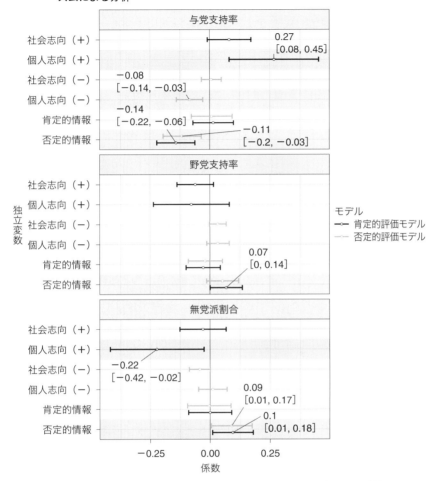

注：$n$ は各図内の各モデルによっても異なるが，697 から 698 である。$n$ を含む詳細な情報は，オンライン上の補遺から確かめることができる。各点は係数値，それに付随する棒線は 95％ の信頼区間を表す。ハイライトされた結果は，5％ 水準で統計的に有意であることを表す。なお例えば，独立変数である「肯定的情報」は，実際には実数差分をとった「$\Delta^d$ 肯定的情報」と表記されるが，ここでは単純に変数の名前のみを書くにとどめている。以下，実数和分誤差修正メカニズムを使った図 5-1 から図 5-5 まで，独立変数の表記は同じ書き方をする。肯定的評価モデルは，社会志向・個人志向の肯定的評価のみを加え，肯定的・否定的経済情報，CPI，失業率，日経平均株価，鉱工業生産指数，景気循環ダミー，経済危機ダミー，汚職ダミー，失言ダミー，政権発足ダミーを含む。否定的評価モデルは，社会志向・個人志向の否定的評価のみを加え，残りの変数は肯定的評価モデルの場合と同様である。

出所：筆者作成

とに図を分けた。濃い線は肯定的評価を含んだモデル（肯定評価モデル），薄い線は否定的評価を含んだモデル（否定評価モデル）である[4]。

まず与党支持率に関する結果をみる（図 5-1・上段パネル）。前章の分析に続き，PMR の作用は，本分析からも認められない。否定的経済情報が増えれば与党支持率は下がる。また，個人志向の否定的評価が高まれば，与党支持率は下がる。もし PMR が働くならば，否定的経済情報や否定的経済評価が増えても，与党支持率は下がらないはずである。分析結果はそのようにはなっておらず，否定的情報や否定的評価に（すべてではないものの）反応している。

次に，野党支持率に関する結果をみる（中段パネル）。野党支持率の反応は，経済情報，経済評価のいずれに対しても認められない。否定的経済情報によって野党支持率は上がるが，効果は小さいことが係数の値からも見てとれる。そして無党派割合に関する結果から（下段パネル），個人志向の経済評価が良化することで，無党派割合は減る。そして，否定的経済情報が増えれば，無党派の割合は増える。

与党支持率，野党支持率，無党派割合の結果から，否定的経済情報への反応が異なり，「反応する与党支持率・無党派割合と，反応があまり顕著ではない野党支持率」という対比がわかる。これらの結果から，日本の経済投票には，否定的情報により反応しやすい不平の非対称性が働いている，とまずは解釈できる。そして，野党派と与党派・無党派の間に反応の差異がある不平の非対称性の党派間での非対称も働いているようである。

続いて，政党支持率に関する時期ごとの分析結果をみる。図 5-2 は，図 5-1 と同様のモデルを，1960〜79 年，1980〜99 年，2000 年以降と 3 時期に分けて推定したものである。各図の中には，白丸と濃い線，白丸と薄い線が 2 種類ある。濃い線は肯定的経済評価を含んだモデル，薄い線は否定的経済評価を含んだモデルの結果である。

時期ごとの結果から，どの時期においても，与党支持率が何らかの経済情報，経済評価に反応していることが明らかである。これに対して，2000 年代以降

---

4　肯定的情報と否定的情報をモデルに含んでいるように，本来は肯定的評価と否定的評価をともにモデルに含むほうが望ましい。しかし，肯定的評価と否定的評価は割合値であり負の高い相関をもつことから，1 つのモデルにともに含めることができない。よって本章では，肯定的評価のみ，否定的評価のみの推定モデルに依拠した。

第5章 政治的支持は何によって動いてきたのか？　*81*

## 図5-2　経済情報，経済評価から政党支持率への作用に関する時期ごとの分析（実数和分誤差修正メカニズム）

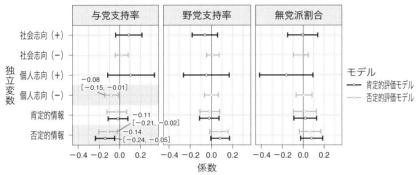

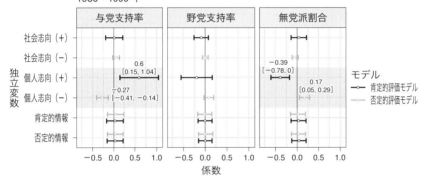

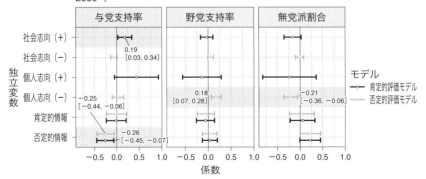

注：$n$ は各図内の各モデルによっても異なるが，192 または 241 である。そのほかは図 5-1・注参照。
出所：筆者作成

の個人志向の否定的評価への反応を除いて，野党支持率はほとんどの要因に反応していない。与党支持率と野党支持率をめぐる結果は対照をなす。さらに与党支持率の経済情報，経済評価への反応は，2000年代以降，近年になってより強く，確からしい。

時期ごとに結果を確かめていく。1960年代から70年代にかけて（上段），否定的経済情報が与党支持率を下げていた。個人志向の否定的経済評価が高まることで，与党支持率は下がっていた。これに対して，野党支持率，無党派割合に対して，否定的経済情報が与える影響は認められない。次に1980年代から90年代にかけて（中段各パネル），個人志向の肯定的経済評価が与党支持率を上げ，否定的経済評価が与党支持率を下げるようだが，これらはこの時期に限った結果である[5]。そして2000年代になると（下段各パネル），与党支持率は再び否定的経済情報によって下がり，社会志向の肯定的経済評価によって上がる。これに対して，野党支持率は個人志向の経済評価を除いて，どの要因にも反応していない[6]。

ここまでの政党支持率に関する結果から，与党支持率は否定的情報によって低下する時期が多く，その影響は2000年代以降に明らかである。一方で，野党支持率は経済情報，経済評価のいずれにもほぼ反応していない。

## 4　内閣支持率・内閣不支持率に関する分析結果の検討

図5-3は内閣支持率・内閣不支持率に関する分析結果である。それぞれ，第1の従属変数である内閣支持率，第2の従属変数である内閣不支持率に関するものである。また上段右のパネルは，第2の従属変数である内閣不支持率に対して野党支持率の影響を測ったモデル，下段のパネルは，不支持率に対して無党派割合の影響を測ったモデルである。また，内閣支持率に関するモデルには肯定的経済評価，内閣不支持率に関するモデルには否定的経済評価のみを含め

---

5　1980年代から90年代にかけての経済投票を扱う研究において，個人志向の経済評価の影響がよく検出された（参照：大村2025）。本分析結果も，それらの先行研究の結果に合致したものとなっている。

6　野党派が個人志向の否定的な経済評価にのみ反応しているという結果に関連して，第7章の「補論：社会志向の経済評価と個人志向の経済評価──『個人志向の経済評価のレンズ』を考える」も参照していただきたい。

**図 5-3 党派性，経済情報，経済評価から内閣支持率・不支持率への作用に関する実数和分誤差修正メカニズムによる分析**

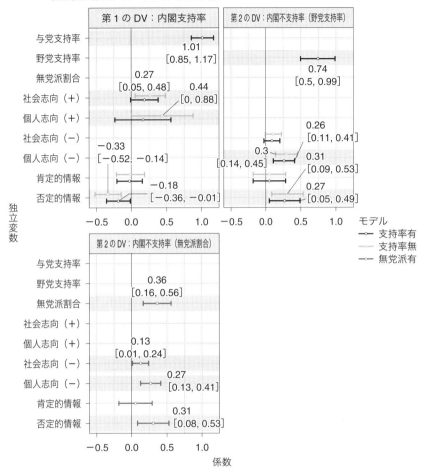

注：$n=699$。「支持率有」は政党支持率（与党支持率・野党支持率）を含むモデル，「支持率無」は政党支持率も無党派割合も含まないもの，「無党派有」は無党派割合を含むものである。無党派割合を除いたモデルは，野党支持率に関する図（上段右パネル）の「支持率無」モデルと同じであることから，図に示していない。そのほかは図5-1・注参照。
出所：筆者作成

ている。黒線は与党支持率または野党支持率を含むモデル（支持率有），薄いグレー線は政党支持率を含まないモデル（支持率無），濃いグレー線は無党派割合を含むモデル（無党派有）である。点と線が表すことは，これまでの図と同様

84 第Ⅱ部 時系列データを使った分析

である。

　まずは内閣支持率の分析結果をみる（上段左）。与党支持率が，最も内閣支持率に作用している。この結果は，第4章・図4-4で党派によって内閣支持率が異なることを示した結果にも沿う。党派性差異が内閣支持率の規定要因になっていると示唆した結果を，FECMによる推定が裏づけている。また，内閣支持率は経済評価と経済情報に反応している。肯定的な社会志向の経済評価が上がることで，内閣支持率は上がる。そして，否定的情報で内閣支持率は下がる。

　内閣不支持率の分析結果をみる。野党支持率が，最も内閣不支持率に作用している（上段右）。そして，ベンチマークとなる無党派割合の効果（下段）と比べて十分に大きい。

　そして，不平の非対称性がはっきりと表れている。否定的な社会志向・個人志向の経済評価が高まることで内閣不支持率は上がり，否定的経済情報で不支持率が上がる。肯定的経済情報・経済評価がもたらす効果より，確かで大きい。第3章・図3-3や図3-4で，否定的経済評価に対して否定的経済情報の与える影響を確かめ，否定性バイアスの作用をみた。図5-3の一連の結果は，こうした経済評価における否定性バイアスの結果にも合致する。こうした結果から，改めて日本における経済投票は不平の非対称性の特徴をもつことが明らかになった。

　続いて，内閣支持率・不支持率に関する時期ごとの分析結果をみる。図5-4は，図5-3と同様のモデルを，1960〜79年，1980〜99年，2000年以降と3時期に分けて推定した結果である。各図の中には，黒線，濃いグレー線，薄いグレー線の3種類がある。それぞれの指すことは，図5-3と同じである。

　ほぼすべての時期において，内閣支持率には与党支持率が作用している。一方，1980年代から90年代にかけて政党支持率の影響は小さく，野党支持率よりも，無党派割合のほうが内閣不支持率に作用しているようである。野党支持率も，1980年代から90年代を除いては，内閣不支持率に作用している。

　そして，図5-2の政党支持率に関する結果とも類似して，2000年代以降に，内閣支持率・不支持率に対する否定的情報と経済評価の効果は強まった。日本においては，経済投票の非対称性が認められるというだけではなく，その傾向は2000年代以降に顕著になっている。1980年代から90年代にかけて，党派性の影響も弱く，経済の影響も弱かった時期を経て，2000年代以降，経済と

第5章 政治的支持は何によって動いてきたのか？　85

図 5-4　党派性，経済情報，経済評価から内閣支持率・不支持率への作用に関する時期ごとの分析（実数和分誤差修正メカニズム）

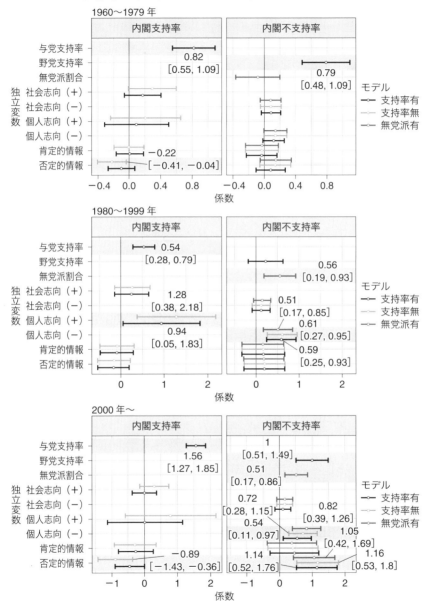

注：n は各図内の各モデルによっても異なるが，192 または 241 である。そのほかは，図 5-3・注を参照。
出所：筆者作成

86　第Ⅱ部　時系列データを使った分析

内閣支持率・不支持率のつながりは強まっているようである。

　最後に，第3の従属変数である党派性別に分けた内閣支持率・内閣不支持率の結果をみる。図5-5は与党派，野党派，無党派の内閣支持率・不支持率の反応についての分析結果である。

　黒線は党派別の内閣支持率・不支持率に対して，プールした経済評価を独立変数に含む推定，グレー線は党派別の内閣支持率・不支持率に対して，党派別の経済評価を独立変数に含む推定である。プールしたデータを使った推定では，全データの期間を使うことから約600の時点数にもとづく。党派別のデータを使った推定では，1999年8月からのデータを使うことから時点数は約275となる。よって，党派別のデータを使った推定では$n$が限られるため，標準誤差が大きく，グレーの棒線が黒の棒線に比べて広くなっている。

　上段のパネル・与党派の結果から，社会志向の肯定的評価に反応するのは，与党派・内閣支持率だけである。そして否定的情報によって，与党派の内閣支持率は下がり（黒とグレー），内閣不支持率は高まる（グレー）。また右上パネルから，与党派・内閣不支持率は個人志向の否定的経済評価が高まることで上がる。これらの結果から，少なくともPMRが与党支持者に働いていたとは結論はできない。与党支持者は，否定的情報，否定的経済評価のもと内閣を支持しない方向へ移行していたようだからである。

　そして中段パネル・野党派と下段パネル・無党派の結果とも比べると，経済情報にも経済評価にも反応しない野党派の内閣支持率・不支持率に対して，反応する与党派・無党派の内閣支持率・不支持率という対比が明らかである。野党派の内閣不支持率は，やや個人志向の否定的評価に反応するが，他の否定的要因への反応は認められない。無党派の内閣支持率は否定的経済情報が増えれば下がり，内閣不支持率は，否定的経済情報が増えれば上がる。また個人志向の経済評価の作用も認められる。野党派の内閣不支持率には，それらの反応が認められない。

　以上の党派性別の内閣支持率・不支持率に関する結果から，本章の政党支持率に関する図5-1にも沿って，経済投票の不平の非対称性が働いているとわかる。また，経済投票の不平の非対称性がただ働いているというだけではない。与党派，野党派，無党派との党派性間で不平の非対称性の党派間での非対称があることもわかった。そして，与党支持は内閣支持，野党支持は内閣不支持の

**図 5-5 経済情報，経済評価から第 3 の従属変数・党派別の内閣支持率・不支持率への作用に関する実数和分誤差修正メカニズムによる分析**

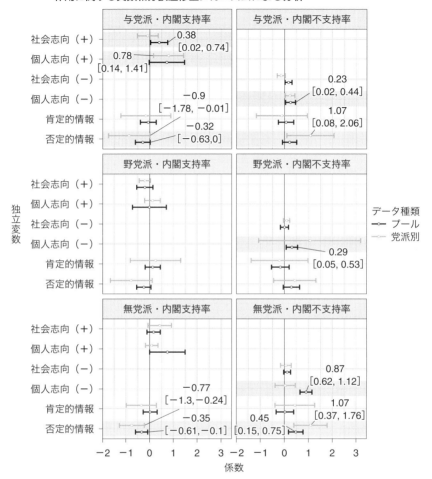

注：$n$ も含めた詳細な結果は，オンライン上の補遺から確かめることができる。そのほかは，図 5-3 注を参照。
出所：筆者作成

基盤をなすが，与党派は党派性の影響を受けながらも経済評価の影響も受けている。与党派の PMR は，少なくとも限られているのではないかと推測できた。

## 5 第Ⅱ部の分析からわかったこと

### 第5章の分析からわかったこと

本章では，「政治的支持は何によって動いてきたのか」を分析した。政党支持率，内閣支持率・不支持率の経済状況，経済情報，経済評価に対する反応を調べた。そして，党派性別の内閣支持率・不支持率の反応を探ることで，経済評価における PMR や経済投票における不平の非対称性の党派間での非対称が働いているかを検証した。

分析の結果，4つのことが明らかになった。第1に，日本の与党支持率は否定的経済情報に反応する。無党派割合も同様である。しかし，野党支持率はそうではなかった。ここから，日本の経済投票に不平の非対称性が働いていること，与党派，野党派，無党派間での不平の非対称性の党派間での非対称も働いていると考えられる。そして，PMR が作用していないことも示された。

第2に，内閣支持率には与党支持率，内閣不支持率には野党支持率が最も作用している。日本の政府への支持・不支持を最も動かしているのは党派性である。この結果は，第4章の党派性差異の分析結果を補うものになっている。しかし党派性の作用ばかりではなく，経済情報，経済評価の作用も働いていた。否定的経済情報は内閣支持率を下げ，不支持率を上げ，否定的経済評価によって，不支持率は上がることがわかったからである。よって，日本の政府への支持・不支持は党派性の作用を考慮しても，経済情報，経済評価に反応することがわかった。

第3に，党派性ごとの内閣支持率・不支持率に対する分析から，与党派の内閣支持率は肯定的経済評価に反応し，与党派の内閣不支持率は一定程度否定的経済情報・評価に反応する。与党派は経済状況の悪化という，与党にとって不利な情報に接したとしても，与党への支持に固執することなく，支持を改め，不支持の方向に更新している。こうした与党派の反応が確かめられている以上，PMR が働いているとは結論し難い。また，無党派の内閣支持率・不支持率が経済情報に最も反応していた。

第4に，時期ごとの結果から，党派性の作用も，経済情報や経済評価の作用も 2000 年代以降に強まった。アメリカでは，党派的分極化のもとで党派性が

強まり，経済と支持の関係が弱まっているという。これに対して，日本では，近年になって，党派性との結びつきも，経済との結びつきもともに強まっているようである。

### 時系列データを使った分析からわかったこと

ここまでの時系列データを使った分析を通して，次の5つのことが明らかになった。

第1に，経済評価は否定性バイアスに特徴づけられるとみていいだろう。日本の有権者は，否定的情報をもとに否定的経済評価を形成する傾向にあった。否定的情報に対する反応は，肯定的情報にもとづくそれをしのいでいた。

第2に，経済評価の否定性バイアスを基調として，日本の経済投票は，不平の非対称性の性質をもつようである。否定的情報のもとに否定的経済評価が形づくられ，否定的経済評価が与党への支持を抑えている。そして内閣への不支持へと連なる。否定的情報から否定的経済評価，そして不支持へとつながる経路のほうが，肯定的情報から肯定的経済評価，そして支持へとつながる経路よりも確固であった。また経済投票の不平の非対称性は，2000年代以降，より強まっている。

第3に，経済投票をめぐる不平の非対称性は与党への支持にも，与党派の内閣不支持率にもみてとれた。否定的経済情報に触れ，否定的経済評価に至っても，与党派だから内閣を支持するという日本の有権者像は確認できなかった。日本の有権者に，PMRが働いていることを示す根拠は，いまのところ得られていない。日本では，経済評価に，党派性があらかじめ作用している。その作用は強い。しかしそれは，PMRが想定するように，新しい情報に触れても態度を変えようとしないある種の「頑迷さ」を特徴とするものではなかったのではないか。日本の有権者も，他国の有権者と同様に，党派性の作用をあらかじめ受ける傾向をもつ。しかし，経済と政治的意思決定をめぐる認知メカニズムのすべてを，党派性にゆだねているようにはみえない。そこに，相対的にみて，賢明さ・洗練性をもつ日本の有権者像が立ち上がってきた。そうした日本の経済投票の側面を，第II部の分析は示すものとなった。

第4に，経済投票をめぐる不平の非対称性に党派間での非対称があると推測できた。与党派や無党派の内閣支持率・不支持率が，否定的情報，否定的評価

によく反応し，野党派はそうではなかった。この結果は，野党派が否定的情報をもとに，否定的経済評価を形づくり，それを政府への不支持につなげきれていないことを示唆する。野党派に，不平を政府への不支持につなげるメカニズムが働かなければ，政府への不支持が政権交代へとつながる道筋が整わない。無党派割合が否定的経済情報によって増え，無党派の内閣支持率・不支持率が否定的経済情報や否定的経済評価に反応したとしても，無党派は党派性をもたない。よって，無党派に不平の非対称性のメカニズムが働いたとしても，野党への投票が増えなかった。反応する与党派と無党派，反応しない野党派という，不平の非対称性の党派間での非対称のもと，アカウンタビリティ・メカニズムの働きに特徴があったことを，第Ⅱ部の分析は示唆している。

　最後に，「党派性の作用が強く，経済の作用も強い」，そして，「野党派よりも与党派・無党派のほうがより経済に反応する」という日本の経済投票は，2000年代以降，より明らかなようである。アメリカの時系列データを使った分析は，党派性の影響のために，経済と政治的支持の結びつきは弱まっていると主張する。これに対して，日本の場合，経済と政治的支持の結びつきは強まっていることが明らかになった。

　ただし，これらの分析は，時系列データの分析による。第Ⅱ部の知見は，見取り図のようなものである。経済評価は経済状態に反応し，内閣支持率・不支持率は経済評価に反応し，さらに経済評価にはあらかじめ政党への支持がかかわっているようだと俯瞰することはできた。しかし時系列データによる分析だけでは，因果関係は明らかにしきれない。したがって，第Ⅱ部の分析を足がかりとして，第Ⅲ部以降では，個人データを用いることで，経済は人々の政治への支持や投票を動かしているのかを分析する。

## 補論：世論調査の時系列データ分析について考える

### 時系列データ分析と因果性

2026 年 1 月の経済成長率は 1.0% と良く，内閣支持率が 60% であるとしよう。そのとき，経済成長率が−1.0% と悪い 2026 年 1 月は併存しない。もちろん観察もできない。2026 年 1 月がマイナス成長を記録し，内閣支持率が 30% にしか達しないパラレル・ワールドがあるならば，経済成長率が 1.0%−（−1.0%）＝2.0% 高まることで，内閣支持率は 30% 上がるといえるかもしれない。しかし，パラレル・ワールドは現実には生じない。

社会科学において，統計的因果推論のもつ力に関心が集まって久しい。政治学者が論文を投稿する雑誌のなかで，因果推論を念頭に置いた論文は相当数にのぼる。いまや political science の世界に足を踏み出そうと思えば，因果推論にもとづく研究を読み解き，使いこなす技量までもが求められる。因果推論は「潜在的帰結（potential outcome）」を重視する（Rubin 2005）。よって政治学者たちは，観察できないもう 1 つの社会，もう 1 人の私という反事実に頭をめぐらせ，実社会がくじ引きのように振り分けられる契機が訪れはしないか，目を光らせている。

そのようななかで，時系列データを使う政治学の分析は，その数を減らしてきた。冒頭の例で挙げたように，時系列データは「起こった現実」「起こった事実」のデータを収集している。そこに「反現実」「反事実」を見出したり，仕分けたりすることは容易でない。そのため因果推論の隆盛期にあって，時系列データを使った分析は因果推論になじまない，時系列データでは因果関係はわからない，といった具合にやや日の目を見づらい領域になった。

私たちはこの潮流を，どう考えればよいだろうか。まず，「時系列データでは因果関係はわからない」という評価は，部分的に正しいだろう。統計的因果推論の考え方に照らせば，潜在的帰結によって定義された因果性を，時系列データから識別していくことは難しいとわかる。

しかし，「時系列データに因果はない」という評価は必ずしも妥当ではないだろう。それは，本書が扱っている内閣支持率のデータからもわかる。1 か月前の支持率は，いまの支持率を左右する。1 つの変数のなかでさえ，過去にい

まは，いまは未来に，たくさんかもしれないし，少しかもしれないが力を及ぼしている。時系列データは歴史をたどる。歴史は事象間の連環を経る。よって先の事象があって，後続の事象を伴う歴史をとらえた時系列データは，おそらく因果の宝庫なのだろう。ただ，潜在的帰結によって定義される因果性の識別というツールを使ってみても，うまく因果性を特定し難いゆえに，因果推論の隆盛期にあってあまり人気のないデータになっている。だから私たちは，「時系列データでは因果関係はわからない」と「時系列データに因果はない」という2つのステートメントを，慎重に区別する注意深さをもっておかねばならない。

同時に，時系列データを使った分析が，因果推論という点でも近年大きな発展を遂げていることを見落とさないようしたい（Lanne & Luoto 2021; Moneta et al. 2013）。時系列データに含まれる変数間の因果性を，やや複雑な計算によって識別しようという試みが進んでいる。計算は複雑であるとしても，変数間の関係を推定する際にごくありふれた状態を仮定として満たせば，その時系列が生まれてきたデータ生成過程を回復できるという。

また時系列データで因果が特定し難いとしても，予測を立てられるなら十分という立場もある。因果を知りたいとの背景には，社会の諸要素を調整してうまく働かせるための処方箋を，というモチベーションがある。しかし，原因の深求が難しいとしても，複数の要素をモデルに組み込むことで過去と現在から未来がわかればよいと考えれば，時系列データを政治学の領域で生かす方途がみえてくる。

### 時系列データを使った予測──私たちは物価を予測できていたのか？

ここでは簡単な分析で，過去の私たちが，未来の物価を予測する力があったのかを確かめてみようと思う。

第2章第2節で紹介したように，時事通信社データでは，調査対象者に物価の予測を尋ねている。物価の予測を聞いているので，物価の予測が，未来の物価の推移に実際に当てはまってきたのかを検証できる。物価の予測が，未来の実際の値に当てはまっているなら，私たちは経済状態の中核である物価のことを，うまく予測できてきた有権者，または消費者であるといえる。私たちは，経済を予測できる賢明さをもっていたのだろうか。

ここでは時系列データの分析でよく使う局所投影法（Local Projection: LP）を使って，物価予測のショックが，実際の物価にどう反映されてきたかを確かめる（Jordà 2005; Olea & Plagborg-Møller 2021）。LP のモデルは，以下（1）式のとおりである。

$$y_{t+h} = \alpha_h + \beta_h x_t + \gamma'_h z_t + \varepsilon_{t+h} \tag{1}$$

ただし，$y_{t+h}$ は $h$ 期先の応答変数，$x_t$ は $t$ 時点での処置変数でショックを表し，$z_t$ は $t$ 時点での制御変数ベクトル，$\alpha_h$，$\beta_h$，$\gamma_h$ は $h$ 期先の影響をとらえるためのパラメータ，$\varepsilon_{t+h}$ は誤差項である。（1）式のインパルス応答関数（Impulse Response Function: IRF）は，処置変数が 1 標準偏差分変化したときの $y_{t+h}$ の期待値をもとに，以下の（2）式で定義する。

$$IRF(h) = E[y_{t+h} \mid x_t = 1] - E[y_{t+h} \mid x_t = 0] \tag{2}$$

ここで，$IRF(h)$ は $h$ 期後の $x$ の $y$ に対するインパルスであり，$x$ が 1 単位増加したときとしなかったときの期待値の差として定める。IRF を示すことからもわかるように，局所投影法はベクトル自己回帰（Vector Autoregression: VAR）モデルとよく似ている。一方で，遅延期間 $h$ 期のそれぞれに対して IRF を算出することにより，VAR で必要になるいくつかの前提を必要とせず，時系列予測に有用な方法といわれている。

　LP モデルによる IRF が，図 5-6 である。図 5-6 の各点は，ある時点から $h$ 期（月）先の物価世論に対する，実際の物価（CPI）の応答を表している。1 標準偏差分，「物価が落ち着く」という回答が増えたときに（インパルス），CPI がどれだけ動くのか（レスポンス）を図 5-6・上図は示している。下図は，「物価が上がる」に対する CPI の応答である。物価が落ち着くという世論が増えれば CPI は下がり，物価が上がるという世論が増えれば CPI は上がることがわかる。

　こうしてみると，暮らしの中心である物価の上がり下がりの判断で，私たちはよくやってきた有権者，消費者だといえそうである。この結果を，与党派，野党派，無党派で仕分けて分析できれば，野党派は他党派に比べて予測が優れていたのか，劣っていたのか，あるいは変わらなかったのかといったことも確かめられた。それこそが，本書の知りたいことでもある。しかし残念なことに，

**図 5-6　物価に関する世論と消費者物価指数の関係についての局所投影法を使った分析**

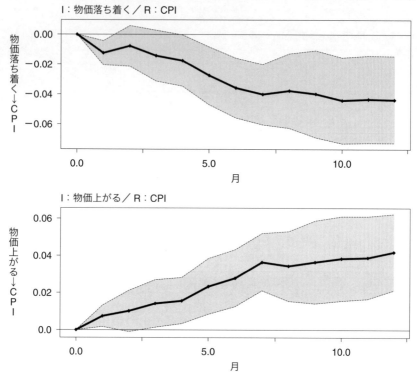

注：各点は，物価世論の1標準偏差当たりのインパルスに対する応答を表し，帯は95%の信頼区間を表す。
出所：筆者作成

　物価に関する世論を党派別で分けたデータは，（筆者の経済的事由もあって購入できず）入手できなかった。党派間での予測力の違い，つまり政治や経済にかかわる洗練性の違いについて，第7章にあるもう1つの補論「社会志向の経済評価と個人志向の経済評価──「個人志向の経済評価のレンズ」を考える」でも触れているので，そちらのほうにも目を通していただきたい。

第Ⅲ部
個人データを使った分析
日本の経済投票をめぐる因果の解明

96　第Ⅲ部　個人データを使った分析

## 第6章
## 所得は経済評価，投票選択を決めるのか？
### ——観察データの分析（1）

　本章では，個人レベルの観察データを使って，党派性のもとで有権者個人の
所得が経済評価，投票選択に与える影響を分析する。ここまで，時系列データ
を使って，経済状況が経済評価や政治的支持に与える影響を測ってきた。しか
し経済状況のうち，個人の所得を時系列データで測ることはできなかった。経
済投票をめぐる意思決定の主体は，有権者個人である。その個人が直面する経
済状況が経済投票を左右するのかを直接的に調べるために，所得の影響を測る
ことは不可欠である。さらに時系列データでは，政治的支持に対する経済状況
や経済評価の効果を測ったが，投票選択に対する効果は測れていない。所得と
投票選択という経済投票に欠くことのできない要素に，本章は注目する。
　そこで本章では，個人レベルのデータを使って，所得，党派性，経済評価，
投票選択の関係を分析する。本章が取り組む課題は，次の2つである。第1に，
所得と党派性のもとでの経済評価と投票選択の関係を分析する。第2に，党派
性ごとでの経済評価の上昇程度，投票選択の確率に所得階層が与える影響を測
る。これら2つの分析から，ある党派性のもとで所得が与える効果の違いを精
査する。本章の分析は，党派性のもとで所得が投票選択に与える影響を分析す
ることから，次章の分析の基盤となる。これらの分析に先立ち，本章第1節で
は，個人レベルの観察データを使って何を行うかを説明する。

## 1　観察データを使って分析すること

　観察データを使った分析をするにあたって，本章と次章で何を検証するかを，
図6-1にもとづきながら説明する。第1に，個人レベルの観察データの分析で
は，個人の客観的経済状況である所得を含める。時系列データの分析では，経
済評価や政治的支持に影響を与える（とされる）マクロ経済指標をいくつか組
み込んだ。しかしそれらは社会経済全体を包括する経済指標であり，世論の各

図 6-1　本書の分析枠組み（図序-1）と観察データを使った分析

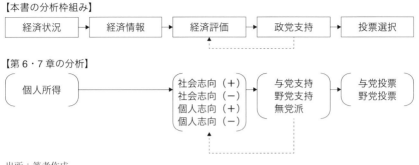

出所：筆者作成

表 6-1　個人レベルの観察データを使って行う分析

| 関係性 | 党派性を含めない分析 | 党派性を含める分析 |
| --- | --- | --- |
| 所得→経済評価<br>所得→投票 | 【第6章】<br>所得のもとでの経済評価／投票選択の平均値の差のプロット | 【第6章】<br>所得のもとでの経済評価／投票選択の党派性差異のシミュレーション分析 |
| 経済評価→投票選択 | 【第7章】<br>経済評価のもとでの投票選択の平均値の差のプロット | 【第7章】<br>・2段階最小二乗法による経済評価と投票選択の関係に関する推定<br>・経済評価のもとでの投票選択の党派性差異のシミュレーション分析 |

ピースをなす個人の経済状況をとらえ難い。個人データを使うことで，個人の所得，経済評価，党派性，そして投票選択を組み込んだ分析ができる。これによって，本書の分析枠組み（図序-1）に沿った，個人レベルの分析を行う。

第2に，所得，経済評価，党派性，投票選択の関係に絞った分析を行う。この分析に際して，Healy, Persson, & Snowberg（2017）の分析の方法を参考にする[1]。Healy, Persson, & Snowberg（2017）は，個人志向の経済評価が現職への投票割合をどう変えるかを，平均値の差のプロットによって素描した。そして，平均値の差の分析から得られた基礎的知見をもとに，より精緻な重回帰分析を

---

[1] Healy, Persson, & Snowberg（2017），および以下に述べる Jones（2020）の分析のことも含めて，個人レベルの観察データを分析に使う研究の整理については，大村（2025）を参照。

行った。本書もそれに倣い，まずは平均値の差のプロットを使って，所得の高低，社会志向の経済評価の高低が投票割合をどのように変えるのかを示す。さらに党派性によって回答者を分け，党派性のもとでの所得がもたらす差，党派性のもとでの経済評価がもたらす差も測る。このシンプルな方法から，所得，経済評価，党派性，投票選択の関係についての基盤となる知見を提示する。

第3に，推定モデルの残差をうまく使う。再び Healy, Persson, & Snowberg（2017）に従い，1段階目の推定モデルにおいて，社会志向の経済評価を左辺，党派性を右辺に定める。このとき，1段階目の推定モデルの残差は同じ党派性をもつサンプル間での経済評価の違いを表すと考える。この残差を2段階目の推定式に加える2段階最小二乗法（Two-Stage Least Squares estimation: 2SLS）によって，社会志向の経済評価から党派性の影響を除いたときの投票選択に対する効果を測る。

第4に，党派間での経済評価の上昇程度の差，党派間での与野党への投票確率の差に，所得と経済評価がもたらす差異を可視化する。この分析では，Jones（2020）を参考にする。Jones（2020）は，アメリカにおける党派間での経済評価の上昇程度の差，投票確率の差が，歴史的にどのように推移してきたのかを確かめた。類似した方法をとることで，党派性を考慮しても所得や経済評価が投票選択を左右し，経済投票が起こっているのかを検証する。また党派間での野党への投票確率の差や，そこに経済評価が与える違いをみることで，経済評価の不平の非対称性に党派間での非対称があるのかも検討する。

第5に，第4の点とも関連して，本書の個人データを使った分析では，一貫して党派性差異を使う。すべての個人データを使った分析で回帰分析は行うものの，その推定結果をただ示すことはしない。最小二乗法推定（Ordinary Least Squares estimation: OLS）を使うのであれば，各種評価・支持などの上昇程度を，ロジスティック回帰（Logistic Regression）を使うのであれば，関心のある選択肢の選択確率の党派性差異をもとに結果を解釈する。よって各種の推定後には，シミュレーションによって上昇の程度の差や選択確率の差を示す。こうした手順は，近年の経済投票研究で，党派性差異が PMR の作用を分析するために不可欠なものとなっている。よって時系列データ，個人レベルの観察データ，そして実験データの分析においても，一貫して，党派性差異に注目することを，改めて強調しておきたい。上記5点の課題に沿って，次節からは実際に分析を

進める。

## 2 データの説明

　本章の分析では，第1章でも使ったJESデータを使う。使用するJESデータは，1983年から2019年までの国政選挙時のものである。長い年月にわたって，ほぼ共通する質問に対する回答データであることから，経済評価，政治的支持，投票選択が人々の間でどのように変わってきたのかがわかる。JES Ⅱは1983年から1999年，JES Ⅲは2001年から2005年，JES Ⅳは2007年から2010年，JES Ⅴは2012年から2016年，JES Ⅵは2017年と2019年のデータを含む。JES Ⅱ，JES Ⅲ＋JES Ⅳ，JES Ⅴ＋JES Ⅵとデータをつなげることで，55年体制下を含む1999年まで，2000年代，2010年代という時期区分のもとに分析できる。本章と次章では，これらの時期区分に従って，JESデータを使う。なおこの区分は，第Ⅱ部・時系列データの分析で使った，1960から1979年，1980年から1999年，2000年以降という区分とややずれるため，時期ごとの結果を完全には比較できない。しかし，個人レベルの観察データを使うと，2000年代以降の時期を分け，より詳しく分析できる。

## 3 分析方法の説明

**第1の分析——所得階層，経済評価，党派性，投票選択の関係に関する平均値の差**
　第1の分析は，Healy, Persson, & Snowberg（2017）を参考にしながら，所得階層のもとでの経済評価と投票選択の関係を，平均値の差をもとに示す。知りたいことは，3要素間の関係であり，その分析に際しての組み合わせを表6-2としてまとめる。この分析によって，ミクロ・データを使った長い期間での所得，経済評価，党派性，投票選択の間の関係性をまずは簡潔に示せる。
　第1に，所得階層ごとの，(1)社会志向・個人志向の経済評価の平均値の差，(2)与党と野党への投票割合の平均値の差を調べる[2]。所得は，所得階層（低），所得階層（中），所得階層（高）からなる「所得階層」グループに分ける[3]。そして各グループ間の社会志向・個人志向の経済評価の平均値の差，投票選択ダミー変数の平均値の差を示す[4]。所得階層ごとに生じる平均値の差によって，

*100* 第Ⅲ部 個人データを使った分析

**表 6-2 所得，経済評価，党派性，投票選択の関係に関する平均値の差の分析のための組み合わせ一覧**

| 関係性 | 要因（X 軸） | 結果変数（Y 軸） | 分析結果の図 |
|---|---|---|---|
| 所得と経済評価の関係 | 所得階層 | 社会志向の経済評価<br>個人志向の経済評価 | 図 6-2 |
| 所得と投票選択の関係 | 所得階層 | 与党投票<br>野党投票 | 図 6-3 |
| 所得，党派性，経済評価の関係 | 所得階層 × 党派性 | 個人志向の経済評価<br>社会志向の経済評価 | 図 6-4<br>図 6-5 |
| 所得，党派性，投票選択の関係 | 所得階層 × 党派性 | 与党投票<br>野党投票 | 図 6-6 |

所得階層がもたらす効果をおおよそとらえることができる。所得階層のグループによって，統計的に有意な平均値の差が認められるならば，所得が経済評価，投票選択に効果をもつとの見通しが得られる。

第 2 に，所得階層と党派性で仕分けたもとでの，(1)社会志向・個人志向の経済評価の平均値の差，(2)与党と野党への投票割合の平均値の差を調べる。表 6-2 内の所得階層×党派性とは，「所得（高）×与党派」，「所得（高）×非与党派」，「所得（中）×与党派」，「所得（中）×非与党派」，「所得（低）×与党派」，「所得（低）×非与党派」にグループを分けることを意味する。そのうえで，経済評価の平均値の差，投票選択ダミー変数の平均値の差を示す。党派性も加えたグループ分けをすることで，党派性が同じサンプル間で，所得階層グループごとでの平均値が異なるかを確かめる。もし，党派性が同じグループ間

---

2　社会志向の経済評価の質問は「今の日本の景気はどんな状態だと思いますか」であり，「かなり良い（5）」から「かなり悪い（1）」までの値を割り当てた。個人志向の経済評価の質問は「現在のお宅の暮らし向きを 1 年前と比べてみると，この中ではどれにあたりますか」であり，「かなり良くなった（5）」から「かなり悪くなった（1）」までの値を割り当てた。投票選択ダミー変数は次の 2 種類である。与党に投票した場合に 1，野党に投票した場合に 0 とする与党投票ダミー，野党に投票した場合に 1，与党に投票した場合に 0 とする野党投票ダミーである。

3　所得階層は 400 万円未満を所得階層（低），400 万円以上 700 万円未満を所得階層（中），700 万以上を所得階層（高）とした。

4　投票選択の変数は与党または野党に投票した場合に 1，投票しなかった場合に 0 となるダミー変数である。よってその平均値は，投票した回答者の割合値となる。

で，所得階層ごとに平均値に有意な差があるならば，所得階層は党派性を考慮した場合にも効果の差をもたらすとの見通しを得る。一方で，党派性が同じグループ間で，所得階層ごとに平均値に有意な差がないならば，所得階層は党派性を考慮した場合に効果をもたらすことはないだろうと考える。なお平均値の差の検証に際して，各群間の差が統計的に有意かどうかを確かめるために，多群間の多重比較検定も行った。その結果は長いものになるため，オンライン上の補遺に報告する。

　平均値の差の分析は，経済状況，経済評価，党派性，そして投票選択という主要な要素に絞った分析を可能にする。しかし，経済評価と投票選択に対して所得と党派性が与える影響を明らかにするためには，個人をめぐる他の要因・共変量の影響をコントロールする必要がある。また，平均値の差の分析によって，投票割合の差がわかるだけでは，各要素からの効果をはっきり測ったとはいえない。よって，共変量を含んだモデルをもとに，経済評価が上昇する可能性，与野党への投票可能性が所得と党派性によってどのように異なるのかを確かめる。

### 第2の分析——党派性のもとで所得が投票確率に与える影響

　そこで第2の分析では，所得と党派性のもとで，(1)社会志向・個人志向の経済評価が上昇する程度の差，(2)与党または野党への投票確率の差を測る。PMRの側面をより直接的に知るためには，党派性が異なるときに経済状況や経済評価によって，投票選択が異なるのかを確かめればよい。もしPMRが働いているならば，党派性のもとでの投票確率の違いは所得に左右されないであろう。一方，党派性による投票確率の違いが所得によって異なるのであれば，所得は党派性の影響を考慮しても投票選択を左右することになる。党派性ごとの投票確率の差に，所得を加えた分析をすることで，経済投票の基底に，個人所得が主因として働いているのかを確かめることができる。

　この目的に沿って，本章の第2の分析では，所得階層の違いのもとでの党派間での社会志向・個人志向の経済評価の上昇程度の差，党派間での投票確率の差を測る[5]。これは，表6-3・1行目を例にとると，与党派の場合に社会志向の経済評価において良い方向に回答していく程度と，非与党派である場合の同様の程度との差を測ることを指す。その差をデータの年次に沿って示すことで，

102　第Ⅲ部　個人データを使った分析

表6-3　最小二乗法推定の特定化と社会志向の経済評価の上昇程度の差の組み合わせ

| 従属変数 | 党派性のもとでの経済評価の上昇の確率差の組み合わせ | 分析結果の図 |
|---|---|---|
| 社会志向の経済評価 | 与党派－非与党派 | |
| 社会志向の経済評価 | 野党派－非野党派 | 図6-7 |
| 社会志向の経済評価 | 無党派－有党派 | |
| 個人志向の経済評価 | 与党派－非与党派 | |
| 個人志向の経済評価 | 野党派－非野党派 | 図6-8 |
| 個人志向の経済評価 | 無党派－有党派 | |

社会志向の経済評価の上昇程度に関する党派性差異の推移をまずは確かめる。あわせて，上昇程度の差を所得階層ごとに示すことで，党派性がもたらす経済評価の上昇程度の違いは，所得によって影響されるのかを確かめる。また，与党派と非与党派という比較だけではなく，野党派と非野党派間，無党派と有党派間の確率差についても調べる。これらの党派性差異の算出の詳細な手順については，オンライン上の補遺を参照していただきたい。

　続いて，表6-4・1行目を例にとると，与党派が与党に投票する確率と野党派が与党に投票する確率の差を測る。その差をデータの年次に沿って示すことで，投票確率をめぐる党派性差異の推移をまずは確かめる。あわせて，確率差を所得階層ごとに示すことで，投票確率の党派性差異は，所得によって影響されるのかを確かめる。また，与党への投票だけではなく野党への投票，与党派－野党派間の確率差だけではなく，無党派－与党派間，無党派－野党派間の確率差も測る。

　上記の分析を通じて，PMRについても検討することができる。もし党派性

---

5　所得階層については，注3を参照。JESデータのコードブックにおいて，あらかじめ定められている20段階からなる所得階層を使う。ほかに制御変数として，性別（女性＝1／男性＝0），年齢，教育程度（大卒以上＝1／それ以外＝0），就業状況（有職＝1／無職＝0），居住年数，政治関心，メディア視聴，政治知識を加えた。また，Jones（2020）は政治知識としての政治意識をもとに，党派性のもとで政治意識が業績評価の上昇程度に与える影響をシミュレーションしていた。JESデータを使って，同様の分析を行った場合，野党投票では高知識層と低知識層に党派間での上昇程度差の違いは認められないが，与党投票では，やや低知識層で党派間の確率差が大きいという結果であった。

第6章 所得は経済評価，投票選択を決めるのか？　*103*

表6-4 ロジスティック回帰分析の特定化と投票確率の
差の組み合わせ

| 従属変数 | 党派性のもとでの投票の確率差の組み合わせ | 分析結果の図 |
|---|---|---|
| 与党投票 | 与党派 − 野党派 | |
| 野党投票 | 野党派 − 与党派 | 図6-9 |
| 与党投票 | 無党派 − 与党派 | |
| 野党投票 | 無党派 − 野党派 | |

のもとで経済評価の上昇程度の差や投票確率の差が大きく，所得によって確率
差が左右されないのであれば，どうだろうか。党派性が客観的な経済状況とし
ての所得の前に位置して，経済評価や投票選択を規定しているとみていいだろ
う。そのとき，PMR が働いていそうだと見通せる。そして，無党派と野党派
の投票確率の差について確かめることで，不平の非対称性の党派間での非対称
についても，考えることができる。無党派のほうが野党派よりも経済状況に反
応し，野党への投票確率が高いならば，不平の非対称性の党派間での非対称が
作用しているとの見通しを得られる。野党派が悪い経済状況に反応して野党に
投票するよりも，無党派がそれに反応して野党に投票しているからである。

## 4 分析結果の検討

### 第1の分析結果の検討

　所得階層と社会志向・個人志向の経済評価の関係を，平均値の差から検討し
ていく。図6-2・左端の図は全サンプル，左から2番目の図は1999年以前の
JES Ⅱ のサンプル，右から2番目の図は2000年代の JES Ⅲ と JES Ⅳ を統合し
たサンプル，右端の図は2010年代の JES Ⅴ と JES Ⅵ を統合したサンプルにつ
いての結果である。各点は平均値，それに付随する棒線は95％の信頼区間を
表す。図の読み方は，第3章や第5章で行った推定結果の解釈とあまり変わら
ない。平均値間に有意な差があるかを，95％の信頼区間を目安に判断してもら
えるとよい。またパネルの網掛けの濃さによって，統計的に有意な組み合わ
せが多いか少ないかを区別している。

　全体の結果から，所得階層が高いほど，社会志向・個人志向の経済評価も高

図 6-2 所得階層と経済評価

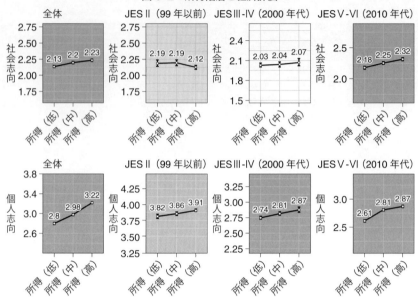

注：各点は平均値，それに付随する棒線は 95% の信頼区間を表す。各点の上に示した数値は平均値である。変数間の組み合わせに関して，統計的に有意である組み合わせが多いほど，パネルの網掛けは濃い。統計的有意性はテューキーの多重比較検定（Tukey-Honestly Significant Difference test：Tukey-HSD test）にもとづく。
出所：筆者作成

い。そして時期ごとの結果から，所得がより経済評価に結びつくようになったのは，2010 年代以降の約 10 年間である。所得によって経済評価が異なることは，長期間にわたって自明の傾向というわけではない。1999 年以前，2000 年代に，所得がもたらす評価の差はさほど明らかではない。2010 年代以降になって，個人所得は 2 つの経済評価の主因となってきているようである。

次に，所得階層と投票選択の関係を，平均値の差から確かめる。図 6-3 の上段 4 つのパネルが与党に対する投票の割合，下段 4 つのパネルが野党に対する投票の割合を表す。全体の結果からも，時期を分けた結果からも，所得は直接的に投票選択を左右しないことがわかる。上段パネルの与党に対する投票の割合から，1999 年以前，2000 年代に，所得が低いと与党への投票割合が多いようでもあるが，統計的に有意な差は明示的なものではない。そして全期間の結果から，所得階層は与党への投票割合を左右しないようである。下段パネルの

第6章 所得は経済評価, 投票選択を決めるのか？　105

図6-3　所得階層と投票割合

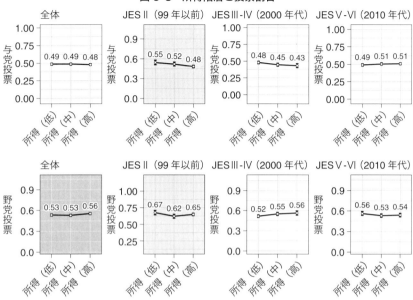

注：図6-2の注を参照。
出所：筆者作成

野党に対する投票の割合から，各時期に共通する傾向は認められない。また全期間のサンプルを見ても，所得階層が高い層でやや高い傾向が認められるが，効果量の差は，所得階層が低い層との間で0.03％ポイント程度ととても小さい。

ここまでの結果から，所得階層は経済評価を左右してきたが，特に近年その傾向は強い。しかし，投票選択への効果は限られている。では，党派性はどのように作用しているだろうか。

図6-2の結果も踏まえて，所得より関係が強い個人志向の経済評価の結果から確かめる。図6-4は所得階層を党派性ごとに分け，各グループの個人志向の経済評価の平均値の差を示したものである。上段4つのパネルは与党派とそれ以外，下段4つのパネルは無党派と有党派の結果である。

全期間のサンプルを対象とした，上段左端のパネルから，個人志向の経済評価は，所得階層によって有意に異なるだけではない。与党派であるか否かによっても異なる。すなわち同じ与党派であっても，所得階層の違いが個人志向の

図6-4 所得階層，党派性，個人志向の経済評価

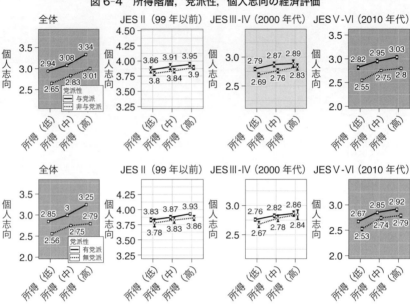

注：図6-2の注を参照。
出所：筆者作成

経済評価の違いをもたらしていることから，所得階層は個人志向の経済評価を左右する傾向が見てとれる。ただし，その傾向は2010年代以降に明らかであり，それ以前の時期に，そうした傾向は認められない。また，同様の結果が，下段各パネルの無党派に関する図からも見てとれる。同じように無党派であっても，所得階層が上がるほど，個人志向の経済評価は高まるとわかる。

次に，社会志向の経済評価に関する結果をみる。図6-5の与党派に関する全期間の結果から，党派性によって社会志向の経済評価が異なることは確かである。1999年以前には，所得階層ごとでも，党派性ごとでも，社会志向の経済評価に差は認められなかったが，2000年代以降，所得階層が上位ほど，与党派であることで社会志向の経済評価が高まることがわかる。ただし，同じ与党派のグループを比較すると，所得階層ごとの差は有意でない。与党派であれば，所得階層が異なったとしても経済評価に差がない時期も多く，社会志向の経済評価は，主に与党派への支持によって左右される。与党派の効果に比べて，所得階層の効果はやや限られているようである。そして下段の無党派に関する結

図 6-5 所得階層，党派性，社会志向の経済評価

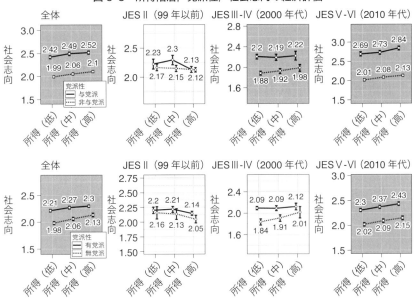

注：図 6-2 の注を参照。
出所：筆者作成

果では全体の結果から，無党派の間で所得階層によって社会志向の経済評価が異なることがわかる。無党派は，所得によって社会志向の経済評価が異なってきたようであり，2010 年代以降にその傾向は顕著である。ただし，有党派内での所得階層ごとの差は限られている時期が多い。

続いて，図 6-6 の所得階層，党派性，投票割合の関係をみる。この図 6-6 は，図 6-3 を党派性ごとに分けなおしたものである。党派性を考慮した図 6-6 から，党派性のみがもっぱら投票選択を決めているとわかる。それぞれの所得階層のもとでの投票割合は，与党派／非与党派，もしくは有党派／無党派によって有意に異なることがわかる。一方で，同じ党派性である場合に，所得階層ごとの違いは生じていない。与党，野党いずれの投票選択に対しても，党派性を考慮した場合に所得階層からの効果はほぼ認められない。

所得階層，経済評価，党派性，そして投票選択の関係に関する平均値の差の検証から，次のことがわかった。(1)個人志向の経済評価は，与党派の党派性を考慮しても所得の影響を受けているようだが，社会志向の経済評価は与党派の

108 第Ⅲ部 個人データを使った分析

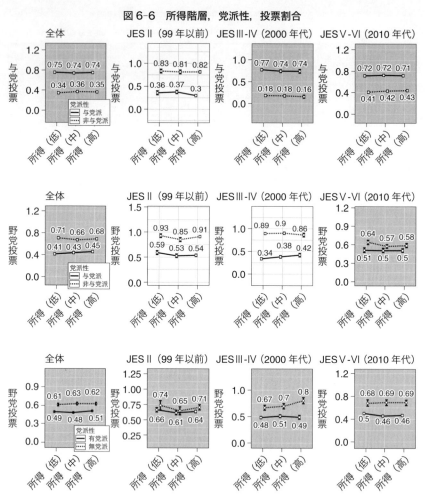

図6-6 所得階層，党派性，投票割合

注：図6-2の注を参照。
出所：筆者作成

党派性の影響が強く，所得の影響はやや抑制的である。しかし，(2) 2010年代以降，無党派では，経済状況によって社会志向の経済評価が異なりつつあることから，近年に至って，党派性の影響が弱いグループにおいては，経済状況が経済評価を左右しているようである。このように所得は個人志向の経済評価を決め，社会志向の経済評価にも部分的に影響をしているようであるが，(3)投票

選択に対しては，ほぼ効果をもたない。(4)とりわけ党派性の影響を考慮した場合，同じ党派性をもつグループの間で所得が与える影響の差は小さい場合が多く，所得の影響は限られる。

　本項の分析は，所得，経済評価，党派性，そして投票選択という，4つの主要な要素のみをもとに行った。また，投票選択に関する図6-3，図6-6では，投票する人の割合の差がわかったのみである。では，個人に関する共変量も加えたモデルをもとに，投票確率を比較するとどうだろうか。

### 第2の分析結果の検討

　図6-7は，党派性間での社会志向の経済評価をめぐる上昇の程度の差である。すなわち，社会志向の経済評価をめぐる党派性差異を表している。図6-7内の各パネルは，以下の社会志向の経済評価が上昇する程度の差に対応する。

・左上：与党派の場合の社会志向の経済評価の上昇程度 − 非与党派の場合の上昇程度
・右上：野党派の場合の上昇程度 − 非野党派の場合の上昇程度
・左下：無党派の場合の上昇程度 − 有党派の場合の上昇程度

　各パネルのなかでは，選挙年のデータに応じた推定結果が示されている。点は各所得階層のシミュレーションされた上昇程度の差の50%値，付随する棒線は下位2.5%，上位97.5%の値をもとに誤差の幅を示している。そして3本の曲線は，各所得階層に応じて引かれた平滑化曲線であり，各プロット間の分散が最も小さくなるように引かれている。その平滑化曲線の信頼区間は帯状に示されている。

　左上パネル・与党派と非与党派間の社会志向の経済評価の上昇程度の差に関する結果を例にとって，図の見方を説明する。この図からは，社会志向の経済評価が上昇することに党派性差異があり，それが時間とともに推移していることがわかる。1980年代の半ばまで，与党派の社会志向の経済評価が高まる程度は非与党派の場合よりも低い。しかし1990年代以降，与党派の経済評価の上昇は非与党派のそれを上回る。そして両者の上昇の差は縮まる時期もあるが，概ね拡大する傾向にある。ここから与党派と非与党派間で，社会志向の経済評

**図6-7 所得階層ごとの社会志向の経済評価の上昇程度の党派性差異**

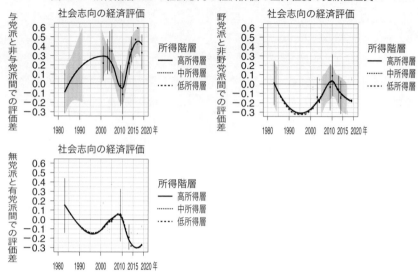

注：各点は上昇程度の差に関するシミュレーションの50%値，それに付随する棒線は下位2.5%値と上位97.5%値をもとにしている。点をつなぐように描かれた曲線は平滑化曲線であり，帯は平滑化曲線の誤差を表す。
出所：筆者作成

価は異なるものになり，党派性差異が拡大していることが明らかである。

さらに，所得階層ごとの平滑化曲線は，（実は3本の線であるが）互いがかなりの程度重なって判別がつかない。つまり，所得階層は党派間で上昇程度の差に寄与していない。よって，これらの結果から，社会志向の経済評価が上昇することに党派性差異があることは確かである。しかし所得は，経済評価の党派性差異を規定してはいない。

また，野党派と非野党派間，無党派と有党派間の図をみると，社会志向の経済評価の上昇程度の差は相対的に小さいことが明らかである。さらに多くの期間で，非野党派（右上パネル）および有党派（左下パネル）の上昇の程度のほうが大きくなることで，党派性差異は負の値に至っている。とりわけ右上パネルの結果から，野党派であることによって，社会志向の経済評価は下がりやすいとわかる。ここから，野党派であることは，社会志向の経済評価を左右すると解釈できる。また，野党派と同じことが，無党派の結果に関してもいえる。無党派であることで経済評価は下がる。そしてその傾向は，近年に至って強まっ

**図 6-8 所得階層ごとの個人志向の経済評価の上昇程度の党派性差異**

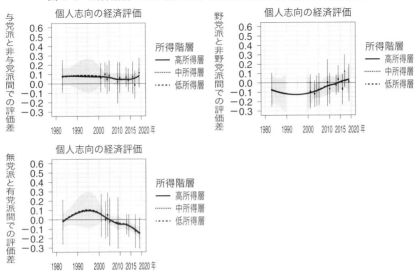

注:図 6-7・注を参照。
出所:筆者作成

ている。ただし,右上と左下の両パネルからも,社会志向の経済評価の党派性差異は所得階層によってほぼ異ならない。党派性を考慮した場合,社会志向の経済評価を決めるのはほぼ党派性で,所得階層の効果がないことは確かである。

次に,図 6-8 は個人志向の経済評価の上昇程度に関する結果である。図 6-7 の社会志向の経済評価の上昇程度の差の結果と同様に,所得階層ごとの違いはほぼ認められない。よって,図 6-4 の平均値の差の結果を補う結果とはなっていない。所得階層は,個人志向の経済投票の党派間差異を左右していないと解釈できるからである。同時に,各党派性間での上昇程度の差も小さい。個人志向の経済評価に対しては,所得階層だけでなく,党派性の作用も限られていることがわかる。ここから少なくとも,個人志向の経済評価に,党派性はほぼ作用していないと結論することになる。この結果は,図 6-7 の社会志向の経済評価の結果とかなり異なることも注目を要する。

最後に図 6-9 は,投票選択を従属変数とする推定値をもとにしたシミュレーションの結果である。党派性ごとの投票確率の差を示した。図 6-9 内の各図は,以下の投票確率の差に対応する。

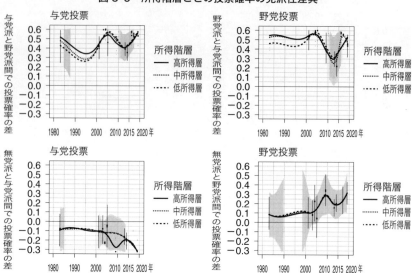

図6-9 所得階層ごとの投票確率の党派性差異

注：図6-7・注を参照。
出所：筆者作成

・左上：【与党投票】与党派の投票確率−野党派の投票確率
・右上：【野党投票】野党派の投票確率−与党派の投票確率
・左下：【与党投票】無党派の投票確率−与党派の投票確率
・右下：【野党投票】無党派の投票確率−野党派の投票確率

　まず党派間の投票確率差は，全期間にわたって，所得階層によって統計的に有意には変わらない。1980年代から90年代にかけて高所得であることで，また2000年代のごく一時期，低所得であることで，与党投票をめぐる党派性差異が広がる時期がある。この結果は，1980年代から90年代に所得が高いほど，与党派である場合に与党に投票しやすく，2000年代に所得が低いほど，与党派である場合により与党に投票しやすかったことを示唆するようだが，統計的に有意な差とはいえない（左上パネル）。さらに，時期ごとの詳細な結果をみる。1980年代から2010年以前まで，与党派と野党派間での与党への投票確率の差は30〜50％ポイント程度で推移したが，2012年の民主党から自民党への政権交代時に，民主党派が与党民主党への投票を忌避し投票確率が下がったことを

受け，トレンドに変化が生じたことが示されている。それを受け，2012年選挙前後期間の投票確率の差がやや縮まっている。その例外の時期を経て，2010年代後半にかけて，再び与野党派間での投票確率の差は50〜60％ポイント程度に至りつつある。そして党派性間の確率差が大きいにもかかわらず，所得階層は投票確率の差にほぼ作用しない。そしてこの傾向はすべてのパネルに共通する。よって所得，すなわち個人の経済状況は，党派性より前に位置し，経済投票を規定する要因になっているとは判断できない。

　そして，無党派に関する党派性差異の結果は興味深い。与党投票に対する無党派と与党派の差が，1990年代半ば以降一定して推移しており，無党派が与党に投票する確率が一貫して低いことが明らかである。これに対して，無党派と野党派間での投票確率の差をみると，後年に至って拡大し，無党派のほうが野党派に比べて野党に投票する確率が高まっていることがわかる（右下パネル）。図6-4・図6-5の最右下パネルで見たように，無党派のなかでは所得・経済状況に対する感度がやや高い。その結果も踏まえると，無党派のほうが経済状況に反応し，野党派よりも野党に投票する確率が高く，その傾向は年々強まっていると解釈できる。

## 5　第6章の分析からわかったこと

　本章では，「所得は経済評価，投票選択を決めるのか」を分析した。分析からは，次の4つのことが明らかになった。

　第1に，所得階層は，個人志向の経済評価を規定している。所得が上がれば，個人志向の経済評価も高まる。その傾向は，特に2000年代以降に明らかである。2000年代以降に限れば，党派性を考慮しても，所得階層は個人志向の経済評価を決める要因になっているようであった。ただしそうした結果は，平均値の差の分析で確かめられたにとどまり，党派性差異の厳密な分析では認められなかった。また，社会志向の経済評価は，主に党派性によって決まる。社会志向の経済評価の上昇程度の差は，主に党派性によって変わり，2000年代以降に党派性差異は増した。そして，社会志向の経済評価は，所得階層によってあまり変わらないこともわかった。個人の経済の状態が及ぶ経済評価の範囲は，あくまで個人のレベルのものにとどまる。ここから，個人の所得の状況を，直

ちに社会志向の経済評価に関連づけない有権者の姿が示されたといえよう。

第2に，所得階層は与党への投票割合も野党への投票割合も決定づけない。所得が上がることで与党への投票割合は増えず，所得が下がることで野党への投票割合は下がらない。投票割合の差は，どの時期であっても党派性によって生じ，所得階層によっては生じない。この点は，投票確率の党派性差異の分析からも明らかであった。

第3に，党派性差異の分析から，党派性が社会志向の経済評価に与える影響は強まっている。一方で，個人志向の経済評価では，そうはなっていなかった。この分析結果は，マクロ・レベルの時系列データを使った分析において，社会志向の経済評価の主因が与党派性であった結果と一致する。党派性差異の精査からも，社会志向の経済評価に，党派性があらかじめ作用していることが明らかになった。

第4に，無党派と野党派間の比較をめぐる結果が，本章の主たる発見となった。無党派の与党への投票確率は与党派と比べて小さいまま，あまり変化しない。しかし無党派は，野党派と比べるとより野党に投票しやすく，その確率差が広がってきている。そして無党派は，与党派や野党派に比べて，所得にやや反応しやすいこともわかっている。本書が確かめようとしてきた不平の非対称性の党派間での非対称について，「野党派よりも経済状況に反応する他党派，とりわけ無党派」を示す結果といえるだろう。

こうして見てくると，個人の客観的な経済状況に応じた経済評価も，投票も限定的で，それは党派性が作用しているためではないか，とまずは推測される。さらに党派性の働きはやはり PMR にもとづくものではないか，との疑問も出てくる。そして，「経済投票する与党派と無党派」の存在を認めた第Ⅱ部の分析結果は再考が必要なのではないか，とも思えてくる。たしかに，個人の経済状況の影響は認められなかった。では，経済評価から投票に向けた経路はどうだろうか。そして，その経路への党派性の作用はどのようになってきたのだろうか。

# 第7章
## 党派性，経済評価は投票選択を決めるのか？
—— 観察データの分析（2）

　本章では，個人レベルの観察データを使って，党派性，経済評価，投票選択の関係を分析する。前章では，個人の経済状況としての所得が，投票選択に与える影響は小さいことを示した。党派性を考慮すると，所得の影響はさらに限られることもわかった。前章の主な目的は，所得から経済評価，所得から投票選択への影響を測ることであったので，党派性を考慮したうえでの経済評価から投票選択への影響はまだ測れていない。本章の分析によって，第Ⅱ部で行ったマクロ・レベルの分析結果が，ミクロ・レベルのデータを使っても追認できるかを確かめる。

　本章が取り組む課題は，次の3つである。第1に，経済評価と党派性のもとでの投票選択に関する平均値の差を測る。第2に，経済評価と党派性間の内生性を考慮し，経済評価の効果を測るために，推定モデルの残差を使う工夫をする。第3に，党派性ごとでの投票選択の確率差に経済評価が与える影響を測る。これら3つの分析から，同じ党派性のもとで経済評価が投票選択に与える効果の違いを精査する。本章の最後には，これまでのミクロ・レベルの観察データの分析を足がかりとして，第8章以降の実験データの分析に進むために，観察データの分析からわかったことをまとめる。

## 1　データと分析方法の説明

### 第1の分析 —— 経済評価，党派性，投票選択の関係についての平均値の差

　本章でも，JES データを使う。時期の区分は前章と同じように，全期間，1999 年以前の JES Ⅱ，2000 年代の JES Ⅲ と JES Ⅳ，2010 年代の JES Ⅴ と JES Ⅵである。

　前章の第1の分析と同じように，本章の第1の分析は平均値の差をもとにする。Healy, Persson, & Snowberg（2017）にもとづき，党派性のもとでの経済評

116　第Ⅲ部　個人データを使った分析

**表7-1　経済評価，党派性，投票選択の関係に関する平均値の差の分析のための組み合わせ一覧**

| 関係性 | 要因（X軸） | 結果変数（Y軸） | 分析結果の図 |
|---|---|---|---|
| 経済評価と投票選択の関係 | 社会志向の経済評価 | 与党投票　野党投票 | 図7-2 |
| 経済評価と投票選択の関係 | 個人志向の経済評価 | 与党投票　野党投票 | 図7-4 |
| 経済評価，党派性，投票選択の関係 | 社会志向の経済評価×党派性 | 与党投票　野党投票 | 図7-3 |
| 経済評価，党派性，投票選択の関係 | 個人志向の経済評価×党派性 | 与党投票　野党投票 | 図7-5 |

価と投票選択の関係を，平均値の差をもとに示す。知りたいことは，3要素間の関係であり，その分析に際しての組み合わせを表7-1としてまとめる。

　第1に，社会志向・個人志向の経済評価のもとで，与党と野党への投票割合の差を調べる。社会志向の経済評価を回答に従って，「かなり良い」「良い」「どちらでもない」「悪い」「かなり悪い」の5つのグループに分ける。次に，各グループ間での与党への投票割合（投票のダミー変数の平均値）と野党への投票割合の差を示す。社会志向・個人志向の経済評価グループごとでの投票割合の差によって，経済評価がもたらす効果をおおよそとらえることができる。各グループによって，投票割合に有意な平均値の差が認められるならば，経済評価は投票選択に効果をもつとの見通しが得られる。

　第2に，経済評価のグループに党派性のグループを組み合わせたもとでの，与党と野党への投票割合の平均値の差を調べる。表7-1内の社会志向の経済評価×党派性を例にとると，社会志向の経済評価5グループ×党派性2グループ（与党派／非与党派）の計10グループ間で，投票選択ダミー変数の平均値の差を示す。党派性も加えてグループ分けすることで，党派性が同じサンプル間で，経済評価グループごとでの平均値が異なるかを確かめられる。もし，党派性が同じグループ間で，経済評価値ごとの平均値に有意差があるならば，経済評価は党派性を考慮した場合にも効果差をもたらすと考える。一方で，党派性が同じグループ間で経済評価ごとの平均値に有意な差がないならば，経済評価は党派性を考慮した場合に効果差をもたらすことはないと考える。そのときに，党派性のグループ間には差が認められるならば，党派性のみが投票選択を左右す

第7章 党派性，経済評価は投票選択を決めるのか？ 117

図7-1 1段階目の推定モデルの残差が意味すること

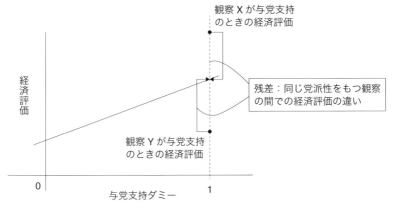

出所：筆者作成

ると解釈する。

　前章でも見たように，平均値の差の分析は，経済状況，経済評価，党派性，そして投票選択という主要な要素に絞った分析を可能にする。しかし，共変量を加える必要があることから，前章の第2の分析では重回帰分析をもとに投票確率のシミュレーションを行った。本章でも同様の分析を行う。それに先立ち，経済評価と党派性間の内生性を処理することにより，党派性を除去した後の経済評価の効果を年代別に確かめる。そのために，推定量の残差を使う分析をする。

### 第2の分析──党派性と経済評価の内生性に関する2段階最小二乗法（2SLS）による推定

　党派性が同じ観察間で経済評価に違いがあるならば，その違いは，党派性の影響を除いたうえでの経済評価とみなせる。Healy, Persson, & Snowberg (2017) は，この性質に注目し，1段階目に影響を除きたい変数を左辺に置く推定をし，その残差を2段階目のモデルに投入する2SLSを試みた。1段階目の推定の残差を，党派性が同じサンプル間での経済評価の差と考えたのである（図7-1を参照）。本章の第2の分析でも，類似した分析を行う。推定方法の詳細については，オンライン上の補遺を参照していただきたい。

　党派性と社会志向の経済評価の内生性を2SLSで処理することによって，党

派性の効果を除いた経済評価からの効果を測ることができる。ここで党派性が投票選択の主因で経済評価の効果は限られているのか，党派性の効果を踏まえても，十分な効果をもつのかを知ることができる。ただし，2SLS を使った分析からだけでは，党派性の効果を除いたうえでの経済評価の効果はわかっても，党派性のもとで投票選択に生じる違いは明らかにならない。よって，共変量も加え，党派性のもとで経済評価が投票確率の差にもたらす影響を検証する。

### 第3の分析——党派性のもとで経済評価が投票確率差に与える影響の検証

第6章の分析に応じて，本章の第3の分析では，経済評価と党派性のもとでの与党または野党への投票確率の差を測る。本章でも，PMR の作用を直接的に分析するために，党派性が異なるときに経済評価によって，投票選択が異なるのかを確かめる。もし PMR が働いているならば，党派性のもとでの投票確率の違いは経済評価に左右されないであろう。一方，党派性による投票確率の違いが経済評価によって異なるのであれば，経済評価は党派性の影響を考慮しても投票選択を決めていることになる。党派性ごとの投票確率の差に，経済評価を加えた分析をすることで，投票選択に主観的な経済評価がかかわってきたのかを知ることができる。

この目的に沿って，第3の分析では，経済評価の違いのもとでの党派間での投票確率の差を，第6章と同じ手順で推定する。表7-2・1行目を例にとると，与党派が与党に投票する確率と野党派が与党に投票する確率の差を測る。その差をデータの年次に沿って示すことで，投票確率に党派性が与える影響の推移をまずは確かめる。あわせて，確率差を社会志向・個人志向の経済評価ごとに示すことで，党派性がもたらす投票確率の違いが経済評価によってもたらされるのかを確かめる[1]。また第6章と同様に，与党への投票だけではなく野党への投票，与党派 - 野党派間の確率差だけではなく，与党派 - 無党派間，野党派 - 無党派間の確率差も測る。

上記の分析を通じて，PMR をめぐるかなりの程度強い証拠を示すことができる。党派性ごとで投票確率差が大きく，経済評価よって確率差が左右されないのであれば，主観的な経済評価は，党派性を抑えてまで影響していない。こ

---

1　高評価は「かなり良い」「良い」と答えたサンプル，中評価は「どちらともいえない」と答えたサンプル，低評価は「かなり悪い」「悪い」と答えたサンプルである。

表 7-2 ロジスティック回帰分析の特定化と投票確率
の差の組み合わせ

| 従属変数 | 党派性のもとでの投票の<br>確率差の組み合わせ | 分析結果の図 |
|---|---|---|
| 与党投票 | 与党派 - 野党派 | |
| 野党投票 | 野党派 - 与党派 | 図 7-7 |
| 与党投票 | 無党派 - 与党派 | |
| 野党投票 | 無党派 - 野党派 | |

のとき，本書の分析課題に即していえば，PMR が働いている可能性が高いと
考えることになる。他方で，主観的な経済評価が，党派性ごとの投票確率に影
響を与えるとするならば，主観的経済評価は，党派性を考慮しても投票選択に
影響を与えると解釈できる。本分析によって，日本の場合，経済評価は党派性
を抑えて投票選択を規定するのか，党派性は経済評価を駆動し，投票選択に際
して動機づけられた推論として作用しうるのかを，かなりの程度確かめられる。

そして，野党派と無党派の投票確率の差を調べることで，不平の非対称性の
党派間での非対称についても証拠を示しうる。無党派のほうが野党派よりも経
済評価に応じて，野党への投票確率を高めるならば，不平の非対称性に党派間
での非対称が作用していると推測できる。

## 2 分析結果の検討

### 第 1 の分析結果の検討

はじめに，社会志向の経済評価と与野党への投票選択の関係を，平均値の差
から検討していく。図 7-2 の左端のパネルは全サンプル，左から 2 番目のパネ
ルは 1999 年以前の JESⅡ のサンプル，右から 2 番目のパネルは 2000 年代の
JESⅢ と JESⅣ を統合したサンプル，右端のパネルは 2010 年代の JESⅤ と JES
Ⅵ を統合したサンプルについての結果である。

全体の結果から，社会志向の経済評価は明らかに投票選択を決める。社会志
向の経済評価が高まるほど与党への投票割合が増え，野党への投票割合が減る。
また，1999 年以前に社会志向の経済評価と投票選択の関係は確かではないが，
2000 年以降，「かなり良い」という回答を除けば，社会志向の経済評価が高ま

### 図7-2　社会志向の経済評価と投票選択

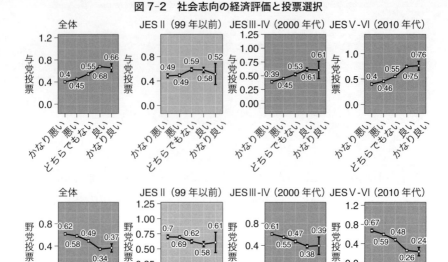

注：各点は平均値，それに付随する棒線は95%の信頼区間を表す。各点に示した数値は平均値である。変数間の組み合わせに関して，統計的に有意である組み合わせが多いほど，パネルの網掛けは濃い。統計的有意性はテューキーの多重比較検定（Tukey-Honestly Significant Difference test：Tukey-HSD test）にもとづく。
出所：筆者作成

ることで与党への投票割合が増し，野党へのそれが減る傾向にある。

　さらに，図7-3の党派性を加えた結果はより示唆的である。党派性を加えると，経済評価の効果は見出せなくなる場合がいくつかある。上段・全体の与党投票に関する実線の結果から，与党派において社会志向の経済評価が与党への投票選択の割合を左右する。与党派の場合，党派性を考慮しても社会志向の経済評価は，与党への投票に影響している。また，1999年以前，2000年代には与党投票に対して，社会志向の経済評価は，党派性の効果を考慮するとほとんど認められない。党派性を考慮しても，社会志向の経済評価の効果が確かめられるようになるのは，2010年代以降である。

　しかし同じ上段・全体のパネルにおいて，非与党派の与党投票割合（点線の

第 7 章　党派性，経済評価は投票選択を決めるのか？　　121

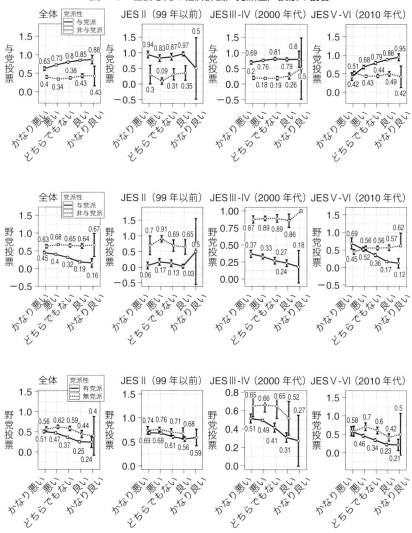

図 7-3　社会志向の経済評価，党派性，投票の割合

注：図 7-2・注を参照。なお，組み合わせの数が多いため，パネルの網掛けの設定は行っていない。
出所：筆者作成

結果）は，社会志向の経済評価によっても変わらない。また，中段・全体のパネルにおいて，野党派の野党への投票割合は経済評価によって変わらない。ここから野党への投票に対して，社会志向の経済評価が与える影響は限られてい

*122　第Ⅲ部　個人データを使った分析*

図 7-4　個人志向の経済評価と投票割合

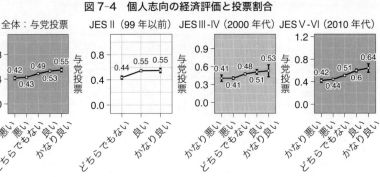

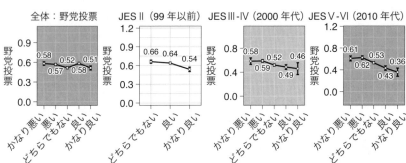

注：図 7-2・注を参照。なお，暮らし向き質問に対する回答の選択肢は「良くなった」「悪くなった」という過去からの比較をもとにしているが，X 軸の紙幅の関係で「良い」「悪い」といった表記にしている。
出所：筆者作成

たことが明らかである。野党投票に対しては，野党への支持が主因となってきたようである。

　そして，下段・全体の野党投票に関する無党派の結果から，無党派では，社会志向の経済評価が下がることで野党への投票割合が増えることが示されている。野党派は，経済評価が悪化しても野党への投票は増えない傾向があるのに対して，無党派は，経済評価が悪化すると野党に投票する傾向がある。

　次に，個人志向の経済評価と与野党への投票選択の関係を平均値の差から確かめる。図 7-4 から，与党への投票割合に差があるが，社会志向の経済評価ほど明らかなものではない。そして野党への投票割合に関しては，良い場合に野党への投票割合が少なく，悪い場合に多くなる明確な傾向は認められない。時期を分けた分析から，2010 年以降の近年になって，良ければ与党への投票，

悪ければ野党への投票という傾向が表れているが，いずれも社会志向の経済評価の場合より穏当である。

　ただし，党派性も加えた図 7-5 の結果から，全期間を通じて与党派である場合に与党への投票割合を個人志向の経済評価が左右している。これは社会志向の経済評価の場合と類似している。一方で，野党への投票に関しては，野党派の党派性を考慮すると，個人志向の経済評価の効果は限られる。また，党派性を考慮しても，個人志向の経済評価が投票割合の差をもたらすようになるのは，2010 年代以降になってからである。この結果は，社会志向の経済評価の場合と再び類似したものになっている。

　第 1 の分析からは，次のことがわかった。社会志向の経済評価は与党への投票割合を左右し，党派性を考慮しても，与党派の間では社会志向の経済評価が与党への投票に差をもたらしている。しかし，野党への投票割合の主因は野党への支持のようである。個人志向の経済評価では，与党派の場合に個人志向の経済評価は与党への投票割合を左右しているようだが，野党投票に対しては明確な傾向は認められない。最後に，社会志向，個人志向いずれの経済評価の効果も 1999 年以前，2000 年代には明らかではない。近年，2010 年代以降に強まっている。

　本項の分析は，経済評価，党派性，そして投票選択という，3 つの要素のみに絞ったものである。また，投票選択に関する図 7-3，図 7-5 では，投票する割合の差がわかったのみである。では，共変量も加えたモデルをもとに，党派性と経済評価を検証すると，どのようなことがわかるだろうか。経済評価と党派性の内生性を考慮した場合に，どのような結果が得られるだろうか。

### 第 2 の分析結果の検討

　図 7-6 は，2SLS の推定結果を，党派性，社会志向の経済評価の係数とその信頼区間に絞って表したものである。左側の列は与党投票に関する結果，右側の列は野党投票に関する結果である。各パネルは「第 1 の分析」と同じ時期区分に沿って分けられている。各パネル内の点は党派性の変数の係数値を，誤差のバーは 95％ の信頼区間を表す。信頼区間がゼロの点線の垂線をまたぎ，信頼区間の幅が広いときに，当該の変数の効果はゼロであることを否定できない。これに対して，信頼区間がゼロをまたがず，幅が狭いときにその係数は統計的

**図 7-5 個人志向の経済評価，党派性，投票の割合**

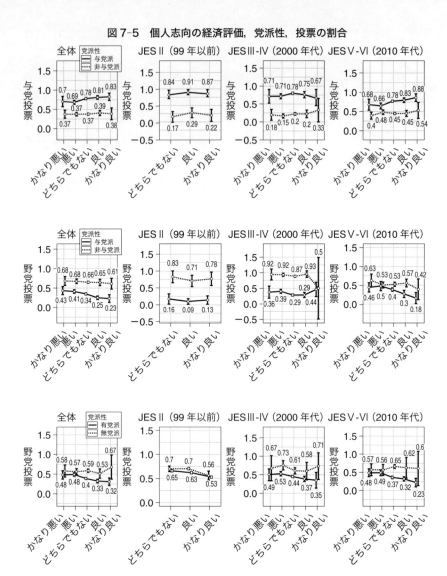

注：図 7-4・注を参照。なお，組み合わせの数が多いため，パネルの網掛けの設定は行っていない。
出所：筆者作成

に有意にゼロではないと判断する。こうした図の見方は，これまでの分析結果の見方と大きく変わらない。なお，社会志向の経済評価は 1 段階目の推定で得た残差値である。

**図 7-6　党派性と社会志向の経済評価の内生性に対処する 2 段階最小二乗法推定の結果**

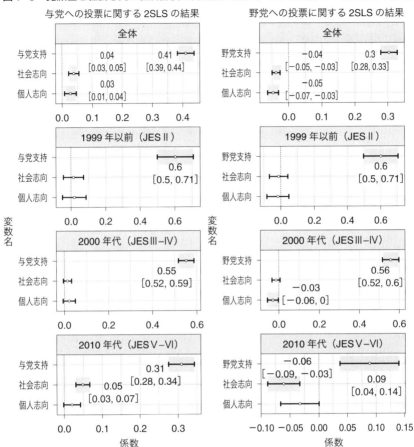

注：各点は 2 段階最小二乗法推定の係数値，それに付随する棒線は 95％ の信頼区間を表す。与党への投票の場合の政党支持は与党支持，野党への投票の場合の政党支持は野党支持のそれぞれダミー変数である。
出所：筆者作成

　はじめに最上段の全期間の結果をみる。全期間のサンプルを使った分析からは，与党への投票に対して，与党支持が主たる影響を与えていることが明らかである。与党支持の効果量が 0.41％ ポイント程度であるのに対して，社会志向の経済評価からの効果量は 0.04％ ポイントとなっている。野党への投票結果は，与党への投票の結果と対照をなしている。また，2 つの経済評価からの

126　第Ⅲ部　個人データを使った分析

効果も十分に認められる結果である。

　続いて，最下段の2010年代になって，明らかに社会志向の経済評価は与党
への投票に対しても，野党への投票に対しても影響を与えている。1999年以
前の結果では，経済評価の効果は明らかではない。投票選択に対して与野党へ
の支持が大きな効果をもっていた。その効果量が，すべての時期のなかで最も
大きいこともわかる。2000年代になると，経済評価の効果はほぼ認められな
いか，限定的なものになる。そして2010年代になって，与党支持の効果は
0.31％ポイント，野党支持の効果は0.09％ポイントにまで小さくなる。それ
に対して，社会志向の経済評価の与党投票に対する効果は0.05％ポイント，
野党投票に対しても−0.06％ポイントと増すことがわかる。

　第2の分析からは，次のことがわかった。党派性の効果を除いた社会志向の
経済評価の効果は，近年になって大きくなっている。そうであるとしても投票
選択の主因が党派性であることは，全期間に共通する。党派性の効果は十分に
大きいことから，党派性の効果は一定程度保たれているもとで，社会志向の経
済評価も強まっていることを，第2の分析は示している。これを追認する結果
が，党派性差異の分析でも確かめられるだろうか。

### 第3の分析の結果の検討

　図7-7は，党派性のもとで，社会志向の経済評価の高低がもたらす投票確率
の差を示したものである[2]。図7-7の各パネルは，第6章・図6-9と類似して，
以下の投票確率の差に対応する。

・左上：【与党投票】与党派の投票確率 − 野党派の投票確率
・右上：【野党投票】野党派の投票確率 − 与党派の投票確率
・左下：【与党投票】無党派の投票確率 − 与党派の投票確率
・右下：【野党投票】無党派の投票確率 − 野党派の投票確率

　はじめに，左上パネル・与党投票の投票確率の差に関する結果，1990年代
と2012年の民主党から自民党への政権交代時に，トレンドの変化が生じてい

---

　2　個人志向の経済評価の結果については，オンライン上の補遺を参照していただきたい。

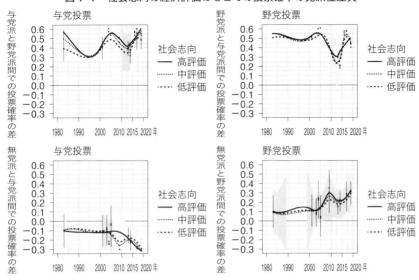

図7-7 社会志向の経済評価のもとでの投票確率の党派性差異

注:各点は確率差に関するシミュレーションの50%値、それに付随する棒線は下位2.5%値と上位97.5%値をもとにしている。点をつなぐように描かれた曲線は平滑化曲線であり、帯は平滑化曲線の誤差を表す。
出所:筆者作成

る。この時期に与党派と野党派間での投票確率の党派性差異が縮まっていた。さらに、社会志向の経済評価の高低によって、投票確率の党派性差異が異なる時期が認められる。ここからまずは、社会志向の経済評価は、党派性を考慮しても投票確率を左右しているようである。それだけではなく、党派性差異が大きいのは、社会志向の経済評価が高い層である。経済評価が高く、恵まれた経済状態にあることで党派性の影響が限られるのではなく、そういった層ほど、党派性の影響を受けている可能性が高いことを、本結果は示唆している[3]。

次に、野党投票への与野党派間での投票確率差をみる(右上パネル)。野党投票をめぐる党派性差異に、社会志向の経済評価はほぼ作用していないが、2012

---

3 こうした結果は、Jones(2020)とも関連する。Jones(2020)はアメリカでは政治的洗練性が高い層ほど、党派性差異が大きく、PMRが作用していると述べている。社会志向の経済評価が高い層は、政治経済的な情報に恵まれ、環境に恵まれていると想定すると、日本でも政治経済面での洗練性が高い有権者においてPMRが作用しやすい可能性がある。こうした点についての精査は、今後の課題である。

年の政権交代時に一時期，社会志向の経済評価が高い層で党派性差異が大きい
ことが示されている。同時期に投票確率差が縮まるが，それ以外の時期には，
与野党派間での投票確率差が認められ，近年拡大傾向となっている。野党投票
に関しては，一時期を除いて党派間の違いが顕著という結果である。

　下段2つのパネルは，無党派と与党派間，および無党派と野党派間での投票
確率差である。まず両者において，社会志向の経済評価の高低はほぼ投票確率
差を決めていない。そして無党派と与党派間の与党への投票確率差はあまり大
きなものではなく，一定のまま推移しているが，2010年代後半以降，やや拡
大する傾向にある。そして，無党派と野党派間での投票確率差は近年に至るほ
ど広がり，無党派のほうが野党派よりも野党に投票する確率が高まっている。
図7-3において，無党派性を考慮した場合に社会志向の経済評価の効果量が大
きくなっていたことも考慮すると，無党派のほうが野党派よりも経済状態によ
り反応し，野党に投票している。

# 3　個人レベルの観察データの分析からわかったこと

### 第7章の分析からわかったこと

　本章では，「党派性，経済評価は投票選択を決めるのか」を分析した。分析
からは，次の2つのことが明らかになった。

　第1に，党派性を考慮しても，社会志向の経済評価は与党への投票に影響を
与えている。1990年代は党派性の影響が強く，2000年代に党派性と経済評価
双方の効果が小さくなった時期を経て，社会志向の経済評価は，2010年代に
なって強まっている。そして党派性の効果はやや抑えられていることが，
2SLSを使った分析からは明らかになっている。これらの結果は，与党への投
票に対して，党派性が働きやすかった時期は，とりわけ55年体制下であった
と示唆している。そして近年になるほど，社会志向の経済評価の効果は明らか
に目立ったものになってきている。これらの結果は，図7-7の党派性差異に関
する分析結果とも矛盾しない。

　第2に，党派性の違いを考慮した分析から，野党派が野党へ投票する際の主
たる要因は党派性であり，経済評価への反応は一時期を除いて，明確なもので
はなかった。これは，第Ⅱ部の分析結果と一貫したものになっている。そして，

無党派が経済評価に反応して，野党に投票しているのに比べて，野党派による経済評価への反応はしばしば限定的であった。また党派性差異の結果から，野党投票の中心が野党派によるものではなく，無党派によるものになってきていることもわかった。第6章に引き続き，与党派・無党派と野党派の間に経済投票の不平の非対称性の党派間での非対称が働いていると示唆しているようである。ただし，第Ⅱ部の分析で示されたほど明示的に，不平の非対称性を示す結果を，現段階の観察データの分析から得ているわけではない。

### 個人レベルの観察データを使った分析からわかったこと

第6章の知見も合わせると，個人レベルの観察データによる分析から，(1)個人の客観的な経済状況である所得の影響は限定的であり，(2)与党の投票に対して社会志向の経済評価は影響を与え，その傾向は2010年代以降強まり，(3)野党派と他党派間（特に無党派との間）には経済投票の不平の非対称性の党派間での非対称が作用しているようだ，という3点が明らかになった。

しかし，第6章と本章で得られた知見は，党派性，経済評価，投票選択間の因果について，いまだ限界をはらむ。例えば，2SLSを使うことで，同じ党派性をもつ個人の間での経済評価の違いを測ろうと試みた。ほかにも，個人レベルの観察データを使うことで，時系列データでは扱うことができなかった個人の客観的な経済状況である所得の効果を直接測った。それに，個人レベルでの，長い期間の分析結果を示すこともできた。しかし，党派性の効果を除き所得の状況を組み込んだとしても，外的な要因として，例えば経済情報が短期的に経済評価を左右するといった点を直接分析できたわけではない。本書は，経済情報が短期的に人々にどう受容，推論，表明されるのかを明らかにしたい。よって，個人レベルでの経済情報の効果を測る，という大きな課題が残っている。

次章以降では，観察データではできなかった情報の効果を含めるために，サーベイ実験によるデータを分析する。

## 補論：社会志向の経済評価と個人志向の経済評価
### ——「個人志向の経済評価のレンズ」を考える

　本書のいくつかの分析から，社会志向の経済評価にあらかじめ影響を与える党派性の作用がわかってきている。本書の分析が繰り返し示してきたように，社会志向の経済評価は，党派性によってしばしば偏る。しかし，党派性はある人もいれば，ない人もいる。党派性をもっている人の偏りはたしかに深刻かもしれない。しかしすべての人が党派性をもっているわけではない。それよりむしろ，すべての人がもつ偏りにこそ注目すべきかもしれない。

　私たちは，自らの暮らしをなにより気にかけ生きている。国レベルの経済，社会志向の経済……などというより，生活が大事だから，個人志向の経済評価のほうが，本来的には私たちの関心の中心にあるといっていい。そして，国レベルの経済，社会的な経済状況を問われたときにも，個人の暮らし向きのレンズを通して，国・社会の経済をみているのではないか，と考える研究者たちが現れた。

　こうして個人志向の経済評価から，社会志向の経済評価への作用を重視する研究は，数こそ多くないものの「個人志向の経済評価の手がかり（egotropic cue）」のメカニズムを明らかにしていった。日本において，この問題を考えた代表的な研究者が，池田謙一である。池田（2000）は，認知的吝嗇（cognitive misers）という当時にあって先駆的な概念を使って，難しい社会志向の経済評価を，身近な個人志向の経済評価から推しはかろうとする有権者の姿に迫った。

　本補論でも，関係するデータを示しておきたい。筆者は，2018年から集めてきた経済評価のデータのなかで，「あなたにとって経済とは何を意味しますか？」と問うてきた。図7-8をみると，すべての年度で「物価」が最多である（だからこそ第5章の「補論：時系列データ分析について考える」の結果は重要）。経済成長や財政再建といったマクロ経済領域の回答が続くが，その次には個人所得が続く。ここから，経済状態について，ただ「今の経済はどんな状態ですか？」と尋ねられるだけであれば，私たちの多くは，自分自身の身の回りのことを想起する可能性が高いといえる。

　また，社会志向の経済評価を尋ねる際に，「今の景気はどんな状態ですか？」

図7-8 「あなたにとって経済とは何を意味しますか？」の回答の分布

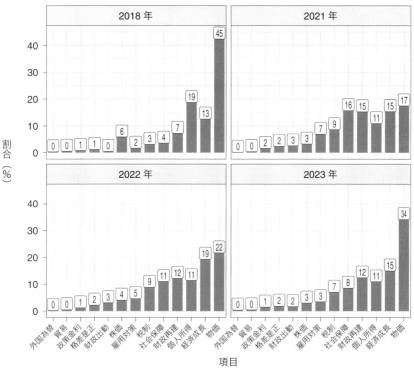

出所：筆者作成

という質問文が定番となっていることにも注意しておかねばならない。「景気」という語の多義性ゆえである。"さいきんのおたくの景気，どう？"というように，景気という語は，多分に暮らし向きの語感を伴う。景気という語のもとに問う社会志向の経済評価は，認知的吝嗇の観点からも，調査のワーディングの観点からも，個人志向の手がかりによってあらかじめ影響を受けていると考えたほうがよい。

社会志向と個人志向の経済評価が互いに影響しあうことについて，もう少し検討しておきたい。そのために，第7章でとりいれた Healy, Persson, & Snowberg（2017）の手法は有効である。1段階目に個人志向の経済評価を従属変数とする OLS 推定をし，そこから得られた残差を，2段階目の OLS 推定モデルに入れる。これにより，社会志向の経済評価が同じ人たちの間での個人志向の

132 第Ⅲ部 個人データを使った分析

表7-3 個人志向の経済評価をめぐる2段階最小二乗法推定と最小二乗法推定結果の比較

| 変数 | 従属変数：与党投票 | | 従属変数：野党投票 | |
| --- | --- | --- | --- | --- |
| | OLS | 2SLS | OLS | 2SLS |
| 与党支持 | 0.260*** (0.012) | 0.261*** (0.012) | | |
| 野党支持 | | | 0.071*** (0.016) | 0.035* (0.018) |
| 社会志向 | 0.060*** (0.006) | 0.063*** (0.006) | −0.085*** (0.009) | −0.060*** (0.146) |
| 個人志向 | 0.012* (0.007) | 0.012* (0.007) | −0.021* (0.010) | −1.162*** (0.145) |
| n | 8972 | 8972 | 8972 | 8972 |
| 調整済み決定係数 | 0.108 | 0.109 | 0.039 | 0.038 |
| F検定 (p値) | 122.1 (0.000) | 122.2 (0.000) | 41.64 (0.000) | 41.64 (0.000) |

注：***：$p<0.01$；**：$p<0.05$；*：$p<0.10$.（ ）内は標準誤差。個人志向の経済評価についての2SLSの係数は，1段階目の推定で得た残差値をもとに算出している。

経済評価の違いがわかる。この残差を独立変数に含め，投票選択を従属変数とするモデルを推定することで，社会志向の経済評価，そして社会志向の経済評価の影響を除いた個人志向の経済評価の効果とを測ることができる。もし2SLSの社会志向の経済評価の係数の値が，通常のOLS推定結果と比べて小さくなり，個人志向の経済評価の係数が大きくなるならば，個人志向の経済評価が社会志向の経済評価にあらかじめ影響し，個人志向の手がかりが働いていると推測できる。

表7-3の分析は，JESの全期間のデータを用いて，従属変数を与党投票，野党投票とする2種類の推定を行った結果である。それぞれに，OLSと2SLSの結果を並べた。与党投票と野党投票の結果の対比は興味深い。与党投票の結果は，OLSでも2SLSでもほとんど変わらない。つまり，社会志向の経済評価の効果を除いたとしても，個人志向の経済評価からの効果は変わらない。

これに対して，野党投票の結果はOLSと2SLSで異なる。個人志向の経済評価の効果は2SLSで明らかに大きくなり，野党支持の効果は小さくなる。この結果は，Healy, Persson, & Snowberg（2017）が，個人の経済状態，個人志向の経済評価の影響が大きいことを示した分析結果ととてもよく似ている。単純

なOLS推定では，野党投票への個人志向の経済評価の効果をとらえきれない。しかし，2SLSによって個人志向の経済評価の効果をより厳密に測ると，社会志向の経済評価からの効果にかわって，「個人志向の経済評価がもたらすレンズ」の作用が浮かび上がる。

表7-3をもとにすると，日本の有権者が与党に投票するとき，個人志向の経済評価は社会志向の経済評価に影響を与えないようだが，野党に投票するときにはそうではない。野党を選ぶときには，個人志向の手がかりが社会志向の経済評価に影響を与えやすいことを，表7-3の結果はよく示している。それによって，野党支持という党派性の効果や社会志向の経済評価の効果が抑えられるほどなのである。

終章第2節「残る課題」でも触れるように，本書では，野党支持者のデータが少ないために，ここまで野党派の内部に踏み込んだ分析を十分に行うことができておらず，以降の分析でもそうである。本書は野党派と他党派の違い，野党選択と他選択（与党選択や棄権）の違いを，不平の非対称性の党派間での非対称として，かろうじてとらえようとしているにすぎない。しかし，こうした補足の簡単な分析からだけでも，野党支持者，あるいは野党に投票する人の選択は他党派とはかなり異なるのではないかと推測できる。日本の野党研究が今後いかに重要なものとなるか，本補論の分析からも感じていただければと思う。

## 第8章
## 経済情報をどのように受け取っているのか？
### ——実験データの分析（1）

　第6章と第7章では，党派性と経済評価が投票に与えた影響を，観察データを使って検証し，影響の歴史的推移を確かめることができた。その分析から，与党投票に社会志向の経済評価が影響し，野党派と他党派の間には，不平の非対称性があり，いずれも強まっていることがわかった。しかしまだ，経済情報が経済評価に影響し，経済投票につながっていくのかという因果にまでは踏み込めていない。因果を調べるためには，有権者が，どのように経済情報を受け取り，それを経済知識として表明し，経済投票をめぐる意思決定につなげるのかを精査しなくてはならない。よって，本章から第10章では，因果関係の精査のために，経済投票に関わる複数の実験を行う。

　本章では，まず実験を行う第8章から第10章の分析課題を整理する。次に独自の設計と先行研究の設計にもとづいた2つの実験をもとに，経済情報の「受容」に対する党派性の作用を分析する。有権者は日々，政府の政策について見聞きしているが，それらの情報をどのように受容しているのか。また情報を受け取るときに，党派性が関与しているのか。それらのことを知るために，PMRが，日本の有権者の経済情報の受容を左右するのかという観点から，次の2つの実験を行っていく。

　第1に，複数の肯定的・否定的経済情報への反応が，党派性によって，どのように異なるのかを確かめる（実験8-1）。本実験では，被験者に複数の経済分野についての肯定的・否定的情報がランダムに提示される。そのもとで，どの分野の肯定的・否定的情報のいずれが，経済評価や政府への支持を左右するのか，そこにPMRが働いているのかを分析する。第2に，経済成長に関する肯定的・否定的な経済情報を載せた模擬新聞を見せ，党派性の違いによって，経済評価が左右されるかを確かめる（実験8-2）。2つの実験を通して，経済情報の受容に党派性がどのように働くのか，経済評価における否定性バイアスや経済投票における不平の非対称性が働くのかを明らかにする。これらの実験に先

立ち，本章第1節では，実験データを使って何を行うかを説明する。

## 1 実験データを使って分析すること

　実験データを使った分析をするにあたって，本章から第10章までに，何を検証するかを説明する。実験データを使う分析は，図8-1の丸で囲んだ部分をそれぞれ扱う。不平の非対称性に加えて，党派性が(1)経済情報の受容，推論，表明，および(2)政府への支持や投票にもたらす作用が，PMRに準ずるものか否かを確かめる。図8-1を図序-1に対応させると，実験データを使う分析は，本書の理論的主張を検証するための中心的な作業の1つになるとわかる。以下で，(1)経済情報の受容，推論，表明のプロセス，(2)経済投票全体のプロセスに分けながら説明する。オンライン上で実施した実験の概要は，表8-1と表8-2にまとめた。

　本章以降の実験は，意識調査・サーベイのなかに実験的要素を含んで実施するので，以下ではサーベイ実験とも呼ぶ。サーベイ実験では，被験者を統制群と処置群にわける。処置群には，研究者が調べたいことを反映させた情報を含む文章などを示す。何らかの（態度）変容を意図して情報をみせるので，それを処置と呼ぶ。対して統制群には，情報を示さなかったり，示したとしても結果とはまったく無関係な情報であったりする。処置群と統制群が同質である（とみなせる）ならば，情報を提示した後に処置群と統制群間で生じる結果の差は平均処置効果（Average Treatment Effects：ATEs）となる[1]。社会科学ではいま，ATEsをもとにして，因果性を推論する方法が発展している。経済情報に対して，経済への評価がどう反応するか，政府への支持がどう変化するか，投票意図が変わるのかが本書の知りたいことなので，サーベイ実験を使った分析を行っていく。

　本章では，経済情報の「受容」の過程に注目し，経済評価との関係を中心に分析する。本章【実験8-1】では，独自に設計したオンライン上でのサーベイ実験として，多様な経済分野の肯定的・否定的情報から経済評価への作用を検証する。本実験では，被験者に，国レベルの経済評価，景気評価，暮らし向き

---

　1　本書のこれ以降の分析では，常にATEsを推定するわけではない。ATEsとは異なったかたちで効果量を示す場合もあることを断っておきたい。

### 図8-1 本書の分析枠組み（図序-1）と各章の実験

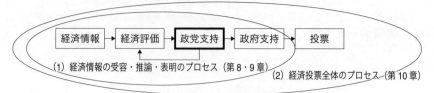

注：これまでの各章の分析結果を受け，政党支持から経済評価に至る矢印は点線から実線に改めている。
出所：筆者作成

### 表8-1 個人レベルの実験データを使って行う分析，本書の分析課題との接合

| 影響するもの＼影響されるもの | 経済情報の受容，推論，表明のプロセス | 経済投票全体のプロセス |
|---|---|---|
| 否定性バイアス<br>不平の非対称性<br>不平の非対称性の党派間での非対称性 | 第8章【実験8-1】：<br>独自のサーベイ実験<br>第8章【実験8-2】：<br>Bisgaard（2019）の追試 | 第8章【実験8-1】：<br>独自のサーベイ実験<br>第8章【実験8-2】：<br>Bisgaard（2019）の改良<br>第10章【実験10-1】：<br>独自のコンジョイント分析によるサーベイ実験 |
| 党派性に動機づけられた推論 | 第8章【実験8-1】：<br>独自のサーベイ実験<br>第8章【実験8-2】：<br>Bisgaard（2019）の追試<br>第9章【実験9-1】：<br>Guay & Johnston（2022）の追試<br>第9章【実験9-2】：<br>Bullock et al.（2015）の追試 | 第8章【実験8-2】：<br>Bisgaard（2019）の改良<br>第9章【実験9-1】：<br>Guay & Johnston（2022）の改良<br>第9章【実験9-2】：<br>Bullock et al.（2015）の改良<br>第10章【実験10-1】：<br>独自のコンジョイント分析によるサーベイ実験 |

評価の3種類の経済評価を問う。続いて被験者を，4つの経済分野（株価，経済成長，雇用，物価）の肯定的・否定的情報をみる群とイヌの祖先に関する情報をみる群（統制群）の9つの群に無作為に配置する。肯定的・否定的情報のいずれもが，専門家による見解のかたちをとり，ごく短文である。情報の提示後に，3種類の経済評価を再び尋ねる。情報の提示前後での経済評価の変化をもとに，否定的な方向への変化が多いかを検証することで，否定性バイアスの作用を確かめる。また変化を党派性ごとに分けた党派性差異から，PMRが働い

第 8 章　経済情報をどのように受け取っているのか？　*137*

表 8-2　本書で行ったオンライン上でのサーベイ実験の実施時期と調査委託会社の一覧

| 調査 | 実施時期 | 調査委託会社 | n |
|---|---|---|---|
| 第 8 章【実験 8-1】：<br>独自のサーベイ実験 | 2023 年 7 月 4〜6 日 | YCS | 4,522 |
| 第 8 章【実験 8-2】：<br>Bisgaard（2019）の追試 | 2023 年 7 月 22〜24 日 | Cint | 2,599 |
| 第 9 章【実験 9-1】：<br>Guay & Johnston（2022）の追試 | 2023 年 7 月 11〜13 日 | Cint | 1,904 |
| 第 9 章【実験 9-2】：<br>Bullock et al.（2015）の追試 | 2023 年 8 月 15〜16 日 | YCS | 3,167 |
| 第 10 章【実験 10-1】：<br>独自のコンジョイント実験 | 2023 年 4 月 1〜3 日<br>2023 年 4 月 24〜26 日 | YCS<br>Cint | 3,122<br>2,339 |

注：*n* は収集当初のすべてのサンプルを含んだ値であり，省力回答スクリーニング以前の値である。
実際の *n* については，各章の記述統計を参照していただきたい。YCS は Yahoo! クラウドソー
シングの略称である。Cint（シント）社で募った調査協力者は，GMO のモニターにもとづく。
すべて関西学院大学「人を対象とする行動学系研究」倫理審査において承認を得た。


ているかも確かめる。

　また経済投票の側面を直接的に分析するために，どの経済分野の肯定的・否
定的情報が政府（内閣）への支持を左右するかを検証する。情報の提示前後で
の内閣支持の変化をもとに，否定的な方向への変化を分析することで，不平の
非対称性の作用も確かめる。また，変化を党派性ごとに分けて検証し，党派性
差異も可視化することで，政府への支持に対しても PMR が働いているかを確
かめる。

　本章【実験 8-2】では，Bisgaard（2019）を追試する。追試とは，先行研究の
なかで用いられた実験設計と同じものにもとづいて，その分析結果が追認され
るか否かを確かめることである。本書では，Bisgaard（2019）を追試した大村
（2024）の設計も参考に，肯定的・否定的経済情報，PMR から経済評価への作
用を検証する[2]。本実験では，被験者を，経済成長に関する肯定的内容の模擬
新聞，否定的内容の模擬新聞，何も情報を見せない 3 つの群に，無作為に配置
する。情報の提示後に，4 種類の経済評価質問を設ける（GDP 成長率，経済評価

---

2　Bisgaard（2019），そして以下の Bullock et al.（2015），Guay & Johnston（2022）といった
各種のサーベイ実験の設計を使う根拠については，大村（2025）の説明を参照。

1年前比較，景気評価，暮らし向き評価）。党派性の違いによって，情報の受容と評価の違いに党派性が与える影響を検証することで，PMRが働いているかを確かめる。また被験者が，肯定的情報よりも否定的情報に反応しているかをみることで，経済評価における否定性バイアスが働いているかも確かめる。アメリカとデンマークを比較した実験において，両国間では対照的な結果が得られた。アメリカでは，否定的情報に触れても与党派の経済評価は高かったのに対して，デンマークでその傾向は認められなかった。日本は，二大政党制下で分極化の進んだアメリカ，多党制下で分極化が限られているデンマーク，それらどちらのパターンに近いのかを検証する。

　また経済投票の側面を直接的に分析するために，既述の経済評価に関する質問に加えて，内閣への支持を問う。否定的情報に対する内閣支持の反応を調べることで，経済投票における不平の非対称性を検証する。また，PMRの働きも同様に確かめる。

　第9章では，経済情報の「推論」と「表明」の過程に注目する。第9章【実験9-1】では，Guay & Johnston（2022）を追試する。経済情報の「推論」の過程で，党派性に動機づけられた「推論」が作用しているかを検証する。本実験では，被験者に，与党派・右派寄りと非与党派・左派寄りの研究成果を提示し，研究成果の解釈の正答率を党派間で比べる。アメリカでは，党派性，イデオロギー性，政策位置によって正答率が左右された。日本でも同じようにPMRを裏づける結果が得られるのかを確かめる。

　また経済投票の側面を直接的に分析するために，被験者に，研究成果の紹介として経済投票に関する記述を提示する実験を加える。「経済評価が高ければ，内閣への支持が上がる」ことを示す与党派・右派寄りの記述と「経済評価が高くなっても，内閣への支持は上がらない」ことを示す非与党派・左派寄りの研究を紹介し，PMRが生じるか否かを確かめる。経済投票をめぐる推論を直接的に扱うことによって，経済と政治的態度のつながりの推論にまで党派性が浸潤するのかを検証する。

　第9章【実験9-2】では，Bullock et al.（2015）に従い，党派性の作用はPMRによるものか，応援行為・cheerleading行為によるものかを，経済情報の「表明」に注目して検証する。本実験では，被験者を，正解すれば報酬を得ると伝える群，わからないと答えれば報酬を得ると伝える群，報酬提示なしの

統制群の3群に無作為に配置する。その後に，党派的解答（partisan answer）が可能なクイズを出す。金銭的報酬によって党派的解答が抑えられるならば，党派的解答は一時的な応援行為にすぎないが，抑えられないならばPMRが働いていると判断することになる。日本においては，党派性のもとでの事実に関する信念（partisan factual belief）が重視されているのか，それは金銭的報酬の誘因によって抑えられるものなのかを確かめる。アメリカでは，金銭的報酬が党派的解答を抑え，PMRの働きが，実は限られているという。日本では，PMR，応援行為のいずれかが作用しているのか，そのいずれでもないのかを検証する。

　また経済投票の側面を直接的に分析するために，党派的解答が可能な質問のなかに経済評価に占める肯定的な回答の割合と内閣支持率を問う質問を設ける。党派性が作用しているならば，内閣支持率の割合の解答に対して党派性差異が認められるはずである。この党派性差異が，金銭的報酬によって抑えられるのかを検討することで，経済投票をめぐる知識の表明自体が，PMRによるものか，応援行為によるものかも確かめる。

　最後に，不平の非対称性，その党派間での非対称，そしてPMRを包括して経済投票全体のプロセスを検証するために，第10章【実験10-1】では，独自に設計したコンジョイント実験を行う[3]。本実験では被験者に，複数の経済指標に関する肯定的，否定的，現状維持の3水準を無作為に提示する。被験者は，3水準がランダムに現れる2つの状況のなかから，望ましいほうを選ぶ。その望ましい状況として，被験者を，「与党を選択する」「野党を選択する」「どの政党も選択したくなくなる（投票忌避）」の3群に無作為に配置する。与党を選択するように求められる群は，「与党を選択するのに望ましい状況は2つのうちどちらか？」に回答し，どの政党も選択したくなくなるのはどの状況下かを答えなくてはならない群は，「どの政党も選択したくなくなる状況は2つのうちのどちらか？」に回答していくことになる。本実験の結果，与党を選択しないこと，野党を選択すること，またどの政党にも投票したくなくなることに，各経済指標の否定的水準が肯定的水準よりも寄与しているならば，不平の非対

---

　3　実験の設計は，秦（2023）から着想を得た。秦は，ビネット実験により，どのような要素をもつ野党が選ばれやすいかを明らかにした。本書では，どの経済状態のときに，どの政党（与党／野党）が選ばれやすいか，あるいはどの政党も選ばれないのかを，コンジョイント分析を使うことで直接的に検証しようとする。

称性が働いていると判断することになる。さらに野党を選択するよりも，「与党選択」と「どの政党も選択したくなくなる」に対して，否定的水準がより寄与するならば，不平の非対称性の党派間での非対称が生じていると判断することになる。

これらの実験データを分析する章では，これまでの他章とは異なり，仮説を設定してから検証を行う。また分析結果の報告に際して，「仮説が支持される／されない」ときの結果をあらかじめ示し，分析結果の解釈の目安をもってもらえるよう工夫する。

## 2 実験 8-1「経済情報の受容における党派性の作用の実験 (1)」の設計

本実験 8-1 では，被験者に共通して，はじめに経済評価を尋ねる。経済評価は，国レベルの経済評価，景気評価，暮らし向き評価である。あわせて，経済投票を直接的に分析するために，内閣支持についても尋ねる（いずれも表 8-3 を参照）。後述する処置の後にも，同じことを再び尋ねて，経済評価と内閣支持の変化を調べる。

次に被験者を，失業率，物価，日経平均株価，経済成長についての肯定的な情報，否定的な情報，そして無関係な情報をみる 9 つの群に無作為に配置した。それぞれの処置の質問文面は表 8-4 のとおりであり，その一部を以下に示す。

【肯定的文面例】
**多くの政治経済学者は、2023年6月時点で、**<u>**失業率は安定し雇用の状況は良い**</u>**と考えています。**

そうした研究結果が多く出されており、<u>**専門家の視点からすると、いまの雇用の状況を楽観視する見方が多い**</u>といえます。

第 8 章　経済情報をどのように受け取っているのか？　*141*

【否定的文面例】

**多くの政治経済学者は、2023年6月時点で、失業率は悪化し雇用の状況は悪いと考えています。**

**そうした研究結果が多く出されており、専門家の視点からすると、いまの雇用の状況を悲観視する見方が多い**といえます。

　この実験設計は，処置と党派性をもとに，経済評価に対する否定性バイアス，経済投票における不平の非対称性とその党派間での非対称，PMR といった側面を測ることを可能にする。後述する Bisgaard（2019）をもとにした実験 8-2 も，類似した設計のもとに，本書のカギとなる概念の作用を測っていく。また本実験により，どの分野の経済情報が最も経済評価の変化をもたらすかについても確かめる。

　本章以降の実験データの分析では，仮説を明示する。本実験の仮説は以下のとおりである。実験 8-1 のフローは，図 8-2 に示した。

表 8-3　経済評価に関する質問文の一覧

| 質問項目 | 質問文 | 選択肢　　　　※（　）内はスコア |
|---|---|---|
| 経済評価 | [※再質問時付記：改めてお伺いさせていただきます。]<br>下記のことについて，あなたのお考えに最も近いものを 1 つお選びください。<br>・今の日本経済全般<br>・今の日本の景気<br>・今のあなたの暮らし向き | ・経済全般と景気：かなり良い（5）／良い（4）／どちらともいえない（3）／悪い（2）／かなり悪い（1）<br><br>・暮らし向き：かなり良くなってきた（5）／良くなってきた（4）／どちらともいえない（3）／悪くなってきた（2）／かなり悪くなってきた（1） |
| 政府（内閣）支持 | [※再質問時付記：改めてお伺いさせていただきます。]<br>あなたは岸田文雄内閣を支持しますか，それとも支持しませんか。 | 支持する（5）／どちらかといえば支持する（4）／どちらともいえない（3）／どちらかといえば支持しない（2）／支持しない（1） |

注：いずれも，「わからない」「答えない」の選択肢を含む。

142　第Ⅲ部　個人データを使った分析

### 表 8-4　実験 8-1 の質問文面

| 処置種類 | 文面 |
|---|---|
| 失業率 | 多くの政治経済学者は，2023 年 6 月時点で，**失業率は［安定／悪化］し雇用の状況は［良い／悪い］**と考えています。<br>そうした研究結果が多く出されており，<u>専門家の視点からすると</u>，いまの**雇用の状況を［楽観視／悲観視］する見方が多い**といえます。 |
| 物価 | 多くの政治経済学者は，2023 年 6 月現在，**物価は［安定し／上がり］，くらしの状態は［良い／悪い］**と考えています。<br>そうした研究結果が多く出されており，<u>専門家の視点からすると</u>，いまの**くらしの状況を［楽観視／悲観視］する見方が多い**といえます。 |
| 日経平均株価 | 多くの政治経済学者は，2023 年 6 月現在，**日経平均株価は［上がり／下がり］，株式市場の状態は［良い／悪い］**と考えています。<br>そうした研究結果が多く出されており，<u>専門家の視点からすると</u>，いまの**株式市場の状況を［楽観視／悲観視］する見方が多い**といえます。 |
| 経済成長 | 多くの政治経済学者は，2023 年 6 月現在，**経済成長率は［上昇／下降］し，経済の状態は［良い／悪い］**と考えています。<br>そうした研究結果が多く出されており，<u>専門家の視点からすると</u>，いまの**経済の状況を［楽観視・悲観視］する見方が多い**といえます。 |

注：太字と下線は，実際の調査画面で太字，赤字，下線で強調。［　］内のいずれかの語句を回答
者に表示した。その際に，肯定的語句と否定的語句に統一された文面になっている。統制群
には，イヌの祖先に関する，おおよそ同じ語数の文章をみせた。


### 実験 8-1 の仮説

【否定性バイアス関連】

**仮説 8-1-1**：経済評価に否定性バイアスが働いているならば，否定的経済情報が経済評価にもたらす負の効果量の絶対値のほうが，肯定的経済情報が経済評価にもたらす正の効果量の絶対値よりも大きい。


【経済投票における不平の非対称性関連】

**仮説 8-1-2**：経済投票に不平の非対称性が働いているならば，否定的経済情報が内閣支持にもたらす負の効果量の絶対値のほうが，肯定的経済情報が内閣支持にもたらす正の効果量の絶対値よりも大きい。


【党派性関連】

**仮説 8-1-3**：与党派であるほどそうでない場合に比べて，肯定的経済情報に

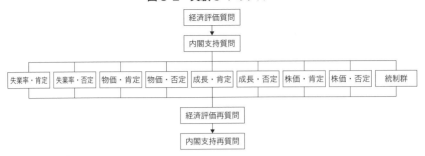

図 8-2　実験 8-1 のフロー

出所：筆者作成

対して，経済評価が良化方向に変化しやすい。

**仮説 8-1-4**：野党であるほどそうでない場合に比べて，否定的経済情報に対して，経済評価が悪化方向に変化しやすい。

【PMR 関連】

**仮説 8-1-5**：PMR が働いているならば，与党派の場合に，否定的経済情報の効果量がゼロであることを否定的できない。

【否定性バイアスの非対称関連】

**仮説 8-1-6**：経済評価に否定性バイアスの非対称が働いているならば，野党派の場合に，否定的経済情報の効果量がゼロであることを否定できないのに対して，与党派と無党派の場合に，負の効果量の絶対値は野党派のそれよりも大きく，統計的に有意にゼロではない。

【経済投票における不平の非対称性の党派間での非対称関連】

**仮説 8-1-7**：経済投票における不平の非対称性の党派間での非対称が働いているならば，野党派の場合に，否定的経済情報の内閣支持に対する効果量がゼロであることを否定できないのに対して，与党派と無党派の場合に，負の効果量の絶対値は野党派のそれよりも大きく，統計的に有意にゼロではない。

## *3* 実験 8-1 のデータ，変数の設定，推定方法の説明

　実験 8-1 は，2023 年 7 月 4 日から 6 日にかけて，Yahoo! クラウドソーシング（YCS）から募った回答者 4522 名に対して行った[4]。そこから，省力回答者（survey satisficers）の可能性が高いと考えられる被験者を除いた[5]。分析に利用したデータの記述統計は表 8-5 に示した。

　本実験以降，ほぼ共通して，2 種類のカギとなる独立変数を定める。1 つは実験の処置が提示されたかを表す変数（以下，処置変数）である。各処置を受けたときに 1，受けなかったときに 0 となるダミー変数を設定する。もう 1 つは党派性変数である。各党派性をもつ場合に 1，そうでない場合に 0 となるダミー変数を設定する。具体的には，自民党と公明党を支持すると答えた被験者は与党派ダミー＝1，立憲民主党，日本維新の会，国民民主党，日本共産党，日本社会党，れいわ新選組，参政党，その他の政党を支持すると答えた被験者は野党派ダミー＝1，支持する政党はないと答えた被験者は無党派ダミー＝1 とする[6]。党派性変数をめぐるこれらの設定は，以下の実験の分析に共通する。

　推定は，2 つの方法で行う。1 つ目は，経済評価の変化に関する平均値の差の検証である。処置ごと，党派ごとでの経済評価の変化の平均値の差を示す。2 つ目は，経済評価に関する選択肢の選択確率の差の検証である。処置によって，党派性によって，選択肢の選択確率の差がどのように生じるのかを，シミ

---

4　調査会社は，調査設計，学内の規定，筆者の経済的事由など複合的理由をもとに選定した。

5　努力の最小限化を行う省力回答者への対処のために，スクリーニング質問を設けた（三浦・小林 2018）。スクリーニング質問では，年収を答える際に「映画鑑賞代」という項目を設け，そこでは「0」という数値を評価尺度のスライダーで選択するように求めた。求めに応じなかった回答を分析から除外した。他にも，「額面年収－手取り年収＜0」となった回答者のデータを分析から除いた。0 を含めない理由は，両者をともに「0 円」と答える回答者を考慮してのものである。

6　質問は，「多くの人が『長期的に見ると，自分は△△党寄りだ』とお考えのようです。短期的に他の政党へ投票することはもちろんありうるとして，長い目で見ると，あなたは『何党寄り』と言えるでしょうか。1 つだけ選んでください」である。自民党，公明党を選択した被験者を与党派，それ以外を非与党派とした。非与党派には "支持する政党はない" と答えた被験者も含む。以下各章の党派性ダミー変数も，同様の質問と指標化にもとづく。

第 8 章 経済情報をどのように受け取っているのか？ *145*

### 表 8-5 実験 8-1 のデータの記述統計

| 処置 | n | 年齢 | 所得（万円） | 女性割合（％） | 大卒割合（％） |
|---|---|---|---|---|---|
| 株価・肯定 | 480 | 34 | 575.12 | 31 | 66 |
| 株価・否定 | 473 | 34 | 553.13 | 36 | 64 |
| 失業・肯定 | 473 | 33 | 564.13 | 36 | 65 |
| 失業・否定 | 490 | 35 | 574.72 | 36 | 67 |
| 成長・肯定 | 486 | 34 | 591.48 | 40 | 68 |
| 成長・否定 | 477 | 34 | 574.31 | 32 | 65 |
| 物価・肯定 | 481 | 33 | 576.33 | 34 | 64 |
| 物価・否定 | 475 | 34 | 588.78 | 35 | 66 |
| 統制群 | 472 | 34 | 575.77 | 37 | 63 |

注：詳細なバランス・チェックはオンライン上の補遺を参照。性別において，女性の割合が少なかったことがわかるが，各群で女性の割合に統計的に有意な差は生じていない。

ュレーションを使った選択確率の差をもとに示す。

　従属変数である経済評価は，表 8-3 の質問に対する回答に従って，「かなり良い」の場合に 5，「かなり悪い」の場合に 1 となる順序値を基盤とする。ここで知りたいことは，経済に関する情報を受けて，経済評価がどのように変わったかである。よって，情報を提示される前と後での変化値を使う分析をする。例えば，情報を提示される前の国レベルの経済評価値が「どちらともいえない」の 3 であったとする。そこから，肯定的な情報によって，情報を提示された後の回答が「良い」の 4 に変わったとする。このとき，経済評価変化値は，4 − 3 ＝ 1 となる。このように，回答が良化（悪化）した場合には正（負）の値になる経済評価変化値を，平均値の差の検証に使う。平均値が正の値であれば，肯定的な方向への変化量が大きく，負の値であれば，否定的な方向への変化量が大きかったことを意味する。なお平均値の差の検証に際して，各群間の差が統計的に有意かどうかを確かめるために，多群間の多重比較検定も行った。ただし，その結果は非常に大きい表になるので，オンライン上の補遺に報告する。

　2 つ目の経済評価の選択確率の差の検証では，経済評価変化値をもとに新たに順序変数を定める。経済評価変化値が正の値のときには 1，変化値が負の値のときには −1，変化値がゼロのときには 0 をとる 3 段階からなる順序変数とする。そして，良化方向への変化の選択確率と悪化方向への変化の選択確率におけるそれぞれの党派性差異を，順序ロジット推定をもとにしたシミュレーションにより可視化する[7]。例えば与党派の場合に，失業率・肯定情報＝1 のと

146　第Ⅲ部　個人データを使った分析

**図 8-3　仮説が支持されるときの分析結果の模式図**

【否定性バイアスが働いている場合：平均値の差】　【PMR が働いていない場合：党派性差異】　【PMR が働いている場合：党派性差異】

否定的情報で下がる

否定的情報によっても高いまま

与党派　無党派　野党派

株価・肯定　物価・肯定　失業・肯定　成長・肯定　株価・否定　物価・否定　失業・否定　成長・否定　統制群

株価・肯定　株価・否定

株価・肯定　株価・否定

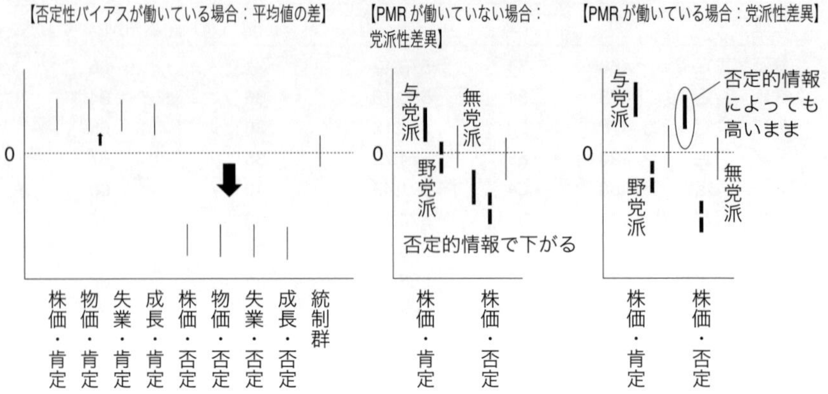

出所：筆者作成

きと失業率・肯定情報＝0のときの差を求める。これを各党派，各処置に対して繰り返し示すことで，党派ごとでの処置効果を可視化する。推定方法の詳細については，オンライン上の補遺を参照していただきたい。

　平均値の差の検証とシミュレーションによる党派性差異の可視化という2つの推定方法の組み合わせは，個人レベルの観察データで行った分析と似ている。そしてこれから行う各種の実験でも類似した手順に従う。仮説が支持されるときの分析結果の模式図は，図8-3に示した。

## 4　実験 8-1 の分析結果の検討

　図8-4には，処置ごとでの経済評価の平均値の差を示した。各バーは平均値を表し，それに付随する棒線は95％の信頼区間を指す。統制群との統計的有意性の比較も併記している。

　はじめに，国レベルの経済評価と景気評価の結果をみる。分析結果は，経済評価の否定性バイアスを明確に支持する。処置の前後での態度変化の平均値から，否定的情報が経済評価を悪化方向へとより変化させている[8]。否定的情報

---

7　ほかに，年齢（整数値），性別（女性＝1／男性＝0），教育歴（1＝小学校卒業程度〜4＝4年制大学卒業以上），世帯年収（0〜3000までの整数値，例：500は500万を意味）を共変量として設定する。

第 8 章　経済情報をどのように受け取っているのか？　　*147*

図 8-4　【実験 8-1】処置ごとの平均値の差（事前質問から事後質問への変化）

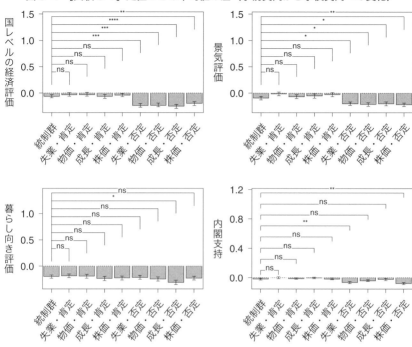

注：各バーは平均値を表し，各バー先端の棒線は 95％ の信頼区間を表す。****：$p<0.001$；***：$p<0.01$；**：$p<0.05$；*：$p<0.10$；ns：統計的に有意ではない結果を表す。
出所：筆者作成

への変化のほうが，効果が大きいこともわかる。また，肯定的情報が経済評価を良化させないことも示されている。肯定的な情報に対する，経済評価変化値の平均値はゼロであることを否定できないからである。国レベルの経済評価は，ほぼすべての経済分野の否定的情報によって負の方向に変化するものの，経済分野ごとの違いは確かめられなかった。これらの結果から，被験者は否定的情報により反応するが，「株価の否定的情報に一番反応する」といったように，とりわけ強い反応をもたらす経済分野があるわけではない。

---

8　近年の政治学の実験研究では，効果量の数値「％（パーセンテージ）ポイント」として，その増減分がもたらす実質的な効果について議論することが多い。本書では，％ ポイントの説明といった細かい効果量の説明よりは，効果の有無を重視した解釈を行った。この点について，あらかじめ断っておきたい。

図 8-5 【実験 8-1】処置と党派性ごとの経済評価変化値の平均値の差（国レベルの経済評価）

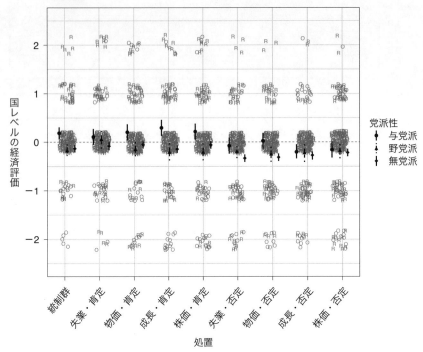

注：各点は態度変化の平均値を表す。それに付随する棒線は 95％ の信頼区間である。正の値は肯定的方向の変化，負の値は否定的方向の変化を表す。R は与党派の観察，O は野党派の観察を表す。回答値 4，3，−3，−4 の観察については，図から除いている。
出所：筆者作成

また内閣支持についてみると，日経平均株価と失業率に関する否定的な情報によって，悪化方向の変化の割合が増える。経済投票の不平の非対称性が，日経平均株価と失業率に関して認められる。ただし各種経済評価の変化と比べると，内閣支持の反応は軽微である。

次に図 8-5 から図 8-7 では，処置と党派性ごとで，経済評価の反応の違いを示した。各図内には，被験者の分布を与党派と野党派ごとに並べている。R は与党派の分布を表し，O は野党派の分布を表している。R や O の点が密に集まっているところは（変化値が 0），同域に被験者が多く分布していることを表し，点がまばらであるところは（2 や −2），被験者があまり分布していないこ

図 8-6 【実験 8-1】処置と党派性ごとの経済評価変化値の平均値の差（景気評価）

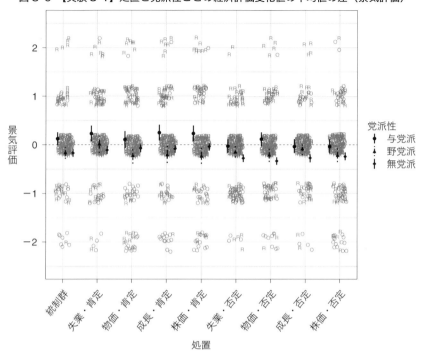

注：図 8-5・注を参照。
出所：筆者作成

とを表す。

　図 8-5 から図 8-7 をみると，党派性が経済評価の良化と悪化を決めていることがわかる。図 8-4 の処置の効果を大きくしのいで，党派性は評価を左右する。与党派は良い方向に，野党派は悪い方向に変化しやすい。なかでも無党派が悪い情報に最も反応する。そして，図 8-5 に明らかなように，否定的情報に対して，与党派の各種評価は変化している。この結果から，与党派が否定的情報に触れて，経済評価を下方に修正する傾向を見てとれる。そして野党派は，否定的情報に対して悪化方向に変化するだけではない。野党派は，たとえ肯定的な情報に触れても，しばしば悪化方向へ態度を変化させる。ここから与党派による PMR はほぼ認められないのに対して，むしろ野党派のほうが党派性のもとで経済評価を更新していないようにも見受けられる。

図 8-7 【実験 8-1】処置と党派性ごとの経済評価変化値の平均値の差（暮らし向き評価）

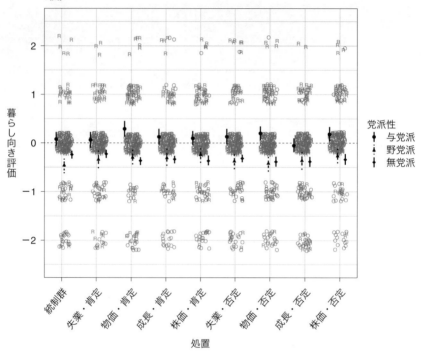

注：図 8-5・注を参照。
出所：筆者作成

　そして図 8-4 では十分に明らかにならなかったが，経済評価のなかでも，株価と経済成長に関する肯定的情報は，与党派の経済評価を高める。また図 8-7 の暮らし向き評価に関する結果では，直観にも沿って，物価に関する肯定的情報が明らかに与党派の暮らし向き評価を高めている。さらに，物価と株価に関する否定的な情報がもたらされても，与党派の暮らし向き評価は高く，部分的に PMR を示唆する結果のようでもある。この点については，次の分析で精査する。いずれにせよ，図 8-4 で明確にはならなかった経済分野ごとの違いは，党派性によって鮮明になった。
　続いて，図 8-8 から図 8-11 には，処置ごとでの経済評価・内閣支持の良化方向・悪化方向への変化の選択確率の差を示した。図の見方は，これまでの各

## 図 8-8 【実験 8-1】処置に対する反応の党派性差異（国レベルの経済評価）

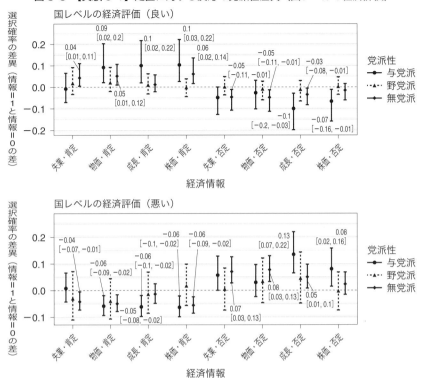

注：各点は順序ロジット推定をもとにしたシミュレーション結果の 50% 値であり，それに付随する棒線は，シミュレーション結果の下位 2.5% 値と上位 97.5% 値をもとに引いた。数値を記している結果は，5% 水準で統計的に有意であることを表す。数値は，係数 [2.5% 下限値，97.5% 上限値] である。
出所：筆者作成

章の党派性差異の解釈と似ている。ただ，党派性を固定したうえで，情報をみた場合とみなかった場合の差を示している点が異なる（第 6 章・第 7 章では，処置を固定して党派性差異を測定）。図 8-8 の最も左側「失業・肯定」情報の与党派の点と棒線は，与党派であることを固定したうえで「失業・肯定」情報をみた場合，そしてみなかった場合の「良い」の選択確率の差とその信頼区間に準ずる結果を表している。点はこれまでと同じようにシミュレーション値の 50%，それに付随する棒線は下位 2.5% 値と上位 97.5% 値をもとに引いた。ゼロよりも上のほうに点と棒線が位置するならば，当該の選択肢が選ばれやすいこと，

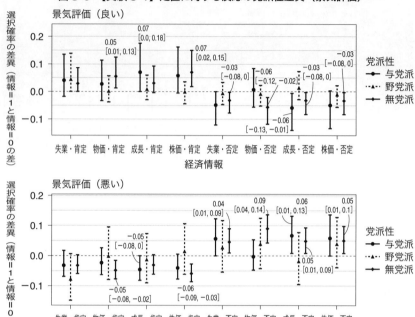

図 8-9 【実験 8-1】処置に対する反応の党派性差異（景気評価）

注：図 8-8・注を参照。
出所：筆者作成

下のほうに位置するならば，当該の選択肢が選ばれにくいことを表す。隣りあう党派間の結果の差異を比べることで，党派性差異を評価できる。

　図の見方に従って，図 8-8 の国レベルの経済評価の結果をみる。まず上段パネルから，与党派が物価，経済成長，株価に関する肯定的情報によって国レベルの経済評価を高めている。これは，図 8-5 から図 8-7 とも一致する結果である。与党派は，肯定的情報に対する良化方向の変化が最も起こりやすい。そして無党派も，失業，物価，株価の肯定的情報に反応して，経済を良いと評価する。また与党派が経済成長，株価の否定的情報に触れると，経済が良いとは評価しなくなり，無党派が失業，物価，経済成長の否定的情報に触れると，経済を良いと評価しなくなる。これらの結果に対して，野党派の結果は際立っている。野党派はいかなる肯定的情報に触れても，良い方向に評価を変えない。
　さらに下段パネルには，不平の非対称性の党派間での非対称をめぐる顕著な

第 8 章　経済情報をどのように受け取っているのか？　*153*

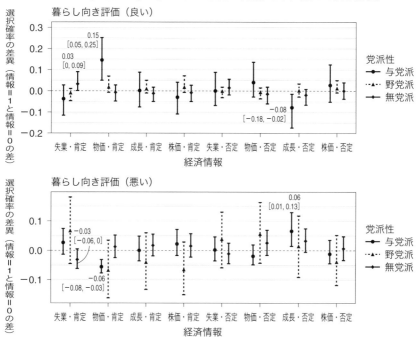

図 8-10　【実験 8-1】処置に対する反応の党派性差異（暮らし向き評価）

注：図 8-8・注を参照。
出所：筆者作成

結果が表れている。経済成長，株価に関する否定的な情報のもとで，与党派が「悪い」を選択しやすい。与党派の結果に続いて，無党派は，失業，物価，経済成長に関する否定的情報で，否定的な方向に評価を改める。また肯定的情報によって，与党派も無党派も「悪い」を選択し難くなる。これらの結果に対して，野党派の結果は再び特徴的なものになっている。野党派はいずれの情報に触れても，「悪い」へと評価を変えない。

図 8-9 には，景気評価をめぐる選択確率を示した。国レベルの経済評価の場合ほど，明確な結果が得られてはいないが，無党派が肯定的・否定的経済情報のいずれに対しても最も反応していることがわかる。与党派も経済成長についての否定的な情報に触れると，景気評価を下げる。そして野党派の否定的な情報に対する反応は，ここでも確かめられない。

図 8-8 と図 8-9 からは，与党派は肯定的な情報に対して，経済評価を良い方

### 図8-11 【実験8-1】処置に対する反応の党派性差異（内閣支持）

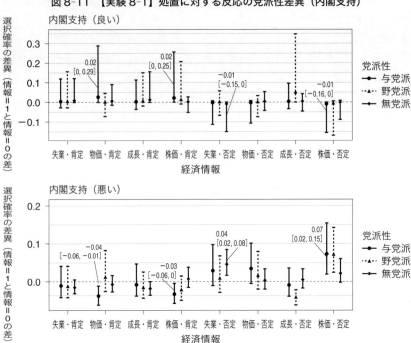

注：図8-8・注を参照。
出所：筆者作成

向に変化させており，仮説8-1-3を支持できるのに対して，野党派は否定的情報にも反応せず，仮説8-1-4を支持できない。また，与党派は否定的な経済情報に接して，経済評価を変えており，仮説8-1-5を支持できない。よってPMRを支持する結果を認めず，本実験からPMRの働きは棄却される。さらに否定的な情報に対して，経済評価が悪い方向へ変化する確率のほうが，肯定的な情報に対して良い方向へ変化する確率よりも高い。これは仮説8-1-1を支持する結果であり，否定性バイアスの作用を裏づける。そして否定的な情報に対する経済評価の悪化には，党派間で差がある。否定性バイアスの非対称が党派間で生じており，仮説8-1-6を支持できる。ただし，図8-10に明らかなように，暮らし向き評価は党派性によっても，情報によってもほとんど変化しない。被験者は国レベルや社会的な経済情報を識別し，暮らし向きの評価には反映させないことも，本分析からは明らかになった。

また各種経済評価の反応の差異よりは明確でないものの，経済情報の処置は部分的に内閣支持を左右する。図8-11の上段パネルにも表れているように，肯定的情報による良化方向への変化も，否定的情報による悪化方向への変化も，ほぼ与党派によるものである。物価と株価に関する肯定的情報は与党派の内閣支持を好転させ，株価に関する否定的情報は与党派の内閣支持を悪化させる。そして野党派はいずれの情報に対しても反応しない。ここから，不平の非対称性の党派間での非対称に関して，与党派と野党派間での結果の差から，仮説8-1-7も部分的に支持される。また下段パネルとの比較から，否定的な情報によって，内閣支持が下がる確率のほうが，肯定的情報によって，内閣支持が上がる確率より高い。特に，その傾向は与党派で明らかである。ここから，仮説8-1-2を与党派に関して，支持できる。

これまでの各章の分析と同じように，本書の最初の実験8-1は，PMRの働きをほぼ否定するものであった。さらに，社会的な経済評価においては，否定性バイアス，不平の非対称性，そしてのその党派間での非対称を多くの場合に確認した。これ以降のより詳細な経済情報を提示し，党派性の発現を促したり，抑えたりする実験設計をとった場合にもなお，党派性の特異な働きを棄却できるだろうか。次節では，より詳しい情報を提示する実験により，情報の「受容」過程でのPMRの作用を精査する。

## 5 実験8-2「経済情報の受容における党派性の作用の実験（2）」の設計

Bisgaard（2019）は，経済情報を含む模擬新聞への反応が党派性によってどのように異なるのかを分析した。また，大村（2024）も，Bisgaard（2019）にもとづいた追試を行った。これらの研究にもとづいた，実験の手順は次のとおりである。

Bisgaard（2019）は，被験者を，経済成長をめぐる「肯定的な情報を含む記事をみる群」「否定的な情報を含む記事をみる群」「何も提示しない群（統制群）」の3群に無作為に配置した。情報は模擬新聞として提示し，その後に経済への評価を尋ねた。そして大村（2024）はBisgaard（2019）を追試し，日本ではPMRの働きが限られると主張している[9]。

### 図 8-12　模擬新聞

【肯定的記事】

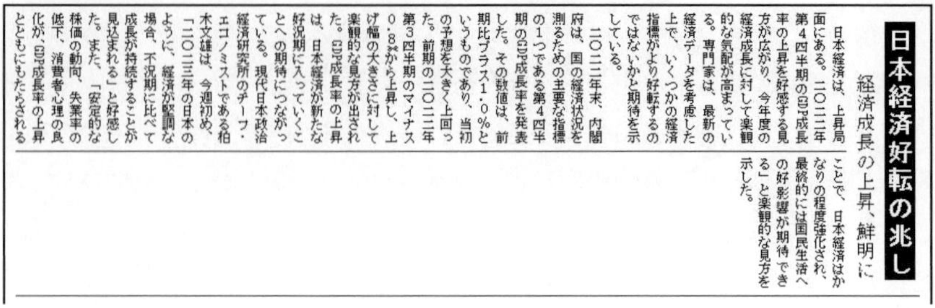

**日本経済好転の兆し**

経済成長の上昇、鮮明に

日本経済は、上昇局面にある。二〇二二年第４四半期のGDP成長率の上昇を好感する見方が広がり、今年度の経済成長に対して楽観的な気配が高まっている。専門家は、最新の経済データを考慮した上で、いくつかの経済指標がより好転するのではないかと期待を示している。

二〇二二年末、内閣府は、国の経済状況を測るための主要な指標の１つである第４四半期のGDP成長率を発表した。その数値は、前期比プラス１.０％というものであり、当初の予想を大きく上回った。前期の二〇二二年第３四半期のマイナス０.８％から上昇し、上げ幅の大きさに対して楽観的な見方が出された。GDP成長率の上昇は、日本経済が新たな好況期に入っていくことへの期待につながっている。現代日本政治経済研究所のチーフ・エコノミストである柏木文雄は、今週初め、「二〇二三年の日本のように、経済が堅調な場合、不況期に比べて成長が持続することが見込まれる」と好感した。また、「安定的な株価の動向、失業率の低下、消費者心理の良化が、GDP成長率の上昇とともにもたらされることで、日本経済はかなりの程度強化され、最終的には国民生活への好影響が期待できる」と楽観的な見方を示した。

【否定的記事】

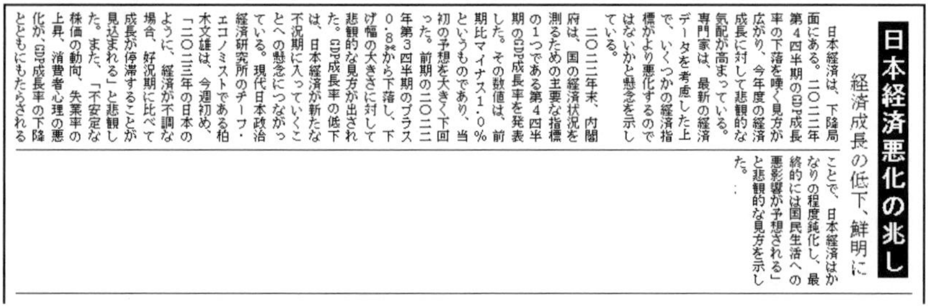

**日本経済悪化の兆し**

経済成長の低下、鮮明に

日本経済は、下降局面にある。二〇二二年第４四半期のGDP成長率の下落を嘆く見方が広がり、今年度の経済成長に対して悲観的な気配が高まっている。専門家は、最新の経済データを考慮した上で、いくつかの経済指標がより悪化するのではないかと懸念を示している。

二〇二二年末、内閣府は、国の経済状況を測るための主要な指標の１つである第４四半期のGDP成長率を発表した。その数値は、前期比マイナス１.０％というものであり、当初の予想を大きく下回った。前期の二〇二二年第３四半期のプラス０.８％から下落し、下げ幅の大きさに対して悲観的な見方が出された。GDP成長率の低下は、日本経済が新たな不況期に入っていくことへの懸念につながっている。現代日本政治経済研究所のチーフ・エコノミストである柏木文雄は、今週初め、「二〇二三年の日本のように、経済が不調な場合、好況期に比べて成長が停滞することが見込まれる」と悲観した。また、「不安定な株価の動向、失業率の上昇、消費者心理の悪化が、GDP成長率の下降とともにもたらされることで、日本経済はかなりの程度鈍化し、最終的には国民生活への悪影響が予想される」と悲観的な見方を示した。

出所：筆者作成

本章の実験 8-2 では，Bisgaard (2019) が使った英語の文章にもとづいて日本の経済的文脈を考慮した文面を作成し，日本の新聞記事にみえるように配置した。日本の被験者に適用するに際して，Bisgaard (2019) の実験設計をほとんど変えていない。実験に使った記事は図 8-12 である。この記事の提示後に，被験者に表 8-6 の 5 つの質問をした。このうち最下行の内閣支持に関する質問は，経済投票を直接的に分析するために，Bisgaard (2019) の設計から派生したものを独自に加えた。回答は経済評価，政府への評価，つまり事実の評価である[10]。

これらの質問に対する回答を党派別，処置別，そして党派・処置別で分けて

9　本実験は，Bisgaard (2019) と大村 (2024) の追試であり，特に大村 (2024) とは類似した設計にもとづく。ただ本実験では，経済評価に加えて内閣支持に対する経済情報の効果を測る点が異なる。いずれにせよ，実験 8-2 の結果は大村 (2024) の結果とも概ね合致している。

第 8 章　経済情報をどのように受け取っているのか？　*157*

表 8-6　経済評価の質問と回答選択肢

| 質問内容 | 経済評価の各質問 | 回答選択肢 |
|---|---|---|
| GDP 評価 | 国の経済状況を測るためによく使われる経済指標の一つに，日本の国内総生産（GDP）の成長率があります。最近の GDP の成長率の推移は，どのように説明することができるでしょうか。 | 非常に肯定的／肯定的／どちらともいえない／否定的／非常に否定的 |
| 経済評価 1 年前比較 | この 1 年間で，日本経済は良くなったと思いますか，それともほぼ同じですか，それとも悪くなったと思いますか？ | 非常に良くなった／良くなった／どちらともいえない／悪くなった／非常に悪くなった |
| 景気評価 | 世間の景気をどう見ますか。先月と変わらないと思いますか，悪くなってきたと思いますか，良くなってきたと思いますか。 | 確かに良くなってきたと思う／やや良くなってきたと思う／変わらないと思う／やや悪くなってきたと思う／確かに悪くなってきたと思う |
| 暮らし向き評価 | あなたの暮らし向きは，昨年の今ごろと比べてどうですか。楽になっていますか，苦しくなっていますか。 | 大変楽になった／楽になった／変わりない／苦しくなった／大変苦しくなった |
| 政府（内閣）支持 | あなたは岸田文雄内閣を支持しますか，それとも支持しませんか。 | 支持する／どちらかといえば支持する／どちらともいえない／どちらかといえば支持しない／支持しない |

注：いずれも，「わからない」「思い出せない」の選択肢を含む。

分析する。処置別の分析によって肯定的・否定的という事実の評価が変わるのかがわかる。日本の有権者は，肯定的・否定的情報のどちらに反応しやすいかを，まずは確かめる。次に党派性別の分析によって，肯定・否定をめぐる評価差に及ぼす効果を測れば，PMR の作用を確かめることができる。よって実験 8-2 からは，(1)経済情報の受容過程での否定性バイアスの検証，(2)その党派間での非対称，(3)PMR の検証の 3 つが可能になる。

　ただし日本に適用するに際して，本書では，経済投票を直接測るための工夫

---

10　Bisgaard (2019) は，現在の経済政策運営に対する政府の責任に対する質問を行い，それを従属変数とする分析も行っている。本実験では，質問数の関係で責任に関する質問を含めることができていない。今後，類似の発展的な研究を通して，従属変数に責任を設定する分析が不可欠である。

158 第Ⅲ部 個人データを使った分析

を加える。そのために経済評価の後に内閣支持を尋ねる。これにより，経済情報の受容過程での否定性バイアスだけではなく，経済投票における不平の非対称性とその党派間での非対称のメカニズム，政府への支持において生じるPMRの検証もできる。本実験の仮説は，下記のとおりである[11]。実験8-2のフローは，図8-13にまとめた。

### 実験8-2の仮説

**【党派性と処置に関する基盤的な仮説】**

**仮説8-2-1**：肯定的経済情報の記事をみた場合ほど，経済評価／内閣支持が高い。

**仮説8-2-2**：否定的経済情報の記事をみた場合ほど，経済評価／内閣支持が低い。

**仮説8-2-3**：与党派ほど無党派に比べて，経済評価／内閣支持が高い。

**仮説8-2-4**：野党派ほど無党派に比べて，経済評価／内閣支持が低い。

**【否定性バイアス／不平の非対称性関連の仮説】**

**仮説8-2-5**：経済評価に否定性バイアス，不平の非対称性が働いているならば，否定的経済情報が経済評価や内閣支持にもたらす負の効果量の絶対値のほうが，肯定的経済情報が経済評価や内閣支持にもたらす正の効果量の絶対値よりも大きい。

**【否定性バイアスの非対称／不平の非対称性の党派間での非対称関連】**

**仮説8-2-6**：経済投票における否定性バイアスの非対称，不平の非対称性の党派間での非対称が働いていているならば，経済評価や内閣支持の否定的経済情報への反応において，与党派と無党派の場合の負の効果量の絶対値のほうが，野党派の場合の負の効果量の絶対値よりも大きい。

**【PMR関連】**

**仮説8-2-7**：与党派にPMRが働いているならば，否定的経済情報をみた与党

---

11 ここでの仮説の設定は，大村（2024）を概ね踏襲している。仮説8-2-5と仮説8-2-6が新しく付け加わったものである。

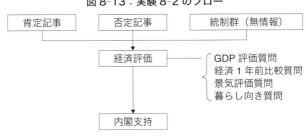

図 8-13：実験 8-2 のフロー

出所：筆者作成

派とみなかった与党派の経済評価／内閣支持の差は，正の方向で統計的に有意になる。

**仮説 8-2-8**：与党派に PMR が働いているならば，肯定的経済情報をみた与党派とみなかった与党派の経済評価／内閣支持の差は，肯定的経済情報をみた野党派とみなかった野党派の経済評価／内閣支持の差よりも大きい。

**仮説 8-2-9**：与党派に PMR が働いているならば，肯定的経済情報をみた与党派とみなかった与党派の経済評価／内閣支持の差は，肯定的経済情報をみた無党派とみなかった無党派の経済評価／内閣支持の差よりも大きい。

## 6 実験 8-2 のデータ，変数の設定，推定方法の説明

実験 8-2 は，2023 年 7 月 22 日から 24 日に Cint 社から募った回答者 2599 名に対して行った。そこから省力回答者の可能性が高いと考えられる被験者を除いた。分析に利用したデータの記述統計は表 8-7 に示した[12]。

従属変数は，表 8-6 の回答に従って，最も高い評価の場合に 5，最も低い評価の場合に 1 と定めた。カギとなる独立変数の 1 つ目は処置変数である。肯定的記事を見た場合に 1，そうでない場合に 0 とする肯定的記事ダミー変数，否

---

12 スクリーニング質問は，「あなたのご家庭の支出の状況について，お尋ねさせていただきます。あなたのご家庭において，以下の項目の出費は，毎月おいくらぐらいになりますでしょうか。※野球観戦費の項目は『0』にスライダーを移動させてください」という質問において，指示どおりに行わなかった回答者を分析から除外した。スクリーニング部分は，赤字の太文字で記した。ほかにも，「額面年収 − 手取り年収＜0」となった回答者のデータを分析から除いた。

表 8-7 実験 8-2 のデータの記述統計

| 処置 | n | 年齢 | 所得（万円） | 女性割合（%） | 大卒割合（%） |
|---|---|---|---|---|---|
| 肯定的情報 | 708 | 32 | 598.10 | 53 | 46 |
| 否定的情報 | 661 | 32 | 626.15 | 50 | 46 |
| 統制群 | 739 | 33 | 600.74 | 52 | 42 |

注：詳細なバランス・チェックに関してはオンライン上の補遺を参照。

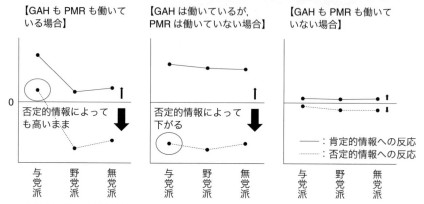

図 8-14 仮説が支持されるときの分析結果の模式図（党派性差異の分析時）

注：GAH は不平の非対称性仮説（grievance asymmetry hypothesis）の略である。
出所：筆者作成

定的記事を見た場合に 1 とする否定的記事ダミー変数を定める。2 つ目は党派性ダミー変数である。他の共変量の設定も含めて，本章第 3 節と同じ指標化にもとづく。

推定は，第 6・第 7 章，そして本章・実験 8-1 でも行った経済評価の上昇程度の差の分析によって行う。前章までの分析とおおまかな手順は変わらない。詳細な推定方法については，オンライン上の補遺を参照していただきたい。仮説が支持されるときの分析結果の模式図は，図 8-14 に示した。

## 7 実験 8-2 の分析結果の検討

図 8-15 に，党派性ごとでの経済評価の上昇程度を並べて示した。各パネル内・左端の与党派に関する結果を例にとると，点は与党派である場合とそうで

## 図 8-15 【実験 8-2】党派性ごとの各種経済評価の上昇程度

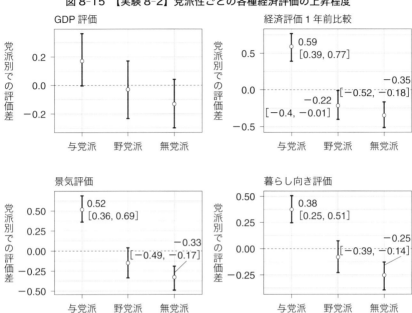

注：各点はシミュレーション結果の 50% 値を表す。各点に付随する棒線は下位 2.5% と上位 97.5% のシミュレーション値をもとに引いた。数値を記している結果は，5% 水準で統計的に有意であることを表す。数値は，係数 [2.5% 下限値，97.5% 上限値] である。
出所：筆者作成

ない場合の経済評価の上昇程度の党派性差異を表す。点はシミュレーション値の 50%，それに付随する棒線は下位 2.5% 値と上位 97.5% 値をもとに引いた。またこの結果は，処置による違いを分けていない。

図 8-15 からは，（GDP 評価を除いて）与党派性と無党派性は経済評価を左右するが，野党派性は「経済評価 1 年前比較」の結果を除いて，経済評価を左右しないことがわかる。GDP 評価に関してのみ与党派の上昇程度は統計的に確かではないが，ほかすべての場合で，与党派であることで経済評価が高い。ここから仮説 8-2-3 をまず支持できる。これに対して，野党派であることで経済評価が下がらないことから，仮説 8-2-4 は支持できない。そして無党派の場合，GDP 評価を除いたすべての場合で，経済評価が下がる。処置を考慮に入れない党派性ごとでの経済評価の違いからでも既に，一部の党派性が経済評価を左右することがわかる。

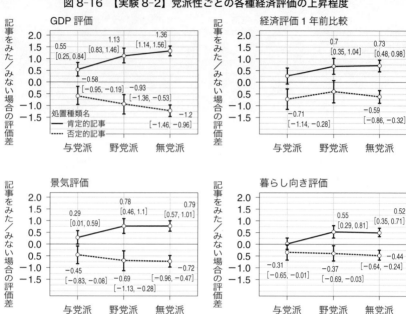

図8-16 【実験8-2】党派性ごとの各種経済評価の上昇程度

注：図8-15・注を参照。
出所：筆者作成

　続いて図8-16に，党派性と処置ごとでの経済評価の上昇程度を並べて示した。与党派の結果を例にとると，肯定的記事側の点は，与党派の場合に肯定的記事をみた群とみなかった群間での経済評価の上昇程度の差を表す。

　図8-16から，肯定的記事をみた場合に経済評価は上昇し，否定的な記事をみた場合には低下することが明らかである。よって，仮説8-2-1と仮説8-2-2を支持できる。次に，与党派であることで，否定的情報によって評価を変えないという結果ではないことから，PMRは認めない。GDP評価においてのみ，与党派の否定的な記事への反応がやや抑えられること以外に，PMRを支持する結果とはなっていない。また，与党派の否定的記事への反応は穏当であるとしても，他党派の結果と比べて有意な差があるわけではない。よって，仮説8-2-7から仮説8-2-9までをすべて棄却する。

　また肯定的情報と否定的情報への反応は，多くの場合で同程度に生じている。ここから特に，否定性バイアスを支持する結果を認めない。よって，仮説8-

図 8-17 【実験 8-2】党派性別，党派性と処置別での内閣支持の上昇程度

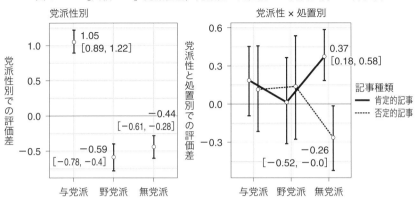

注：図 8-15・注を参照。
出所：筆者作成

2-5 と仮説 8-2-6 は，実験 8-1 とは異なり，支持できない。これらの結果より，肯定的・否定的記事という情報の性質が経済評価を変えることは確かである。一方，そこに党派性差異は認められないこと，よって日本の場合，PMR を確認できないことを実験 8-2 は示している。ただし，否定性バイアス，その党派間での非対称を支持する結果までは認められなかった。

ここまで経済評価の結果について検討したが，図 8-17 をもとに内閣支持の上昇程度についても確かめる。左側パネルに注目すると，経済評価に関する結果と同様に，与党派の内閣支持は高いことがわかる。また野党派，無党派の内閣支持は低く，双方に差はない。そして右側パネルに注目すると，経済評価に関する結果とは異なって，肯定的記事，否定的記事の内容は，内閣への支持・不支持の党派性差異を規定しないことがわかる。実験 8-1 の内閣支持に関する結果と異なって（図 8-11 を参照），経済情報が詳細なものになったとしても，内閣への支持・不支持には直接作用しない。なお各党派のうち，無党派のみが肯定的情報に反応しているが，理論的予測とも整合的ではない。

この結果から，内閣支持について，党派性に関する仮説 8-2-3 と仮説 8-2-4 を支持できる。一方で，不平の非対称性に関する仮説 8-2-5 と仮説 8-2-6 は支持できない。そして PMR については，仮説 8-2-7 から仮説 8-2-9 までを支持できない。そもそも内閣支持は，本実験において，直接的に経済情報からの影

響を受けていないためである。

そして，図8-15と図8-16をあわせることで，さらに重要な点に解釈が及ぶ。選挙前に経済に関する良い情報も悪い情報も多くもたらされるとしよう。その状況は，図8-15の状況に近似する。良い情報も悪い情報もともにもたらされているもとで，党派性がどのように作用するかを表しているからである。両図からは，良い情報も，悪い情報もともにもたらされているときに，与党派は肯定的な方向で，無党派は否定的な方向で経済情報に反応するとわかる。そして野党派はたとえ悪い情報にわずかに反応したとしても，良い情報も悪い情報ももたらされる状況下で，どちらの経済評価にも動かない可能性が高い。党派性はたしかに，経済情報の受容を左右する。与党派の経済評価は高く，無党派のそれは低い。その中間に野党派は位置し，あまり動かない。本来なら，最も経済評価を悪化させるべき野党派は，どちらにも動こうとしていない。そして与党派の党派性の働きは，PMRといった特異なかたちで発現してはいないという点が，現時点での発見である。

## 8 第8章の分析からわかったこと

本章では，日本の有権者が「経済情報をどのように受け取っているのか」を分析した。PMRについて検証するに際して，経済情報の受け取り方を知らなくてはならないからである。この目的に従って，2つの実験を行った。実験からは，次の3点が明らかになった。

第1に，すべての実験から，被験者が概ね経済情報に反応し，情報の性質に応じて評価を行う傾向が明らかになった。肯定的情報に対しては肯定的に，否定的情報に対しては否定的に評価が変わりやすい。日本の有権者は，経済情報の肯定的・否定的性質を判別する性質を備えているようである。

第2に，経済情報への反応に加えて，党派性も作用していた。実験8-1と実験8-2からは，与党派ほど肯定的に情報を評価しやすく，無党派の場合は逆の傾向にあることがわかった。一方，実験8-2でみたように，与党派ほど否定的情報に触れても経済評価を変えないといった，党派性の特異な働きは確かめられていない。アメリカのPMRの働きを浮き彫りにした実験8-2の設計は，日本のPMRを示しはしなかった。加えて，野党派の経済情報への反応は，かな

りの程度限られていることもわかった。

　第3に，本章の分析結果は，政権交代が起こり難いメカニズムに迫るものになっている。直観からすれば，与党派の経済評価は高くなり，野党派の経済評価は低くなる。そして，無党派がそのどちらでもなく中間に位置すると想定できる。その直観どおりであるなら，野党派を起点として政権交代のきっかけは増える。しかし日本では，実験8-1において顕著であったように，経済情報の受容プロセスにおける野党派の反応が限られている。良い情報と悪い情報が混在する時期に，野党派はどちらの方向にも反応しない点が特徴的であった。否定的情報によって一定して評価を下げることが明らかなのは，いまのところ無党派のみである。図8-16のように，たとえ野党派が否定的な情報にやや反応するのだとしても，肯定的・否定的情報が混在する時期に野党派の反応がゼロであることを否定できないのであれば，否定性バイアスを経済投票の基調とする日本にあっても，政権交代の可能性は狭まるだろう。

　第8章の結果をまとめると，まずもって日本では，PMRが起こっているとは結論し難い。日本の有権者は，たとえ与党を支持しているとしても，経済情報に応じて経済評価を変える。むしろ否定的な情報に対して，野党派よりも明らかに経済評価を変える。しかし，両実験からだけでは，党派性に動機づけられた「推論」という言葉が表すように，情報の「推論」に対して，PMRが与える作用を直接的に測ることができていない。また人々のなかで「推論」された情報は，次に「表明」の段階に至る。次章では，経済情報の推論と表明の過程について，さらに検証を進める。

166　第Ⅲ部　個人データを使った分析

# 第9章
# 経済情報をどのように推論・表明しているのか？
## ——実験データの分析（2）

　本章では，実験データを使って，経済情報・知識の「推論」と「表明」に対する党派性の作用を調べる。前章でもみたように，有権者は日々経済情報を受け取る。そしてただ情報を受け取るだけではなく，情報を推論し，ときに表明する。有権者のなかには，支持する政党を応援する気持ちに駆られて，現在のGDP成長率を聞かれた際に実際には0%だと知っていても，+2.0%だと答える人もいる。そうした答えが一過性で，不誠実な，党派性に親和的な知識の表明に当たる応援行為（cheerleading）に過ぎないのか，それとも本書が注目してきたPMRに準じるものかを区別する試みが進んでいる。

　日本の有権者は，経済情報の内容をどのように推論し，表明しているのだろうか。情報の推論や知識の表明に，党派性はPMRとしてかかわっているのだろうか。それとも応援行為として作用しているにすぎないのだろうか。党派性が，経済知識の推論と表明にどのように影響するのかを検証するために，次の2つの実験をする。

　第1に，党派的な情報を被験者に提示することで，経済情報をめぐる（科学的な）推論が異なるのかを確かめる（実験9-1）。第2に，経済政策を含む社会問題，価値観にかかわるクイズを提示し，党派の違い，金銭的報酬からなる処置の違いによって，経済情報の表明が異なるのかを確かめる（実験9-2）。特に実験9-2によって，情報の表明における党派性が金銭的報酬によって抑えられるならば応援行為の作用，抑えられないならばPMRの作用であると判別できる。2つの実験を通して，有権者が情報を受け取った後に，それをどのように推論して表明するに至るのか，そこに党派性がどのように作用するのかを明らかにする。

# 1 　実験 9-1「経済情報の推論における党派性の作用の実験」の設計

　Guay & Johnston（2022）は，経済政策をはじめとする情報の「推論」が，党派性によってどのような影響を受けるのかを分析した[1]。また大村（2023）は，日本に適用するためのいくつかの修正のもとに，追試を行っている。これらの先行研究にもとづいた実験の手順は，次のとおりである。

　Guay & Johnston（2022）は，経済情報の推論プロセスにおける党派性の作用を，オンライン上でのサーベイ実験によって検証した。被験者を，銃規制，移民問題，最低賃金，中絶問題，差別解消といった党派的な争点に関する 5 つの文面のうちから 1 つを読む群に無作為に配置した。例として，最低賃金の文面を取り上げる。最低賃金に関する文のなかでは，「政府関係者の間で最低賃金を上げれば雇用が改善するのかをめぐる議論があり，研究者は最低賃金を上げた都市と上げなかった都市での雇用状況を比較する分析を行った」と伝える。そして被験者を，処置として，以下 2 つの表をみる群にランダムに割り当てる（表 9-1）。各表から，「最低賃金は雇用を改善する」「最低賃金は雇用を改善しない」のどちらを事実として解釈するのか，2 つの選択肢から選ぶ。

　表 9-1 の各表のなかの数値は一定に揃えて，事実の内容を入れ替えるために，列名だけが入れ替わる（文字列の網掛け部分）。上側の表では，最低賃金を上げた都市のうち，$223/(223+75)＝$ 約 75％ の都市で失業率が上がり，最低賃金を上げなかった都市のうち，$107/(107+21)＝$ 約 84％ の都市で失業率が上がる。よって正しく推論ができた被験者は，「最低賃金を上げた都市では，そうでない都市に比べて失業率が下がった」と選ぶ。またこれは，アメリカの政治経済的な文脈上【左派寄りの根拠提示】である。民主党支持者・リベラルな有権者にとっては好まれる根拠である一方，共和党支持者・保守の有権者にとっては好まれない根拠とみなす。下側の表での正しい推論は，「最低賃金を上げた都市では，そうでない都市に比べて失業率が上がった」である。これは【右派寄りの根拠提示】である。共和党支持者・保守の有権者にとって好まれる根拠である一方，民主党支持者・リベラルな有権者にとっては好まれない根拠と

---

1　関連する研究として，Coppock（2023），Tappin, Pennycook, & Rand（2021）を参照。

168　第Ⅲ部　個人データを使った分析

### 表9-1　根拠提示の説明（Guay & Johnston 2022）

【左派寄りの根拠（evidence）提示】

|  | 失業率が上がった | 失業率が下がった |
|---|---|---|
| 最低賃金を上げた都市 | 223 | 75 |
| 最低賃金を上げなかった都市 | 107 | 21 |

回答選択肢：
○　最低賃金を上げた都市では，そうでない都市に比べて失業率が上昇すると考えられる
○　最低賃金を上げた都市では，そうでない都市に比べて失業率が低下すると考えられる

【右派寄りの根拠提示】

|  | 失業率が下がった | 失業率が上がった |
|---|---|---|
| 最低賃金を上げた都市 | 223 | 75 |
| 最低賃金を上げなかった都市 | 107 | 21 |

回答選択肢：
○　最低賃金を上げた都市では，そうでない都市に比べて失業率が上昇すると考えられる
○　最低賃金を上げた都市では，そうでない都市に比べて失業率が低下すると考えられる

みなす。それぞれの回答を正解であれば1，不正解であれば0とコーディングし，党派別，イデオロギー別，各争点への政策態度別に，正解の選択確率を示した[2]。もし党派性が事実に対する推論に影響するならば，上側の表【左派寄りの根拠提示】に対して，民主党支持者・リベラルな有権者の正解率が共和党支持者・保守のそれよりも有意に高くなるはずである。下側の表【右派寄りの根拠提示】に対して，逆もまた然りである。

　Guay & Johnston（2022）の実験を，日本の事例に適用するに際して，次の3点の変更を加えた。第1に，経済政策に関する内容として，政策金利と地域の物価の関係についての文面を加え，価値観に関する内容として，LGBTQの婚姻制度と少子化の関係，外国人労働者の犯罪率の関係についての文面を設定した。

　第2に，根拠提示のための表を4種類の数値の推論から，2種類の数値の推

---

2　このほかにも，Guay & Johnston（2022）は，認知的完結性欲求（need for closure）の度合いをもとにした分析結果も示している。認知的完結性欲求とは，確かなものを求め，あいまいなものを忌避する人の性向である。本実験でも，認知的完結性欲求にもとづく分析を行い，オンライン上の補遺に報告している。

第9章　経済情報をどのように推論・表明しているのか？　*169*

## 図9-1　実験9-1・最低賃金に関する調査画面

---

【与党寄り】最低賃金を上げることに雇用への効果はない

各都道府県労働局を中心に、各都道府県内での最低賃金を上げるかどうかの議論がなされています。政府関係者の間では、この決定が、企業が雇用可能な従業員の数を減らすことにつながり失業者を増やすのか、経済を刺激して新規の雇用創出を促すことで失業者を減らすのか、未知数だということが話題になっています。

この疑問に答えるために、最低賃金を上げた都道府県と上げなかった都道府県での失業率の変化を比較した学術研究がなされました。それぞれのグループにおいて、失業率が上がった都道府県数と下がった都道府県数が、下の表に整理されています。過去の多くのデータを使っているので、全てを足した数が47になるわけではありません。

それぞれのグループに含まれる都道府県の数は全く正確な値というわけではありませんが、あなたの評価に影響を与えるものではありません。

以下の研究結果から、次の文章のうち、どちらが正しいとお考えになりますか。

|  | 失業率が上がった | 失業率が下がった |
|---|---|---|
| 最低賃金を上げた都道府県 | 223 | 75 |

最低賃金を上げた都道府県では、失業率が上がったと考えられる。

最低賃金を上げた都道府県では、失業率が下がったと考えられる。

【非与党寄り】最低賃金を上げることに雇用への効果がある

他の文章は【与党寄り】と同様。以下表の網掛け部分のみ入れ替え。

|  | 失業率が下がった | 失業率が上がった |
|---|---|---|
| 最低賃金を上げた都道府県 | 223 | 75 |

---

注：網掛け部分が入れ替わっている情報。
出所：筆者作成

論に減らした。Guay & Johnston（2022）は，最低賃金上昇／下落×失業率上昇／下落という4値をもとに，被験者に推論を求めた。上記の実験設計をみると，"正答を出そうとしているのに答えを間違ってしまった"，"適当に答えただけ"，"たまたま正答した"といった場合を排除できない[3]。また日本での試験的調査において，大多数の被験者が，4つの数値をもとにした計算に正解できなかった。表9-1にもとづくと，2列目の223と107間の単純な大小比較をもとに推論する結果，誤答が著しく多くなったのである。よって，誤答がほぼ起こらないと前提できる設計をとった。そのうえで，なおもって誤答が生じるのであれば，それを党派性，イデオロギー，政策位置によるものとして解釈する設計に変えた。よって実験9-1では，4パターンではなく，2パターンの表を示して推論を求めた。最低賃金に関する根拠提示文を例にとると，調査画面は図9-1のとおりである。

　第3に，経済投票を直接的に測る実験設計を加えた。経済投票に関する情報の推論を，被験者の党派性，イデオロギー，政策位置が左右するのかを確かめるためである。文章は，下記のように設定した。

## 【実験9-1：経済投票の文章】

　有権者の経済評価が高まることで，内閣支持率が上がるのかどうかの議論がなされています。政府関係者の間では，経済状況を良くし，有権者の経済評価を高めることで，内閣支持率を上げることができるのかどうか，未知数だということが話題になっています。

　この疑問に答えるために，有権者の経済評価が高かった場合と低かった場合での内閣支持率の変化を比較した学術研究がなされました。

　それぞれのグループにおいて，経済評価が高かった時期と低かった時期が，下の表に整理されています。それぞれのグループに含まれる時点数は全く正確な値というわけではありませんが，あなたの評価に影響を与えるものではあり

---

3　この点について，Guay & Johnston（2022: 291）も「PMRが現れてくる要因として，ベイズ更新（Bayesian updating）を完全に取り除くことはできない［中略］。具体的には，回答者が計算に臨んで主観的な不確実性をもつ場合，研究結果に対する事前の予測が，最終的な回答に影響を与えることがある。そのとき起こっていることは，われわれがいうところのPMRとは異なるものであろう」と述べ，被験者が研究成果の読解・計算で直面するそもそもの不確実性の問題として断っている。

ません。

以下の研究結果から，次の文章のうち，どちらが正しいとお考えになりますか。

| | 内閣支持率が［上がった／下がった］時点数 | 内閣支持率が［下がった／上がった］時点数 |
|---|---|---|
| 経済評価が上がった時点数 | 423 | 142 |

回答選択肢：
○　経済評価が上がることで，内閣支持率が上がると考えられる。
○　経済評価が上がることで，内閣支持率が上がらないと考えられる。

注：［　］内はいずれかの語句がランダムに表示されることを表す。右行が「上がった」なら左行は「下がった」になり，逆もまた同様である。

上述の3つの点を新たに加えたうえで，Guay & Johnston（2022）にもとづいた実験を行う。本実験の仮説は，下記のとおりである。実験9-1のフローは，図9-2にまとめた。

### 実験9-1の仮説

**仮説9-1-1**：党派性が経済情報の推論にPMRとして作用しているならば，与党派寄りの情報を提示した群において，与党派ほど正答率が高く，非与党派ほど正答率が低い。また，非与党派寄りの情報を提示した群において，非与党派ほど正答率が高く，与党派ほど正答率が低い。

**仮説9-1-2**：イデオロギーが経済情報の推論に作用しているならば，与党派寄りの情報を提示した群において，右派寄りのイデオロギーの人ほど正答率が高く，左派寄りのイデオロギーの人ほど正答率が低い。また，非与党派寄りの情報を提示した群において，左派寄りのイデオロギーの人ほど正答率が高く，右派寄りのイデオロギーの人ほど正答率が低い。

**仮説9-1-3**：政策位置が経済情報の推論に作用しているならば，与党派寄りの情報を提示した群において，右派（保守）寄りの政策位置の人ほど正答率が高く，左派（革新・リベラル）寄りの政策位置の人ほど正答率が低い。また，非与党派寄りの情報を提示した群において，左派（革新・リベラル）寄りの政策位置の人ほど正答率が高く，右派（保守）寄りの政策位置のイデオロギーの人ほど正答率が低い。

172　第Ⅲ部　個人データを使った分析

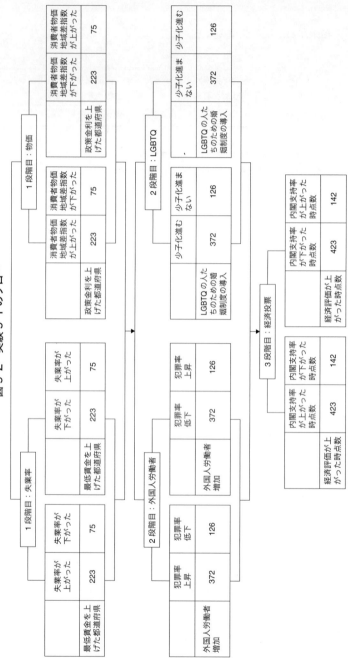

図9-2　実験9-1のフロー

出所：筆者作成

第 9 章　経済情報をどのように推論・表明しているのか？　　*173*

表 9-2　実験 9-1 のデータの記述統計（失業率と物価に関する実験の場合）

| 処置 | n | 年齢 | 所得（万円） | 女性割合（%） | 大卒割合（%） |
|---|---|---|---|---|---|
| 失業・与党寄り | 400 | 34 | 644.38 | 49 | 45 |
| 失業・非与党寄り | 423 | 35 | 612.91 | 47 | 46 |
| 物価・与党寄り | 418 | 35 | 568.67 | 51 | 45 |
| 物価・非与党寄り | 422 | 35 | 585.47 | 50 | 43 |

注：詳細なバランス・チェックについてはオンライン上の補遺を参照。

## 2　実験 9-1 のデータ，変数の設定，推定方法の説明

　実験は，2023 年 7 月 11 日から 13 日に Cint 社から募った回答者 1904 名の
もとに行った。そこから省力回答者の可能性が高いと考えられる被験者を除い
た[4]。分析に利用したデータの記述統計は表 9-2 である。

　得られたデータをもとに，本節では変数を次のように設定した。従属変数は，
各質問の選択肢で正答したか否かである。質問に正答した場合に 1，間違った
場合に 0 と定めた。

　カギとなる独立変数は，党派性，イデオロギー，政策位置である。またイデ
オロギーは，最も左派（革新）の場合に 1 ポイント，最も右派（保守）の場合
に 10 ポイントとし，1〜3 を左派，4〜7 を中道，8〜10 を右派とした。政策位
置については，本調査で扱った最低賃金，物価，LGBTQ，外国人労働者，経
済投票についての考え方・立場を実験より前の段階で質問し，最も保守寄りの
ときに 5 ポイント，最も革新（リベラル）寄りのときに 1 ポイントとなるよう
に定めた[5]。詳細な推定方法については，オンライン上の補遺を参照していた

---

4　スクリーニング質問は，実験 8-2 と同様である。
5　イデオロギー質問は「ところで，よく保守的とか革新的とかという言葉が使われていま
すが，あなたの政治的な立場は，このなかの数値のどれにあたりますか。1 が最も革新的
で，10 が最も保守的です。1〜10 の数字は，5 を中間に，左によるほど革新的，右による
ほど保守的，という意味です」である。これに対して，スライダーを動かしながら回答し
てもらった。政策位置質問は，最低賃金を例にとると次のとおりである。「次の政策を，
あなたはどの程度好ましいと思われますか。最もあてはまるものを，1 つお選びください。
最低賃金を，今の水準よりも引き上げる」。他の分野についてのステートメントは次のと
おりである。「政策金利を上げて，物価を下げる」「外国人労働者の数を増やす」「LGBTQ
のための婚姻制度を定める」「有権者の経済評価を高めることで，内閣支持率を上げる」。

174 第Ⅲ部 個人データを使った分析

**図 9-3 仮説が支持されるときの分析結果の模式図**

【PMR が働いている場合：Guay & Johnston（2022）の結果】

党派性　　　　　　イデオロギー　　　　　政策位置

非与党派寄りの情報提示で非与党派の正答率が高い

与党派寄りの情報提示で与党派の正答率が高い

与党派寄りの情報提示で非与党派の正答率が低い

非与党派寄りの情報提示で与党派の正答率が低い

――：与党派寄り根拠提示
┄┄：非与党派寄り根拠提示

**クロスの形状**

非与党派　与党派　　　左派　　　右派　　　革新的　　保守的
　　　　　　　　　　　　　　　　　　　　　政策位置　政策位置

【PMR が働いていない場合】

党派性　　　　　　イデオロギー　　　　　政策位置

**クロス以外の形状**

非与党派　与党派　　　左派　　　右派　　　革新的　　保守的
　　　　　　　　　　　　　　　　　　　　　政策位置　政策位置

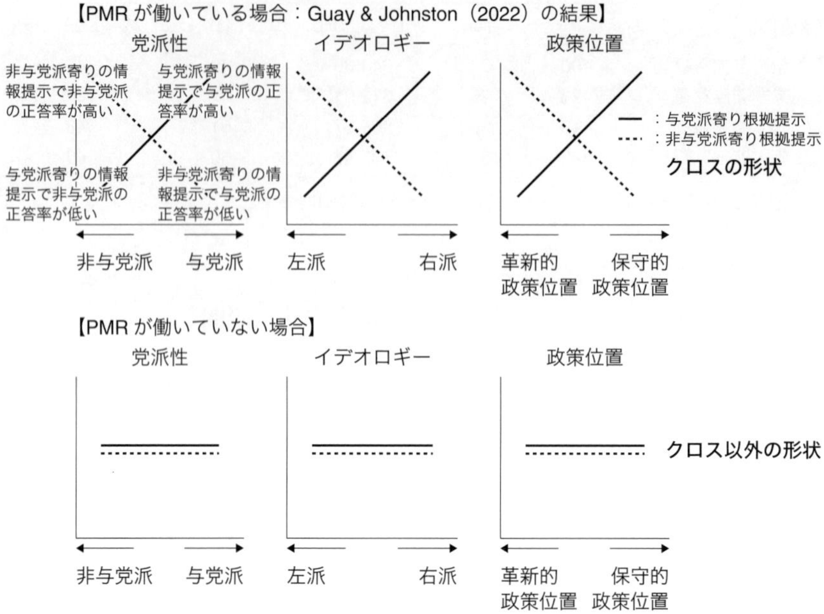

出所：筆者作成

だきたい。仮説が支持されるときの分析結果の模式図は，図 9-3 である。図 9-3 のように，党派性，イデオロギー，政策位置によってクロスの形状となるのか，日本の場合にはクロスを認めず別の形状となるのかを確かめる。

## 3　実験 9-1 の分析結果の検討

図 9-4 から図 9-6 は経済政策関連領域，価値観領域，経済投票に関する分析結果を順次示したものである。与党派寄り，非与党派寄りの根拠提示に対して，党派性，イデオロギー，政策位置ごとに，根拠の解釈の正答率がどのように異なるのかを示した。PMR が与党派／右派／保守派にも，非与党派／左派／革新派にも働いているならば，正答確率の図はクロスを示し，与党派寄りと非与

これらの質問を，Guay & Johnston（2022）は処置前指標（pre-treatment measures）と呼ぶ。

第9章 経済情報をどのように推論・表明しているのか?　175

図9-4 【実験9-1】党派性, イデオロギー, 政策位置ごとの党派的情報推論での正答確率（経済政策領域）

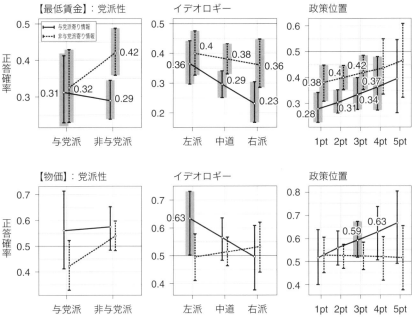

注：各点と数値は正答確率のシミュレーション結果の50％値を表す。それに付随する棒線は, 下位2.5％と上位97.5％の値をもとに引いた。正答率が統計的に有意に0.5以上あるいは0.5以下に位置する場合に結果をハイライトしている。
出所：筆者作成

党派寄りの根拠提示の間に有意な差が生じるはずである。

まず図9-4の1列目の党派性に関する結果を検討する。党派間で正答率の差はなく, PMRを示唆するクロスの形状は確認されない。最低賃金, 物価という経済政策関連の根拠提示に対して, 与党派と非与党派間での正答確率に有意な差は認められない[6]。これに対して, 物価に関する推論の政策位置に関する結果は, 政策位置が正（誤）答率に一定の傾向をもたらしていることから注目を要する（統計的に有意な差ではない）。経済政策関連の領域であっても, 政策位置が保守寄りであるほど, 与党派寄りの情報の正答率が高まる傾向がある[7]。ここまでの結果から, 経済政策領域のなかでも政策位置によって推論が左右さ

---

[6] なおアメリカの結果との比較では, 正答確率にも違いがある。アメリカでは, 正答確率が, 日本の場合ほど大きく異ならない。

図9-5 【実験9-1】党派性，イデオロギー，政策位置ごとの党派的情報推論での正答確率（価値観領域）

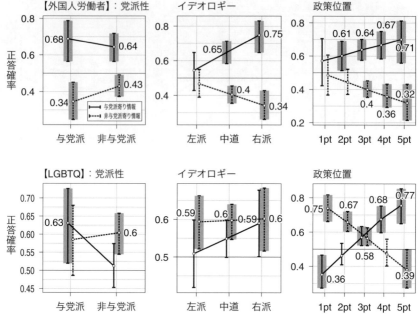

注：図9-4・注を参照。
出所：筆者作成

れる場合があり，仮説9-1-3のみを部分的に支持できるようだが，仮説9-1-1と仮説9-1-2は棄却される。

次に価値観にかかわる領域についての図9-5をみると，LGBTQに関する推論で，党派性間に初めてクロスが表れる。与党寄りの情報に対して与党派の被験者ほど正答率が高く，非与党寄りの情報に対して，非与党派の被験者ほど正答率が高い。しかしいずれの場合にも，統計的に有意ではない。そして政策位置に関する結果で，明確なクロスの形状をとり，統計的にも有意な差が表れる。保守寄りの政策位置の被験者ほど与党派寄りの情報に対する正答率が高く，

---

7 物価に関しては，「政策金利を上げることで，消費者物価地域差指数を上げる」を与党寄りの情報提示とした。しかし政策金利と物価の関係をめぐって，インフレターゲット2％を背景に消費者物価を上げること，2023年時点でのインフレ傾向を是正するために消費者物価を下げることのいずれを与党の業績ととるかは議論の余地がある。

## 図9-6 【実験9-1】党派性，イデオロギー，政策位置ごとの党派的情報推論での正答確率（経済投票）

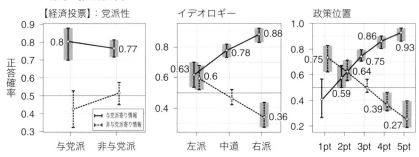

注：図9-4・注を参照。
出所：筆者作成

革新寄りの政策位置の有権者ほど非与党派寄りの情報に対して正答率が高い。日本の被験者であっても，価値観にかかわる領域では，アメリカの被験者のように明示的なクロスを認めた。また，外国人労働者に関する推論においても，保守寄りの政策位置の場合に与党派寄りの根拠提示に対して正答率が高く，非与党派寄りの根拠提示に対して誤答率が上がる。よって，仮説9-1-1と仮説9-1-2を，価値観にかかわる領域でも引き続き棄却するが，仮説9-1-3は部分的に支持される。

続いて，経済投票に関する情報の推論についての図9-6を検討する。図9-4や図9-5と同様に，PMRの作用は働いていないようである。与党派であるほど与党派寄りの情報に対する正答率が高く，非与党派であるほど非与党派寄りの情報に対する正答率は高くなっていない。正答率の違いを分けているのは，ここでも政策位置であり，一部イデオロギーの影響も見てとれる。政策位置が保守寄りのときに，与党派寄りの情報に対する正答率が上がり，非与党派寄りの情報に対する正答率が下がる。

政策位置についての結果に対して，党派性は特異なかたちでは情報の推論に影響を与えていない。経済投票それ自体をめぐる（科学的）推論を，党派性は左右しない。与党派であることで，経済評価が内閣支持を高めるとは考えず，非与党派であることで，経済評価が内閣支持を下げると考えられるわけではなかった。経済投票にかかわる事実の性質が正答率を主に変えているようだが，一方で政策位置は，経済投票をめぐる推論を決めていることが明らかになった。

よって，価値観領域に関する結果と同様に，仮説 9-1-1 を，経済投票に関しても引き続き棄却するが，仮説 9-1-2 は部分的に支持され，仮説 9-1-3 は支持される。

これらの結果から，科学的根拠をめぐる推論の過程で，日本の有権者の党派性の作用は限られている。被験者の党派性は，推論の結果としての正（誤）答にほぼ影響しない。しかし，政策位置は正（誤）答を左右するときがある。最低賃金と失業率，LGBTQ と少子化，外国人労働者と治安経済投票に関する根拠提示では，保守寄り（LGBTQ のための法制度を整備しないほうがよい／外国人労働者を増やさないほうがよい／経済評価を上げて内閣支持率を高めるほうがよい）の政策位置の場合に，政策位置と同じ保守寄りの根拠提示を肯定し，政策位置とは異なる革新（リベラル）寄りの根拠提示を否定する傾向にある。ここから，日本の場合，党派性は経済情報の推論を動機づけない一方で，保守的な政策位置からの動機づけはしばしば作用する可能性が明らかになった。

## 4 実験 9-2「経済情報の表明における党派性の作用の実験」の設計

Bullock et al.（2015）は，党派性に親和的な知識表明を好む応援行為と，党派性が根源的に知識の表明を左右する PMR を区別する分析をした[8]。大村（2024）も，Bullock et al.（2015）にもとづいた追試を行った。これらの先行研究にもとづいた実験の手順は，次のとおりである。

Bullock et al.（2015）は，被験者に党派的な解答が可能なクイズを提示する。それに先立ち被験者を，「正解すれば報酬を付与する群」「"わからない"（DK）と正直に答えれば報酬を付与する群」「何も提示しない群（統制群）」の 3 つに無作為に配置した。金銭的な報酬によって，党派的な解答が抑えられるのか，それとも抑えられずに PMR が認められるのかを確かめるためである。

被験者は処置群または統制群に割り当てられた後に，全員が同じクイズに解答する。クイズは，例えば「2021 年 10 月に岸田文雄内閣が発足したときに比べて，現在の日経平均株価は高くなったと思いますか。それとも低くなったと思いますか。変わりませんか」といったように，現政権・現与党に好意的な被

---

8 関連研究として，Prior, Sood, & Khanna（2015）を参照。

験者であれば高値を答え，非好意的であれば低値を答える可能性がある質問文である。また，被験者は選択肢式ではなく，スライダー式の物差しを使って，ある程度の「幅」を許容されたうえで解答していく。

　もし被験者にPMRが働いているとしよう。その場合，金銭的報酬を提示されても，党派性の愛着・忠誠心が勝り，金銭的報酬は党派的解答を抑えない。一方，被験者の党派性にかかわる欲求が一過性の応援行為にすぎないのであれば，金銭的報酬は党派的解答を抑え，被験者は正解に近い中位の解答をすると推測できる。この設計により，党派性に親和的な解答の性質を見定められる。Bullock et al. (2015) は，解答結果をもとに党派性解答スコアを定め，それを処置の有無，党派性，それらの交差項を含むモデルによって分析することで党派的解答が処置と党派性にいかに影響されるかを検証した。そして大村 (2024) は，実験8-2と同様に，Bullock et al. (2015) を追試し，日本ではそもそも党派的解答自体が認められず，応援行為もPMRの働きも限られていると主張した。

　本実験を日本に再び適用するために，まずは日本の政策分野に合うように，クイズの内容を調整した。具体的には，外国人労働者割合，防衛費対GDP割合，そして内閣支持率と経済評価割合に関する質問を加えた。

　また経済投票に直接関係する知識・情報の表明を分析するために，独自のクイズと分析を加えた。党派的解答が可能なクイズの1つとして，世論調査における内閣支持率，（肯定的な）経済評価の割合を尋ねた（表9-4・最下行を参照）[9]。これらのクイズは，被験者の経済投票をめぐる事実認識，あるいは信念を反映すると考える。経済評価の肯定的な回答割合が高く，内閣への支持の割合も高いと被験者が答えるならば，その被験者は，経済と政府への支持のつながりが，正の方向に強いととらえているとみなす。その「経済と政治のつながり」に関する情報の表明に際して，党派性がどのように作用するのかを検討する。

　加えて本実験9-2では，内閣支持に関する党派性解答を従属変数とし，経済評価に関する党派性解答と党派性を独立変数とする回帰分析も行う。党派性によって，経済評価の党派性解答から内閣支持の党派性解答への効果量が異なるのかを確かめる。OLS推定を使った回帰分析では，(1)プールしたデータにあ

---

　9　時事通信社データの内閣支持率の割合はインターネット上の検索によって知ることができるが，経済評価の割合については調べることができない。よって，党派性が最も反映されやすいクイズであったとも考えられる。

180　第Ⅲ部　個人データを使った分析

てはめた結果，(2)党派性ごとに分けたサンプルに対してあてはめた結果を示す。
もし党派性が内閣支持率の解答値を左右しているのであれば，党派性ダミーは
内閣支持率の解答値を有意に異なるものにするだろう。もし党派性が，経済評
価と内閣支持率の結びつきをめぐる情報の表明までも左右しているのであれば，
党派性ごとに分けたサンプルの推定において，景気評価と暮らし向き評価の回
答割合の効果量が，党派性によって異なるはずである。またそれらの情報表明
の過程が応援行為によるものであれば，効果量は金銭的報酬によって，抑制さ
れるはずである。

　本実験の一連の仮説は以下のとおりである。実験 9-2 のフローは，図 9-7 に
示した。


### 実験 9-2 の仮説

【処置関連】

**仮説 9-2-1**：正解報酬を提示された群のほうが，統制群に比べて党派性解答
スコアが低い。

**仮説 9-2-2**：DK 報酬を提示された群のほうが，統制群に比べて党派性解答ス
コアが低い。


【党派性関連】

**仮説 9-2-3**：与党派ほど無党派に比べて，党派性解答スコアが高い。

**仮説 9-2-4**：野党派ほど無党派に比べて，党派性解答スコアが低い。


【PMR と応援行為関連】

**仮説 9-2-5**：党派性の作用が PMR によるものならば，与党派である場合の党
派性差異は十分に大きく，与党派で正解報酬を提示された場合と提示されなか
った場合との党派性解答スコアの差は，統計的に有意にゼロではない。

**仮説 9-2-6**：党派性の作用が応援行為によるものならば，与党派である場合
の党派性差異が十分に大きいとしても，与党派で正解報酬を提示された場合と
提示されなかった場合との党派性解答スコアの差は，ゼロであることを否定で
きない。

**仮説 9-2-7**：党派性の作用が PMR によるものならば，与党派である場合の党

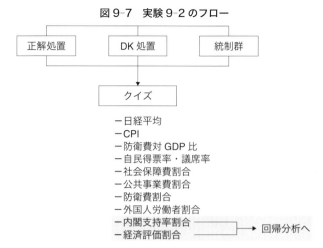

図9-7 実験9-2のフロー

出所：筆者作成

派性差異は十分に大きく，与党派でDK報酬を提示された場合と提示されなかった場合との党派性解答スコアの差は，統計的に有意にゼロではない。

**仮説 9-2-8**：党派性の作用が応援行為によるものならば，与党派である場合の党派性差異が十分に大きいとしても，与党派でDK報酬を提示された場合と提示されなかった場合との党派性解答スコアの差は，ゼロであることを否定できない。

### 経済評価の解答と内閣支持率の解答の関係についての仮説群

【党派性関連】

**仮説 9-2-9**：与党派ほど無党派に比べて，内閣支持率の解答値に対する与党支持の効果量が大きい。

**仮説 9-2-10**：野党派ほど無党派に比べて，内閣支持率の解答値に対する野党支持の効果量が小さい。

【PMRと応援行為関連】

**仮説 9-2-11**：党派性の作用がPMRによるものならば，与党派の場合に内閣支持率の解答値に対する与党支持の効果が大きく，正解報酬によっても，DK

182　第Ⅲ部　個人データを使った分析

表 9-3　実験 9-2 のデータの記述統計

| 処置 | n | 年齢 | 所得（万円） | 女性割合（%） | 大卒割合（%） |
|---|---|---|---|---|---|
| 正解報酬 | 580 | 33 | 604.04 | 31 | 75 |
| DK 報酬 | 361 | 34 | 627.16 | 24 | 73 |
| 統制群 | 633 | 33 | 583.67 | 28 | 72 |

注：詳細なバランス・チェックはオンライン上の補遺を参照。性別において，女性の割合が
　　少なく，大卒割合が高かったことがわかるが，各群で女性の割合，大卒割合に統計的に
　　有意な差は生じていない。

報酬によっても与党支持の効果が抑えられない。

**仮説 9-2-12**：党派性の作用が応援行為によるものならば，与党派の場合に内閣支持率の解答値に対する与党支持の効果が大きいとしても，正解報酬や DK 報酬によって，与党支持の効果が抑えられる。

## 5　実験 9-2 のデータ，変数の設定，推定方法の説明

　実験 9-2 は，2023 年 8 月 15 日から 16 日に Yahoo! クラウドソーシングから募った回答者 3167 名に対して行った[10]。そこから省力回答者の可能性が高いと考えられる被験者を除いた。分析に利用したデータの記述統計は表 9-3 である。

　処置の具体的な画面は次頁のとおりである。また，日本に応じた質問文を，表 9-4 のように定めた。後述する党派性解答スコアの平均値と標準偏差も併記した。

　上記のクイズへの解答から得られたデータをもとに，党派性解答スコアを次のように指標化する[11]。スライダー式の解答値は，それぞれのスライダーごとに設定した最小値から最大値間の値をとる連続変数となる。同値を最小値 0 から最大値 1 をとるように正規化したものを，各質問に関する党派性解答値と定める[12]。この党派性解答値をもとに，全クイズ分の党派性解答値の平均を党派

---

10　本実験 9-2 の場合，回答へのポイント付与，付与の差異の虚偽情報の提示，スライダー式の解答すべてを受け入れ可能な調査会社が YCS のみであった。スクリーニング質問は，実験 8-2 のものと同じである。その関係で，処置もポイント付与による純然たる「報酬型」ではなく，ポイント削減による「制裁型」のかたちをとることになった。この点で，Bullock et al.（2015）の設計とは異なり，その完全な追試とはなっていない点を断っておきたい（参考：善教・大村 2024）。

第9章 経済情報をどのように推論・表明しているのか？ *183*

【正解処置】

今から、日本の政治経済に関するクイズが8問出題されます。

**ポイントの付与のためのキーワードは、本調査の最終画面において提示されますので、必ずメモを取るなどしてご準備いただきますようよろしくお願い申し上げます。**

8問のクイズにおいて、各問題につき20秒以内に正解を正確に答えていただけた場合には、Yahooのポイントが付加されます。しかし回答までの時間が20秒を越してしまった場合や、正解を正確に答えていただけなかった場合には、Yahooのポイントは付加されません。

但し問題の性質上、誤差を考慮して、正解には一定の「幅」があります。それを知っていただくために、以下の例題の質問にお答えください。この例題の正解・不正解は、ポイントの付与には関係しません。

**例題：日本のプロ野球の投球において、史上最速の投球記録といわれているのは、2021年に巨人のビエイラ投手が記録したといわれています。その球速は何キロでしたでしょうか。以下の物差しをスライドさせながら、正しいと思う値を選んでください。**

**※補足情報：2023年度の日本のプロ野球におけるストレートの平均球速は、約143.8キロであると公表されています。**

100　　110　　120　　130　　140　　150　　160　　170　　180　　190　　200

【「わからない」（DK）処置】

今から、日本の政治経済に関するクイズが8問出題されます。

**ポイントの付与のためのキーワードは、本調査の最終画面において提示されますので、必ずメモを取るなどしてご準備いただきますようよろしくお願い申し上げます。**

8問のクイズにおいて、各問題につき20秒以内に正解を正確に答えていただけた場合には、Yahooのポイントが付加されます。しかし回答までの時間が20秒を越してしまった場合や、正解を正確に答えていただけなかった場合には、Yahooのポイントは付加されません。

また、「わからない」時に「わからない」とお答えいただいた場合にも、Yahooポイントは付加されます。「わからない」時には「わからない」と正直にお答えください。

〔以下同様〕

注：DK処置については，補足情報と解答用のスライドを省略。

184　第Ⅲ部　個人データを使った分析

別解答スコアとする。党派性解答スコアの算出，詳細な推定方法については，オンライン上の補遺を参照していただきたい。仮説が支持されるときの分析結果の模式図は，図9-8である（仮説9-2-1から仮説9-2-8に関して）。

## 6　実験9-2の分析結果の検討

### Bullock et al.（2015）の追試の結果

図9-9には，処置，党派性，処置と党派性のもとでの党派性解答スコアの平均値の差を示した。図9-9からは，情報の表明に与党派性が影響することがわかる（右上パネル）。与党派のスコアは有意に高く，野党派のそれは低い。とはいえ差は，与党派と無党派間で0.01％ポイント，与党派と野党派間で0.02％ポイント程度であり，実質的な差はほぼ認められない。

しかし，図9-9の左下パネル，処置×党派性の組み合わせに関する結果は，処置が党派性の作用を緩和している点で注目を要する。統制群において，与党派と野党派のスコアには有意差がある一方，正解処置群，DK処置群において，有意差が認められる組み合わせは限られる。また統制群の与党派と処置群の与党派を比べた場合にも，有意差は認められない。これらの結果から，処置がなければ党派性に忠実な解答，党派性に親和的な解答をするとしても，金銭的報酬によって差が縮まると推測できる。党派的解答はPMRによるものではなく，応援行為に近い性質のものではないかとの見通しが立つ。ここまでの結果から，党派性が知識の処理を駆動しないか，あるいは駆動するのだとしても，その働きはPMRという特異性の高いものではないようである（参照：大村 2024）。

---

11　手順はBullock et al.（2015）に概ね依拠するものになっている。党派性解答スコアの指標化に際して，正解か不正解であるかは問題にならない。党派性の強い回答を行っているか否かのみが問題になる。よって，クイズ質問に際してしばしば問題になる情報の探索行動の有無は，本実験に関して問題にならない。一方で，情報の探索行動における党派性の作用を分析した研究に，Peterson & Iyengar（2021），それを日本で追試した研究に善教・大村（2024）がある。

12　正規化は多くの質問への回答で「0から1」で行っている。しかし，小さい値のほうが与党にとって望ましい回答の場合がある。消費者物価指数，外国人労働者割合の場合は，「1から0」で正規化を行っている。日本の社会政治経済の文脈を考慮して，公共事業費や社会保障費は多い場合に政権与党にとって有利な解答であると設定したが，議論の余地がある。詳細については，大村（2024）も参照。

第9章　経済情報をどのように推論・表明しているのか？　*185*

## 表9-4　実験9-2の質問文

| 項目 | 質問文 | 解答欄 | 解答スコア 平均 | 解答スコア 偏差 |
|---|---|---|---|---|
| 日経平均株価 | 2021年10月に岸田文雄内閣が発足した時に比べて，現在の日経平均株価は高くなったと思いますか。それとも低くなったと思いますか。変わりませんか。<br>以下の物差しをスライドさせて，<br>**①岸田政権発足時，2021年10月の日経平均株価の月末終値**<br>**②現在の日経平均株価**<br>として正しいと思われる値をお答えください。<br>※補足情報：なお，岸田政権が発足する1年前，2020年10月の日経平均株価の月末終値は「22,977.13円」でした。 | ①2021年10月の日経平均株価<br>②現在の日経平均株価<br><br>スライダー範囲：<br>15000円から35000円 | 0.49<br><br>0.67 | 0.18<br><br>0.23 |
| 消費者物価指数 | 2021年10月に，岸田文雄内閣が発足した時に比べて，現在の消費者物価は高くなったと思いますか，それとも低くなったと思いますか。変わりませんか。<br>以下の物差しをスライドさせて，<br>**①岸田内閣発足時，2021年10月消費者物価指数**<br>**②2023年6月の消費者物価指数**<br>として正しいと思われる値をお答えください。<br>※補足情報：2021年9月の消費者物価指数は「100.1」でした。 | ①2021年10月の消費者物価指数<br>②現在の消費者物価指数<br><br>スライダー範囲：<br>90から110 | 0.49<br><br>0.34 | 0.13<br><br>0.21 |
| 防衛費対GDP費 | **岸田文雄政権下の日本政府は，防衛費の対GDP比を，どの程度に増減させることを予定していますか。以下の物差しをスライドさせて，正しいと思われる値をお答えください。**<br>※補足情報：2021年度の防衛費の対GDP比は1.24%でした。 | 防衛費の対GDP費<br><br>スライダー範囲：<br>0—5 | 0.44 | 0.16 |
| 衆議院選挙得票率・議席率（過 | 現在の衆議院における各政党の議席の割合は，2021年10月に行われた第 | ① 自民党の得票率<br>② 自民党の議席率 | 0.47<br>0.52 | 0.16<br>0.14 |

| 去） | 49 回衆議院議員総選挙の結果が，主にもとになったものです。<br>この 2021 年衆議院総選挙において，<br>①自由民主党が獲得した得票率<br>②自由民主党が衆議院において占める議席率<br>はそれぞれ何パーセントでしたでしょうか。<br>以下の物差しをスライドさせて，正しいと思われる値をお答えください。 | スライダー範囲：<br>0 から 100 | | |
| 衆議院選挙得票率・議席率（未来） | 2023 年秋にも，衆議院の解散総選挙が行われる可能性がいわれています。もし解散総選挙が行われるとすると，自由民主党が獲得する得票率と議席率は，どれぐらいになると予想されますか。以下の物差しをスライドさせながらお答えください。 | ①　自民党の予想得票率<br><br>②　自民党の予想議席率<br><br>スライダー範囲：<br>0 から 100 | 0.51<br><br>0.50 | 0.17<br><br>0.14 |
| 政府支出 | **岸田文雄政権下 2022 年度の日本の全政府支出（一般会計歳出）が 100 円であったとお考え下さい。**<br>以下の **2022 年度における各分野の支出は，全政府支出 100 円のうち，いくらぐらいに当たっていたと思われますか。以下の物差しをスライドさせて，正しいと思われる値をお答えください。**<br>（例）社会保障支出が全政府支出の 50 % に当たると考えた場合→50 円に物差しのスライドを移動 | 社会保障費<br>公共事業費<br>防衛費<br><br>スライダー範囲：<br>0 から 100 | 0.37<br>0.31<br>0.27 | 0.16<br>0.22<br>0.17 |
| 外国人労働者割合 | いま日本において，全労働者のうち，外国人労働者は何パーセントの割合を占めると思われますか。以下の物差しをスライドさせて，正しいと思われる値をお答えください。 | 外国人労働者割合<br><br>スライダー範囲：<br>0 から 100 | 0.78 | 0.17 |
| 内閣支持率と経済評価 | 2023 年 6 月時点の時事通信社による世論調査において，以下の値はそれぞれ何パーセントであったと思われますか。<br>　以下の物差しをスライドさせて，正しいと思われる値をお答えください。 | ①　内閣支持率<br>②　景気評価に占める肯定的な評価の割合<br><br>③　暮らし向き評価に占める肯定的な評価の割合 | 0.39<br>0.34<br><br><br>0.34 | 0.13<br>0.16<br><br><br>0.16 |

| | | スライダー範囲：<br>0 から 100 |
|---|---|---|

注：太字と下線部は，実際の調査画面でも太字にし，下線が引かれている。最下行の内閣支持率と経
　済評価に関する質問が，本書独自の実験に当たる。


図9-10には，党派性解答スコアの上昇をめぐる党派性差異を示した。図9-10からは，図9-9にも準じて，与党派の党派性解答スコアの上昇と野党派の低下を，対となって認める。とはいえ上昇と低下の効果量は，実質的には小さく，日本の場合，党派性にもとづいた知識の表明はほとんど起こっていないか，あるいは軽微に生じるといった程度である。

しかし，党派性解答値間に党派性差異が認められることから，次は金銭的報酬が党派性差異を抑えるのかを確かめる。図9-11は，各党派性の被験者が，正解報酬処置を受けた場合とそうでない場合，DK報酬処置を受けた場合とそうでない場合で，党派性解答スコアの上昇度の差にどれだけの違いがあるかを表したものである。図9-10から，与党派であることで他党派に比べて，党派性解答スコアが高まる傾向がわかっているが，図9-11から，正解報酬とDK報酬は与党派の党派性解答スコアの上昇を抑える。さらに野党派の結果から，正解報酬がとりわけ党派性解答スコアの低下を抑えている。与党派の高値の党派性解答，および野党派の低値の党派性解答は，正解処置とDK処置によって抑制される。これらの結果から，正解による金銭的報酬は党派性の発現を抑える。日本の被験者は経済情報の表明の過程であまり党派性の影響を受けておらず，受けているとしても，その性質は応援行為にとどまり，PMRへは至っていないと考えていいだろう。

これらの結果から，処置が結果を左右するという仮説9-2-1と仮説9-2-2は支持されない（図9-9・左上パネル）。党派性に関する仮説9-2-3と仮説9-2-4は支持できるが，PMRに関する仮説9-2-5と仮説9-2-7は支持できない。そして応援行為についての仮説9-2-6と仮説9-2-8を支持する。


### 経済評価の解答と内閣支持率の解答の関係についての分析結果

図9-12には，内閣支持率の解答値を従属変数，経済評価の解答値を独立変数とするOLS推定の結果を示した。党派性によって，経済評価解答値の内閣

188　第Ⅲ部　個人データを使った分析

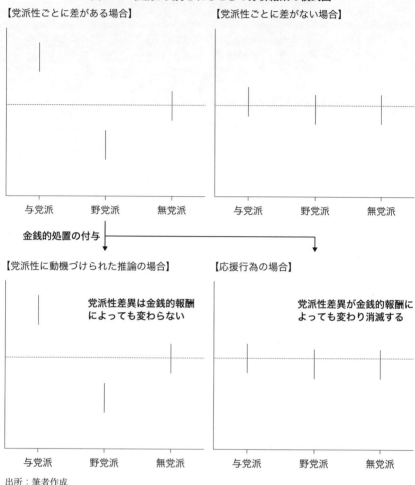

図9-8：仮説が支持されるときの分析結果の模式図

出所：筆者作成

支持率解答値に対する係数が異なるかを確かめるためである。OLS推定の描画から，経済評価の解答値の係数はいずれの場合にも正の方向であり，与党派と野党派の間ではほとんど異ならない。ただし，無党派の場合に，係数の値がほかの場合よりも大きく，経済と政治のつながりをより強く推論し，表明するようである。

そして図9-13には，処置のもとで与党支持，野党支持，無党派の効果の変

### 図 9-9 【実験 9-2】処置，党派性，処置と党派性のもとでの党派性解答スコアの平均値の差のプロット

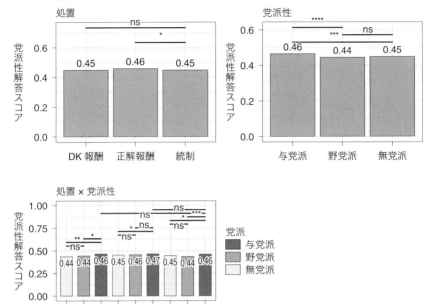

注：値は平均値。****：$p<0.001$；***：$p<0.01$；**：$p<0.05$；*：$p<0.10$；ns：統計的に有意でないことを表す
出所：筆者作成

化を示した。経済評価の効果は処置によって変わらない。しかし重要なことに，金銭的報酬のうち DK 報酬は，明らかに党派性が内閣支持率の解答値に与える効果を抑える[13]。そして無党派の場合，やや小さい内閣支持率への効果は，金銭的報酬（正解報酬）によってより穏当なものになる。図 9-13 の結果から，党

---

13 正解報酬に関する結果はさらなる考察が可能である。一見すると，正解報酬では，政党支持の効果が高まっているようにみえる。しかし図 9-13 の棒線が示すように誤差は広がり，信頼区間が広がっていることがわかる。正解報酬には，"与党派であればより高いほうが，野党派であればより低い値のほうが正解ではないか" という判断が加わっている可能性もある。

#### 図 9-10 【実験 9-2】党派性解答スコアの党派性差異のプロット

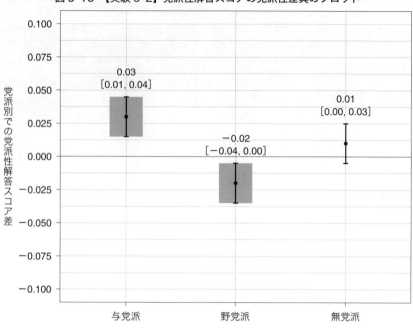

注：各点はシミュレーション結果の 50% 値を表す。それに付随する棒線は，下位 2.5% と上位 97.5% の値をもとに引いた。ハイライトしている結果は 5% 水準で統計的に有意であることを表す。数値は，係数［2.5% 下限値，97.5% 上限値］である。
出所：筆者作成

派的な経済投票をめぐる情報・知識の表明が日本で生じているとしても，それは金銭的報酬によって抑制される一過性の応援行為であることが明示されている。

　ここまでの分析結果から，党派性にかかわる仮説 9-2-9 と仮説 9-2-10 を支持できる。そして，DK 報酬を提示された場合の与党支持の効果はゼロであることを否定できないことから，金銭的報酬は党派的な解答を抑制する。本結果から，仮説 9-2-11 を棄却し，仮説 9-2-12 を支持する。よって実験 9-2 は，「経済と政府への支持のつながり」に関する情報・知識の表明の過程にも，PMR が認められないことを示すものとなった。そこに党派性が介在したとしても，その性質は応援行為の一種，すなわち一過性のものにすぎないことを本分析は重ねて示している。それは，Bullock et al. (2015) に従うと，党派性が根

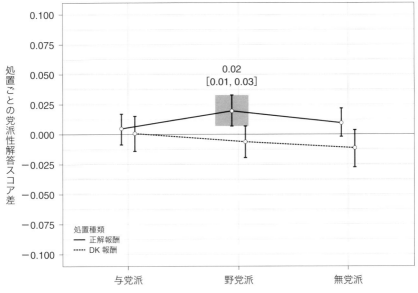

図9-11 【実験9-2】処置のもとでの党派性差異

注：図9-10・注を参照。
出所：筆者作成

源的に働くPMRとは少なくとも異なり，応援行為の性質をもつものにすぎないと示したことになる。

## 7　第9章の分析からわかったこと

　本章では，日本の有権者が「経済情報をどのように推論・表明しているのか」を分析した。党派性に動機づけられた「推論」をより精緻に分析するためには，人々がいかに情報を推論し，さらには表明するかという一連の過程を明らかにする必要がある。そのために，2つの実験を行った。実験からは，次の3点が明らかになった。

　第1に，経済政策領域での党派性に動機づけられた「推論」は働いていないようである。経済情報のうち物価に関する情報の推論に際して，政策位置は明らかに影響していた。政策位置が保守寄りの被験者ほど与党派寄りの情報の正答率が高く，非与党派寄りの情報の正答率が低かった。しかし，党派性は推論

## 図 9-12 【実験 9-2】最小二乗法による経済評価の解答値と内閣支持率の解答値の関係の分析（党派性ごとのサンプル）

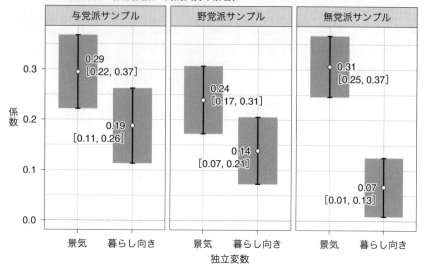

注：各点は係数，それに付随する棒線は 95% の信頼区間をもとに引いた。推定モデルには他の共変量も含まれるが，ここでは経済評価と政党支持変数のみの結果を示した。ハイライトしている結果は 5% 水準で統計的に有意であることを表す。数値は，係数［2.5% 下限値，97.5% 上限値］である。
出所：筆者作成

の正誤を左右しなかった。LGBTQ や外国人労働者問題といった価値観にかかわる領域において，党派性間で正答率の対照が認められたが，それらの結果は統計的にみて確からしいものではなかった。

　第 2 に，党派性は，経済情報の表明の過程ではやや作用しているかもしれない。与党派の被験者ほど与党に有利な情報を表明する場合があり，野党派の場合もそうであった。ただしそれは，社会政治経済の事実に関することではあまり認められない。内閣支持率，自民党議席率や得票率といった政党のパフォーマンスにかかわるクイズに限られていた。

　第 3 に，仮に情報の表明に党派性が働くとしても，党派性の働きを金銭的報酬が抑える。ここから党派的な情報の表明は，PMR の作用による根源的なものというより，一過性の，不誠実な応援行為の発現によるものであると判断することになる。

### 図 9-13 【実験 9-2】最小二乗法による経済評価の解答値と内閣支持率の解答値の関係の分析（処置の効果）

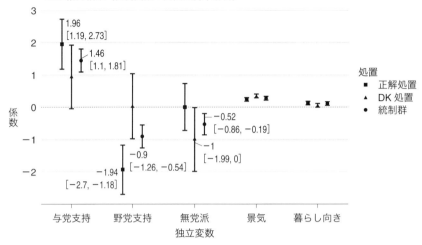

注：図 9-12・注を参照。
出所：筆者作成

　第 9 章の結果は，第 8 章の結果を再確認するものになった。日本では PMR が起こっているとの解釈は導き難い。日本では，与党を支持しているとしても，経済情報の推論・表明の過程で，党派性に親和的な情報処理が進んでいるようにはみえない。仮に，党派性に沿った情報表明をするとしても，それは一過性のもののようである。ここまで経済情報の受容，推論，表明のプロセスに分けて，経済評価の形成をめぐる否定性バイアス，経済投票における不平の非対称性とその党派間での非対称，PMR の働きをみてきたが，次章では，経済投票それ自体をめぐって，より直接的な検証を試みる。

194 第Ⅲ部 個人データを使った分析

# 第10章
# 日本の経済投票はどのようなものなのか？
## ——実験データの分析 (3)

　本章では，実験データを使って，経済投票そのものを調べる。有権者が，複数の経済状況がある社会において，どのようなときに与党，野党を選ぶのか，あるいはどちらも選ばないのかを直接的に検証するための実験を行う。複数の経済指標に関する肯定・否定方向の変化を，2つの状況としてランダムに提示する。どちらの状況なら政権与党を選ぶのか，野党を選ぶのか，あるいは，どちらも選びたくなくなるのかを，選択ベースのコンジョイント実験 (Choice-based Conjoint Experiment) によって検証する。本実験を通して，日本の有権者が党派性に動機づけられるのか，また不平の非対称性やその党派間での非対称が認められるのかも明らかにする。

## 1　実験 10-1「経済投票に関するコンジョイント実験」の設計

　本章では，選択ベースのコンジョイント実験を行う。人々は何かを選ぶときに多くの要素を考慮に入れる。それらの要素をめぐって，多い・少ない，高い・低い，良い・悪いなどの基準をもとに選択を行う。コンジョイント実験は，そうした私たちの意思決定を直接的に，包括的に分析できる手法だと考えられている[1]。コンジョイント実験は，複数の水準をもつ要因の分析に適している。各要因について，複数の水準を，被験者にランダムに提示する。それらは，研究者が検証したい複数の仮説を反映している。ランダムに提示する要因のなかに候補者の属性，政策分野，社会のありさまなど知りたいことを反映させ，それぞれの要因に水準を複数設けることで，どの要因のどの水準に被験者が反応しやすいのか，どの要因が選択により寄与しているのかを調べることができる。選挙の研究者は，コンジョイント実験をうまく使って，有権者の政府選択，政

---

1　Bansak et al. (2021), Hainmueller, Hopkins, & Yamamoto (2014), Liu & Shiraito (2023) を参照。

党選択，候補者選択をめぐる意思決定に迫ってきた。

　本書のこれまでの分析では，複数の経済状況を示し，それらの各水準への反応を探ることで，不平の非対称性，不平の非対称性の党派間での非対称，PMR という 3 つの分析課題に取り組んできた。本書の最後の分析として，これらを包括的に分析できるコンジョイント実験を使って，経済投票の直接的な分析を行う。

　実験 10-1 では，ある政権与党のもとで野党も存在し，どの政党にも投票したくない人々もいる社会を想定する。現在（2025 年 2 月）の日本で，自民党と公明党が与党であり，他の複数の政党が野党として存在するもと，どこにも投票したくないと考える有権者もいる，という実態を反映している。その社会では，多様な経済状況（経済指標）が生じている。そうした社会において，「現政権与党を継続して選ぶこと」「現政権ではなく野党を選ぶこと」「どの政党も選びたくなくなること」に働く要因はどのようなものかを明らかにする。

　被験者には，2 つの経済状況，状況 1 と状況 2 を提示する。2 つの経済状況のなかには，複数の経済状況のさまざまな状態がランダムに提示される。被験者を，与党を選択する，野党を選択する，どの政党も選びたくなくなる，という 3 つの群にランダムに割り当てることで，上記の 3 つの選択肢が，どの経済状況下で生じやすいのか，どの状況下でそれぞれの選択肢が促されるのかを確かめる。すなわち選択する状況は与党選択，野党選択，投票忌避に付随する状況であることから，処置は単に処置であるだけではなく，「与党選択としての状況 1 あるいは状況 2」といったように選ぶべき状態を指す（後述・処置後の質問文を参照）。与党選択としての状況 1 あるいは状況 2 に対して，各経済要因のどの水準が寄与するのかを明らかにすることが目的となる。

　また被験者を 3 群に割り当てることによって，肯定的な経済情報の水準，否定的な経済情報の水準，いずれのほうが与党選択や野党選択に対して，より大きい効果をもたらすのかも確かめることができる。そして「与党を選択しない」ことと「野党を選択すること」に対して，否定的な経済情報のほうが，肯定的なそれよりも大きい効果をもつならば，不平の非対称性が働いていることを確かめられる。さらに与党派，野党派，無党派別に推定結果を分けることで，与党派の場合に，野党派や無党派の場合と比べて否定的情報の効果が小さいならば，PMR が働いているかも確かめられる。

196　第Ⅲ部　個人データを使った分析

表 10-1：【実験 10-1】コンジョイント実験の要因と水準

| 要因 | 水準 |
| --- | --- |
| GDP 成長率 | 前期比−1.0%；前期比 0%；前期比＋1.0% |
| 完全失業率 | 前年同月比＋0.5%；前年同月比 0%；前年同月比−0.5% |
| 物価 | 前年同月比＋1.0%；前年同月比 0%；前年同月比−1.0% |
| 日経平均株価 | 年初から 1000 円安；年初と同額；年初から 1000 円高 |
| 為替レート（対米ドル） | 年初から 10 円安；年初と同じ；年初から 10 円高 |
| 長期金利 | 前年同期と比べて 0.2% 上昇；前年同期と同値；前年同期と比べて 0.2% 低下 |

　コンジョイント実験の手順は，Hainmueller, Hopkins, & Yamamoto（2014）に従う。その要因と水準は表 10-1 のとおりである。各要因・経済指標は，単純に良化／現状維持／悪化からなる。各経済指標の高低・増減や比較の基準となる時期（前期比／前年同月比／前年同期）は，各経済指標の報道時に多く使われる表現を使った。被験者には，既述のように，要因内の水準を状況 1 と状況 2 としてランダムに示す。状況 1 と状況 2 のうちどちらであれば，後述の選択をするかを尋ねる。

　既述のとおり，コンジョイント実験が始まる前に，被験者は次の文面をみる 3 つの群「与党選択群」「野党選択群」「投票忌避群」に，ランダムに割り当てられる[2]。

【与党選択群】

　　今から，あなたが「**政権与党をお選びになる経済状況**」について，5 つの質問にお答えいただきます。

【野党選択群】

　　今から，あなたが「**野党をお選びになる経済状況**」について，5 つの質問にお答えいただきます。

【投票忌避群】

　　今から，あなたが「**"どの政党にも投票したくない"とお考えになる経済状況**」について，5 つの質問にお答えいただきます。

---

2　いずれの文面の太線も下線も，実際の画面どおりである。

上記の誘導文を示したのちに，被験者に対して，コンジョイント実験にかかわる画面を5質問分示す。なお，与党選択群，野党選択群，投票忌避群には，それぞれ以下の質問文が提示される[3]。

【与党選択群】
　以下のうちのどちらの状況であれば，<u>あなたは今の政権与党を選び，野党を選びませんか。</u>
【野党選択群】
　以下のうちのどちらの状況であれば，<u>あなたは今の政権与党を選ばず，野党を選びますか。</u>
【投票忌避群】
　以下のうちのどちらの状況であれば，<u>あなたは今の政権与党も，野党も選ばず，どの政党にも投票したくないとお考えになりますか。</u>

　与党選択の場合の画面例を，図10-1に示した。図には2画面・2質問分しか提示していないが，既述のとおり，実際には1被験者あたり5画面・5質問分が示され，下線部が各群によって異なる。こうした実験のフローは，図10-2にまとめた。本実験の仮説は，以下のとおりである。

### 実験10-1の仮説
【不平の非対称性関連】
**仮説10-1-1**：経済投票における不平の非対称性が働いているならば，肯定的経済情報が与党を選択することにもたらす正の効果量の絶対値よりも，否定的経済情報が与党を選択しないことにもたらす負の効果量の絶対値のほうが大きい。
**仮説10-1-2**：経済投票における不平の非対称性が働いているならば，肯定的経済情報が野党を選択しないことにもたらす負の効果量の絶対値よりも，否定的経済情報が野党を選択することにもたらす正の効果量の絶対値のほうが大きい。

---

3　いずれの文章の末尾にも，「当てはまる方を1つお選びください」という一文がつく。図10-1を参照。

198　第Ⅲ部　個人データを使った分析

### 図 10-1　【実験 10-1】コンジョイント分析の画面例（与党選択の場合）

以下のうちのどちらの状況であれば、**あなたは今の政権与党を選び、野党を選びませんか。**

当てはまる方を1つお選びください。

| 経済指標 | 状況1 | 状況2 |
|---|---|---|
| **完全失業率** | 前年同月比0% | 前年同月比0% |
| **日経平均株価** | 年初と同額 | 年初から1000円安 |
| **為替レート（対米ドル）** | 年初から10円高 | 年初から10円安 |
| **GDP成長率** | 前期比0% | 前期比0% |
| **物価** | 前年同月比0% | 前年同月比0% |
| **長期金利** | 前年同期から比べて0.2%上昇 | 前年同期から比べて0.2%低下 |

**状況1**

**状況2**

以下のうちのどちらの状況であれば、**あなたは今の政権与党を選び、野党を選びませんか。**

当てはまる方を1つお選びください。

| 経済指標 | 状況1 | 状況2 |
|---|---|---|
| **完全失業率** | 前年同月比+0.5% | 前年同月比-0.5% |
| **日経平均株価** | 年初と同額 | 年初から1000円安 |
| **為替レート（対米ドル）** | 年初から10円高 | 年初と同じ |
| **GDP成長率** | 前期比0% | 前期比0% |
| **物価** | 前年同月比+1.0% | 前年同月比-1.0% |
| **長期金利** | 前年同期から比べて0.2%上昇 | 前年同期と同値 |

**状況1**

**状況2**

注：実際の分析では，5画面を被験者に提示。
出所：筆者作成

第 10 章　日本の経済投票はどのようなものなのか？　*199*

## 図 10-2　実験 10-1 のフロー

| 質問：今から，あなたが「**政権与党をお選びになる状況**」について，5 つの質問にお答えいただきます。 | 質問：今から，あなたが「**野党をお選びになる状況**」について，5 つの質問にお答えいただきます。 | 質問：今から，あなたが「**"どの政党にも投票したくない"とお考えになる状況**」について，5 つの質問にお答えいただきます。 |

共通のコンジョイント実験

| 要因 | 水準 |
|---|---|
| GDP 成長率 | 前期比－1.0%／前期比 0%／前期比＋1.0% |
| 完全失業率 | 前年同月比－0.5%／前年同月比 0%／前年同月比＋0.5% |
| 物価 | 前年同月比－1.0%／前年同月比 0%／前年同月比＋1.0% |
| 日経平均 | 年初から 1000 円高／年初と同額／年初から 1000 円安 |
| 為替レート（対米ドル） | 年初から 10 円安／年初と同じ／年初から 10 円高 |
| 長期金利 | 前年同期と比べて 0.2%上昇／前年同期と同値／前年同期と比べて 0.2%低下 |

出所：筆者作成

【不平の非対称性の党派間での非対称関連】

**仮説 10-1-3**：野党派と与党派間に，経済投票における不平の非対称性の党派間での非対称が働いているならば，与党派が否定的情報に反応する程度のほうが，野党派が否定的情報に反応する程度より大きい。

**仮説 10-1-4**：野党派と無党派間に，経済投票における不平の非対称性の党派間での非対称が働いているならば，無党派が否定的情報に反応する程度のほうが，野党派が否定的情報に反応する程度より大きい。

【PMR 関連】

**仮説 10-1-5**：PMR が働いているならば，与党派の場合に，否定的経済情報が与党選択にもたらす効果量はゼロであることを否定できない。

*200*　第Ⅲ部　個人データを使った分析

表 10-2　実験 A のデータの記述統計

| 処置 | n | 年齢 | 所得（万円） | 女性割合（%） | 大卒割合（%） |
|---|---|---|---|---|---|
| 与党選択 | 1009 | 33 | 593.45 | 33 | 51 |
| 野党選択 | 989 | 33 | 561.20 | 30 | 51 |
| 投票忌避 | 997 | 33 | 574.06 | 34 | 51 |

注：詳細なバランス・チェックはオンライン上の補遺を参照。

表 10-3　実験 B のデータの記述統計

| 処置 | n | 年齢 | 所得（万円） | 女性割合（%） | 大卒割合（%） |
|---|---|---|---|---|---|
| 与党選択 | 663 | 31 | 648.19 | 53 | 42 |
| 野党選択 | 700 | 32 | 609.92 | 48 | 43 |
| 投票忌避 | 669 | 32 | 584.17 | 52 | 44 |

注：詳細なバランス・チェックはオンライン上の補遺を参照。

## *2*　実験 10-1 のデータ，変数の設定，推定方法の説明

　実験 10-1 は，2023 年 4 月 1 日から 3 日にかけて，Yahoo! クラウドソーシングから募った回答者 3122 名に対して実施した調査 1（実験 A・YCS）と，2023年 4 月 24 日から 26 日にかけて，Cint 社から募った回答者 2339 名に対して実施した調査 2（実験 B・Cint）からなる[4]。これまでの章では，1 回の実験の結果のみを報告してきた。しかし実験 10-1 は，日本の経済投票を直接的に調べる中心的な分析であるため，結果の確かさを示すべく，2 回の実験結果を報告する。詳細な推定方法については，オンライン上の補遺を参照していただきたい。これまでの分析と同様に，省力回答者の可能性が高いと考えられる被験者は除いた。分析に利用したデータの記述統計を表 10-2 と表 10-3 に示した。仮説が支持されるときの分析結果の模式図は，図 10-3 である。

---

4　スクリーニング質問は，いずれについても，生活費について答えてもらう項目を設け，「野球観戦料」という項目では「100」という数値をスライダーで選択するように求めるものである。加えて，「額面の年収－手取りの年収＜0」であった回答者のデータも除いた。

第 10 章　日本の経済投票はどのようなものなのか？　*201*

**図 10-3　仮説が支持されるときの分析結果の模式図**

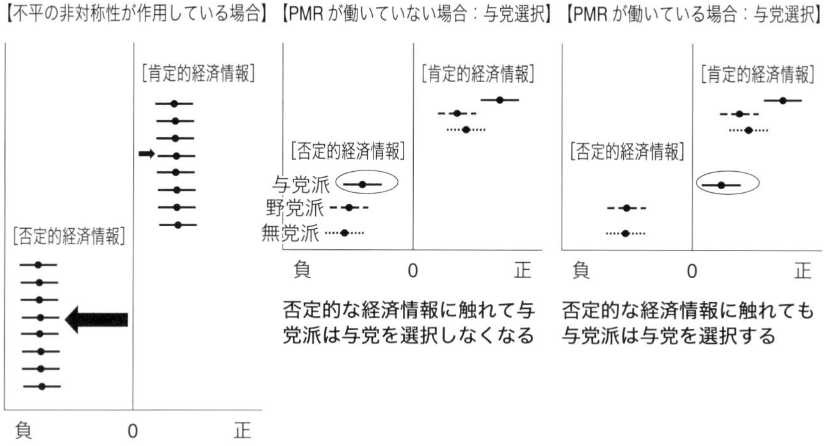

【不平の非対称性が作用している場合】【PMR が働いていない場合：与党選択】【PMR が働いている場合：与党選択】

否定的な経済情報に触れて与
党派は与党を選択しなくなる

否定的な経済情報に触れても
与党派は与党を選択する

出所：筆者作成

## 3　実験 10-1 の分析結果の検討

　図 10-4 をもとに，コンジョイント実験の解釈について説明する。これまで
の図と見方は大きく変わらない。横軸は平均限界要素別効果量（Average Mar-
ginal Component-specific Effects：AMCEs），縦軸は各要因の水準を示している。ま
た本章の分析では，肯定的情報と否定的情報で効果量が対照的になるか，投票
選択への効果量が異なるのかを確かめる。よって，肯定的情報の水準と否定的
情報の水準を仕分けて，効果量を図示している。前章までの分析と同様に，信
頼区間がゼロをまたいでいるなら，当該の効果はゼロであることを否定できな
い。信頼区間がゼロをまたがないときに，当該の効果を統計的に有意であると
判断する。そして正の方向（図内右側）に係数の点が位置しているならば，選
択を促す方向に作用する，負の方向（図内左側）に位置しているならば，選択
を抑える方向に作用すると判断する。

　上記の見方に沿って，図 10-4 を検討する。それによって，不平の非対称性，
および不平の非対称性の党派間での非対称を検証できる。与党選択に対して，
肯定的情報も否定的情報も大きな効果量を示すことがまずわかる。肯定的情報
の効果に注目すると，GDP 成長率が，前期に比べて上昇したときに与党を選

## 図 10-4 【実験 A／実験 B】コンジョイント実験の結果（全体）

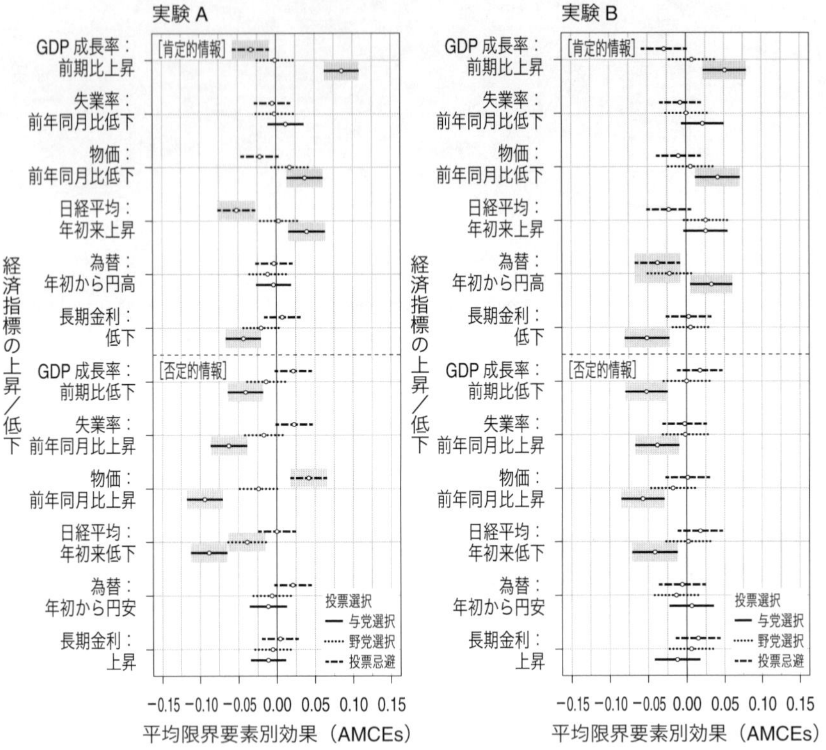

実験 A 　　　　　　　　　　　　　　　　実験 B

GDP 成長率：前期比上昇　[肯定的情報]
失業率：前年同月比低下
物価：前年同月比低下
日経平均：年初来上昇
為替：年初から円高
長期金利：低下

GDP 成長率：前期比低下　[否定的情報]
失業：前年同月比上昇
物価：前年同月比上昇
日経平均：年初来低下
為替：年初から円安
長期金利：上昇

経済指標の上昇／低下

投票選択
—— 与党選択
······ 野党選択
－－－ 投票忌避

−0.15 −0.10 −0.05 0.00 0.05 0.10 0.15
平均限界要素別効果（AMCEs）

GDP 成長率：前期比上昇　[肯定的情報]
失業率：前年同月比低下
物価：前年同月比低下
日経平均：年初来上昇
為替：年初から円高
長期金利：低下

GDP 成長率：前期比低下　[否定的情報]
失業率：前年同月比上昇
物価：前年同月比上昇
日経平均：年初来低下
為替：年初から円安
長期金利：上昇

経済指標の上昇／低下

投票選択
—— 与党選択
······ 野党選択
－－－ 投票忌避

−0.15 −0.10 −0.05 0.00 0.05 0.10 0.15
平均限界要素別効果（AMCEs）

注：各点は線形確率モデル（Linear Probability Model: LPM）を用いて OLS で推定した係数，それに
　　付随する棒線は 95% の信頼区間を表す。ハイライトをしている結果は 5% 水準で統計的に有意
　　であることを表す。
出所：筆者作成

　ぶ効果が最大になる。ほかにも物価が低下，日経平均が上昇すると与党が選ば
れやすい。その効果量も似ている。肯定的情報のなかで，唯一長期金利の低下
のみが，与党選択を促さないことまで，実験 A と実験 B の結果は一致したも
のになっている[5]。
　そして否定的情報が与党選択を抑える効果は，失業率の上昇，物価の上昇，
日経平均株価の下落で，肯定的情報の効果よりも大きい。否定的な情報が与党
を選択しないことにもたらす負の効果の絶対値のほうが，肯定的な情報が与党
を選択することにもたらす正の効果の絶対値より大きい。よって，仮説 10-1-

1 を支持できる。不平の非対称仮説を支える根拠のひとつとして，経済状況の悪化を伝える情報は，与党を選ばない方向に作用することがわかる。

次に野党選択についてみると，要因・水準の各効果は統計的に有意ではない。唯一，日経平均株価の下落が野党選択を抑えるのみである（実験 A）。多くの否定的な情報がもたらされたとしても，被験者は野党を選ばない。よって，仮説 10-1-2 は支持できない。日本の有権者の不平の非対称性は，与党を選ばない方向に働くとしても，野党を選ぶ方向には働かないことがわかる。

最後に，GDP 成長率と日経平均株価の上昇は「どの政党も選択しない＝投票忌避」を抑え，物価の上昇は投票忌避を促す（実験 A）。否定的情報は，野党への投票を促さないことはわかっている。これに対して，いくつかの経済指標では，「どの政党も選択しない」という意思決定につながりやすい。そしてその効果量は明らかに，野党派の場合より大きい。これらの結果より，仮説 10-1-3 と仮説 10-1-4 も概ね支持できる。

次に，図 10-4 を党派別に分けた結果である図 10-5 を検討する。それによって，主に PMR，不平の非対称性の党派間での非対称についても重ねて検証できる。与党選択に関する結果から，与党派は肯定的情報のもとで与党をより選択しやすくなり，否定的情報に対して与党を選択し難くなる[6]。よって仮説 10-1-5 は支持されず，PMR の作用は否定される。また，野党派も無党派も，経済状況が悪化すれば，与党選択の考慮において，与党を選び難くなる。

そして図 10-5・中央パネルから，野党派は経済状況がたとえ悪化し，野党選択を求められたとしても，野党を選ばないことがわかる。また無党派も，日経平均株価に関する否定的情報の場合を除いて，否定的情報をもとにしても野

---

5 日本銀行による異次元緩和政策が，デフレーションからの脱却を目指すものであったこともあり，長期金利低下はデフレーションからの離脱を遅らせるものととらえられている可能性がある。ただ，本分析からだけでは，長期金利の低下が与党への投票を促さない理由を明らかにはできない。党派性と政治経済情報に対する洗練性も考慮した与党選択のメカニズムについて，さらなる検証が必要となるだろう。

6 紙幅の関係で本文には掲載していないが，実験 B によると，肯定的情報のもとで与党を選択しやすいようであるが，否定的情報に対して，係数がゼロである可能性を否定できない結果となり（オンライン上の補遺を参照），仮説 10-1-4 を支持できるようである。ただし，与党派は肯定的情報に接して与党を選ぶという結果も得られていない。実験 B においては，与党選択群内の与党派の被験者サイズがとりわけ小さく（$n = 157$），誤差が大きいことも考慮する必要がある。

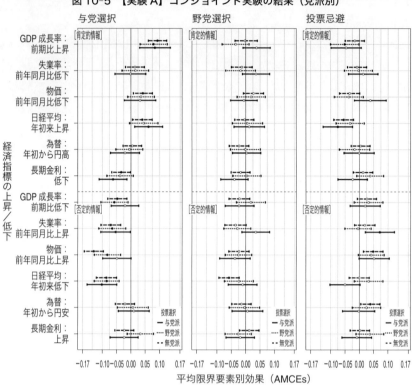

図10-5 【実験A】コンジョイント実験の結果（党派別）

注：図10-4・注を参照。また本図では，統計的に有意な結果の係数を黒点で示している。
出所：筆者作成

党を選ばない傾向にある。よって本実験からは，野党を選択する党派性がほぼ存在しないことがわかる。さらに右端パネルから，否定的情報を受けて投票忌避に至るのは与党派・無党派のみで，肯定的情報を受けて投票忌避を選ばなくなるのも，与党派・無党派のみとわかる。経済情報への反応に党派間での隔たりが顕著であることから，仮説10-1-3，仮説10-1-4を改めて支持できる。

これらの結果から，与党派は否定的情報に対して現与党を選択しなくなる。野党派は，経済状態の良化に対しても悪化に対しても，野党選択をはじめ与党選択も投票忌避も，ほぼ選ばない可能性が高い。無党派は経済状態の悪化に対して明らかに与党を選択しなくなるが，どの政党も選ばない選択にも至りやすい。一方で，野党を選ぶことはない。総合すると，野党選択が積極的に選ばれ

る経済状況はほぼない。いずれの党派性の場合も，ごく例外的な無党派の反応を除いて，経済状況に応じて野党を選ぶことは稀である。こうした日本の経済投票の特性を考えると，どのような政治的帰結がもたらされると考えられるかを，終章で論じる。

## 4 第Ⅲ部の分析からわかったこと

### 第10章の分析からわかったこと

本章では，「日本の経済投票はどのようなものなのか」を分析した。実験10-1では，コンジョイント実験を使って，経済投票のメカニズムを包括的に調べた。コンジョイント実験からは，日本における経済投票の不平の非対称性は，「与党を選ばない」選択として表れるのに対して，「野党を選ぶ」選択としては表れないことが明らかになった。そして，「野党を選ぶ」かわりに，「どの政党も選ばない」選択が好まれやすいこともわかった。本実験の結果を重くみるならば，日本の経済投票には否定性が働きやすく，不平の非対称性が基調になっていると結論づけていいだろう。また，実験10-1において明らかになったように，日本における不平の非対称性は，これまでの経済投票の理論が想定してきたメカニズムとは明らかに異なる。不平の非対称性は，経済状態が悪いときに与党よりも野党を選ぶことを指し，不平の非対称性がよく作用する国では，政権交代の頻度が多いことを想定してきた。しかし，日本における不平の非対称性は，経済状態が悪化する際に，野党を選ぶ選択として発現してこなかったことがほぼ確かである。

以上の本章の分析結果から，なぜ日本において野党が選ばれにくいのか，なぜ日本において政権交代が起こりにくいのか，といった問いに対して，ひとつの答えを示せる。望ましくない経済情報に触れるとき，日本の有権者は与党を選ばない。しかし，野党を選ぼうとはしない。むしろ悪化したときに，野党を選ばないと決める。そして，物価，失業率，経済成長，株価に関する望ましくない情報に接すると，どの政党にも投票したくないと考えることも多い。よって経済投票の観点から日本の政体に光を当てると，不平の非対称性を基調とした国であるにもかかわらず，野党が選ばれることがないために政権交代が起こり難い，と答えることができる。

**個人データを使った分析からわかったこと**

　ここまでの個人データを使った分析を通して，次の3つのことが明らかになった。

　第1に，観察データの分析から，経済評価にも経済投票にも所得自体の影響は大きくなかった。所得は暮らし向きの評価にはやや影響するものの，党派性の作用のほうがはるかに注目を要する。日本において，個人の経済状況は，経済投票自体を規定するものではなく，個人の客観的な経済状況よりも，主観に根差した党派性こそが重要であることがわかった。

　第2に，特に観察データの分析から，与党への投票に対して，社会志向の経済評価は長期間にわたって影響を与えてきたことがわかった。党派性の作用を考慮しても，社会志向の経済評価の影響は大きい。またその効果は，近年に至って強まっている。この結果は，時系列データを使った分析によって得た見取り図を裏づけている。第Ⅱ部に引き続き，個人データを使った分析によっても，日本において，経済と政治的支持，経済と投票の関係が，強い結びつきに至っていることが確かめられた。

　第3に，実験データの分析を中心に，本書の3つの分析課題である不平の非対称性，その党派間での非対称，そしてPMRの作用を確かめることができた。すべての実験で仮説を支持する結果が得られたわけではないが，日本の有権者は概ね否定的な経済情報に反応しやすい。与党派はとりわけ経済情報に反応して経済評価を変え，政府への支持・投票意図までも改める。これは，経済投票研究の中心にあったアメリカの有権者とは，決定的に異なる特徴である。与党派からの離脱は，本来であれば，野党への新たな選択を促す。日本の多党制は，離脱した有権者にとって多数の選択肢を提供してきたはずである。しかし，実験10-1が明らかに示したように，否定的情報によって野党選択が促されることはない。日本では，経済状態がたとえ悪化して与党への投票意図が削がれたとしても，野党への投票にはつながらず，どの政党の候補にも投票する意義を見出せない有権者が多くいる。このとき，政党から政党へと政権が移り変わる可能性は低くなる。これが，本書の4つ目の問い，「多党制下の日本において，なぜ政権交代があまり起こらないのか」への答えともつながってくる。

　続く終章では，第Ⅱ部「時系列データを使った分析」と第Ⅲ部「個人データを使った分析」の知見を架橋し，日本の経済投票とは何かを論じる。

終章
# 日本の経済投票についての答え

　本書では，日本の経済と選挙，経済と政治の関係を分析してきた。世界各国の経済投票の研究が目指したように，日々の暮らしを生き，ときに難しい政治にかかわる決定をする市民の姿に迫ろうとした。また「政治的主体としての有権者」と「経済的主体としての消費者」が交わるところに経済投票の研究があると考え，日本の経済投票をその視点からとらえた先に，どのようなことがわかるのかを確かめようとした。そうした本書は，最初に4つのことを問うていた。

⑴　経済評価はどのように動いてきたのか，何によって動いてきたのか。
⑵　政府への支持や投票に際して，否定的な側面がより作用する不平の非対称が起こっていたのか，また，不平の非対称性に与党支持者，野党支持者，無党派層という党派間で違いがあるのではないか。
⑶　経済評価は政党や政府への支持にどのように影響してきたのか，あるいは政党への支持はあらかじめ経済評価を形づくってきたのではないか。
⑷　経済投票に不平の非対称性があるとして，なぜ政権交代が他国ほど頻繁には起こってこなかったのか，そこに多党制下の党派性はどのように作用したのか。

　これらの4つの問いに対して，本書の分析をもとに答えを述べていく。その後に，本書には多くの扱いきれなかった課題があるため，今後取り組むべき研究について説明する。最後に得られた答えをもとにして，日本の経済投票をめぐっての有権者像，今後の政体の展望について論じる。

208

**表終-1　本書・各章の分析から明らかになったこと**

| 章 | 分析したこと | 確かめられたこと | | |
| --- | --- | --- | --- | --- |
| | | 否定性バイアス／不平の非対称性 | 不平の非対称性の党派間での非対称 | PMR |
| **時系列データを使った分析** | | | | |
| 第2章 | 経済評価の推移 | 部分的に作用している | ――― | ――― |
| 第3章 | 経済評価の規定要因 | 作用している | 作用している | 作用していない |
| 第4章 | 政治的支持の推移 | 部分的に作用している | ――― | 部分的に作用している |
| 第5章 | 政治的支持の規定要因 | 作用している | 作用している | 作用していない |
| **個人データを使った分析：観察データ** | | | | |
| 第6章 | 所得，党派性，経済評価，投票選択の関係 | ――― | 部分的に作用している | 作用していない |
| 第7章 | 党派性，経済評価，投票選択の関係 | ――― | 部分的に作用している | 作用していない |
| **個人データを使った分析：実験データ** | | | | |
| 第8章 | 経済情報の受容 | 部分的に作用している | 部分的に作用している | 作用していない |
| 第9章 | 経済情報の推論・表明 | ――― | ――― | 作用していない |
| 第10章 | 経済投票 | 作用している | 作用している | 作用していない |

注：「作用している／いない」は，当該の事象が作用しているか否か（理論的主張・仮説がどの程度支持されたか）を意味する。また「―――」は，当該の章の分析に含まれていないことを意味する。濃い網掛けのセルは，本書の理論的主張が認められた場合，薄い網掛けのセルは，本章の理論的主張が部分的に認められた場合である。

# *1*　本書の問いへの答え

　本書が明らかにしたことを，表終-1と図終-1にまとめた。図終-1は，序章において，本書の枠組みとして設定した図序-1をもとにしている。図序-1に

## 図終-1 「本書の分析枠組み（図序-1）」と本書の分析から明らかになったことの照合

経済状況 → 経済情報 → 経済評価 → 政党支持 → 政府支持 → 投票 → 政体

（経済評価～政党支持間は点線で「?」）

与党派：良い経済状況 → 良い経済情報 → 良い経済評価 → 与党支持 → 内閣支持 → 与党投票

**与党派性の関与≠PMR**

与党派：悪い経済状況 → 悪い経済情報 → 悪い経済評価 → 与党支持離脱 → 内閣不支持 → 与党投票離脱

野党派：悪い経済状況 → 悪い経済情報 … 悪い経済評価 → 野党支持 → 内閣不支持 → 野党投票

**野党派性の関与**

無党派：悪い経済状況 → 悪い経済情報 → 悪い経済評価 → 無党派 → 内閣不支持 → 投票忌避

（右側）不平の非対称性の党派間での非対称 → 限られた政党から政党への政権交代

注：太線の矢印は強い結びつき，普通線の矢印は中程度の結びつき，点線は結びつきがほぼないか弱いことを表す。

出所：筆者作成

応じて，党派性ごとに，本書が明らかにしたことを分けて示した。図終-1 を
もとに，本書の4つの問いに対して順に答えを述べていきたい。

　はじめに，(1)「経済評価はどのように動いてきたのか」との問いへの答えは，
否定性を基調としながら動いてきた，である。その傾向は，たとえ好況期であ
っても変わらない。そして，「（否定的な）経済評価は何によって動いてきたの
か」との問いへの答えは，否定的な経済情報が主に作用してきた，となる。時
系列データを使った分析，個人レベルの実験データを使った分析は，否定的な
経済情報によく反応する有権者像を明示した（第3章；第8章）。そして，経済
評価を左右しそうな所得の影響は，ほぼ認められなかった（第6章）。所得は個
人志向の経済評価をやや左右するものの，社会志向の経済評価に影響しないと
明らかになったからである。さらに，多くの分析において，個人志向の経済評
価よりも，社会志向の経済評価のほうが経済情報に反応する傾向にあり，政治
的支持にも影響していた。ここから日本の有権者は，自らの身近なレンズを通
して経済状況を判断するというより，社会的なレベルの経済状況に目を向けた
判断をしている。ただし，そこにはほかの要素も介在し，それが，(3)「政党へ
の支持はあらかじめ経済評価を形づくってきたのではないか」の問いへの答え
とかかわってくる。

　次に，経済評価が否定性を基調とすることから，(2)「政府への支持や投票に

際して，否定的な側面がより作用する不平の非対称が起こっていたのか」という問いへの答えは，否定的な経済情報に反応するかたちで不平の非対称性が働いていた，となる。時系列データの分析から，肯定的情報がもたらす反応は限定的であった一方，否定的な経済情報によって与党支持率は下がる。また否定的な情報によって，内閣支持率は下がり，内閣不支持率が上がることが明らかになった（第5章）。そして，コンジョイント実験では，否定的な経済情報が与党を選ぶことを避けるように働き，「どの政党も選ばない」を部分的に促すこともわかった（第10章）。

　そして(2)「不平の非対称性に与党支持者，野党支持者，無党派層という党派間で違いがあるのではないか」という問いへの答えは，与党派，無党派，そして野党派間に不平の非対称性の党派間での非対称が働いていた，というものになる。時系列データを使った分析は否定的情報に与党派と無党派の内閣支持率・不支持率のみが反応してきたことを示し（第5章），個人レベルの観察データの分析は，与党派が野党派よりも経済評価に反応して野党に投票する傾向を明らかにした（第7章）。そしてコンジョイント実験では，否定的情報が野党選択を促さないのに対して，「どの政党も選ばない」選択をもたらしやすいとはっきり示された（第10章）。

　経済投票における不平の非対称性ばかりではなく，「不平の非対称性の党派間での非対称」の性質をもつ日本の経済投票では，とりわけ無党派の否定的な側面への反応が際立っていたことは確かである。少なくとも，有権者の多くを占める無党派の態度，意思決定を知らなければ，日本の経済投票は説明しきれない。では，「(有)党派性」は限られた影響しかもたないのかといえば，そうではない。(1)の問いへの答えで触れた，経済投票に与える情報以外のほかの要素として，党派性は日本の経済投票の中核にあった。

　したがって，(3)の問いのとおり，政党への支持は経済評価を形づくってきた，と考えられる。党派性は経済評価を決め，与党派性・野党派性が，日本の経済投票の主要因の1つであった。時系列データを使った分析では，与党派の社会志向の経済評価は高く，野党派の社会志向の経済評価は低い場合が多かった（第3章）。個人レベルの観察データを使った分析結果は，党派性が経済評価の差をもたらしていたことを示した（第6章）。しかし実験データの分析からわかったように，党派性は特異なかたちでは働いてはいない。PMRが働くことで，

与党派が経済に関する情報を歪んで受けとったり（第8章），情報を進んで誤ったかたちで推論・表明したり（第9章）といった有権者像は浮かび上がってこなかった。支持する政党が与党であるとき，日本の有権者は，政権与党の経済パフォーマンスを良いと評価する。支持する政党が野党であるとき，政権与党の経済パフォーマンスを悪いと評価することもある。それが，日本の有権者の経済投票における党派性の実像である。党派的分極化，ひいては感情的分極化が進んだアメリカのように，党派性のレンズが情報選択を左右し，事実を異なってみせたり，表明させたりしてはいない。PMRのもと党派性が特異な働きをする段階には，（まだ）至っていないといっていいだろう。

　与党への党派性は確かに経済評価に作用している。しかし，与党への党派性が経済評価に先行し，政府への支持，そして与党への投票のすべての起因になっているかといえば，そうではないとわかった。(3)「経済評価は政党や政府への支持にどのように影響してきたのか」という問いには，社会志向の経済評価は政党や政府への支持に影響し，その影響は近年さらに強まっている，と答えることができる。観察データを使った分析で，党派性の効果を除いても，社会志向の経済評価は投票選択に影響していた（第7章）。ここから明らかになったことは，経済情報も，経済評価も，党派性も作用するという日本の経済投票の姿である（第1章；第3章；第5章；第6章；第7章）。党派性の作用が強まることで，経済評価の効果が打ち消されることはなかった。党派性も，経済評価もともに政治的支持，投票選択を決めていた。そして2010年代以降，経済評価の効果が強まりをみせるなかで，20年代の初頭を経過しているのが現況であろう。アメリカをはじめ他国では，「不安定な時代における支持をめぐる算段(The Calculus of Support in Volatile Times)」（Carlin et al. 2023）が経済投票の主題となり，経済投票がいくつかの国で認められなくなっているといわれて久しい。一方，日本では，党派性の作用を基底としながらも経済と政府への支持，経済と投票が強く結びつきつつある。

　その強い結びつきは，たとえ党派性をもつとしても，経済情報・経済評価を自身の政治行動に結びつける有権者によって支えられてきたし，いまもそうである。与党派性は経済評価を左右するにもかかわらず，与党派であっても経済評価を更新していた。そして党派性が作用しながらも，それが特異な情報の受容，推論，表明をもたらしてはいない。日本の有権者のなかには，与党派であ

ってさえも，政治経済情報を受け取る際に洗練された経済評価と政治的意思決定を行う層が確かにあったし，その層はいまもなお続いている。

にもかかわらず，(4)「なぜ頻繁な政権交代につながらなかったのか，つながらないのか」という問いに対しては，無党派よりもさらに経済状態に反応しない野党派の在り方がかかわっていた，と答えることになる。また，いずれの党派であろうと，経済状態が悪化して否定的な情報に触れたとしても野党選択に至らず，どの政党にも投票しない選択につながりやすいためだ，ともいえる。日本は，経済投票の不平の非対称性が単純に働いてきた事例ではなく，「経済投票の不平の非対称性に党派間での非対称が働いてきた事例」であった。ゆえに，多党制のもとで有権者にとっての選択肢が多いにもかかわらず，政党から政党への政権交代の可能性が狭まってきた。与党派に特異なかたちで党派性が駆動せず，経済情報の良し悪しをもとに評価や支持が改まってきたのだとしても，与党の下野にまでは至りにくかった。野党派の経済情報・経済評価への反応の限定性を背景として，野党への新たな得票が積み重ならなかった。その結果，与党が与党であり続ける歴史を経てきた——これらが経済投票という視角から，日本の有権者を過去から今日にわたって見渡した本書の答えである。

## 2 残る課題

ここまで，日本の有権者の経済投票を明らかにしようとした本書であるが，多くの手つかずの問題を残した。

第1に，制度の問題がある。本書では，ほとんど制度の働きに言及しなかった。日本においては，1994年に選挙制度改革があり，制度変化が政治的エリートばかりでなく，有権者の態度形成や意思決定を変えたという。2000年代の政治改革の影響も然りである。本書が扱った経済投票，あるいは業績投票はアカウンタビリティにかかわると述べてきた。アカウンタビリティの検討は，民主主義を実質的民主主義の観点から評価しようという立場と親和性が高い[1]。本書もその立場をとったことから，「手続き的民主主義」としての制度への注目は限られることになった。しかし，制度の条件付けによって人々の行動が変

---

1　例えば，Clark, Golder, & Golder（2017）を参照。

わるという自明の事実を重視するならば，日本の実質的民主主義にかかわった制度の影響にもっと目を向けるべきであったろう。本書は，制度が経済投票に与えた影響を分析の射程にとらえきれなかったことを，最大の問題としている。

第2に，野党派にかかわる問題がある。本書は，野党派が経済情報に反応し難く，経済状態が悪化したとしても野党が選ばれにくいことを示した。次節で公共政策の内部と外部という視点から，野党派の行動様式を検討するが，野党派がなぜ経済情報に反応せず，経済状態が悪化したとしても野党がなぜ選ばれてこなかったのかを，本書では実証しきれなかった。それらに迫るための時系列データを揃えることができず，実験設計にも取り組むことができなかった。つまり本書では，個別の野党の具体的な名前を挙げた分析を行うことができなかった。第7章の補論「社会志向の経済評価と個人志向の経済評価」において，野党派がとりわけ個人志向の経済状況に反応しやすく，政治経済にかかわる洗練性が他党派と異なる可能性を示せたのみである。野党派の能力が他党派に比べてあまり劣らないことを前提とするなら，野党派の反応が脆弱であること，そして野党派が選ばれにくいことの背景として，有権者にとっての野党の選択肢の欠如を検証していかなくてはならないだろう。いま日本の野党を対象とする研究は，実験的手法の導入や大規模データの工夫に富んだ分析によって新しい局面を迎えている[2]。そうした研究の知見と経済投票・業績投票の研究をつなげることが課題となる。有権者にとって，最も現実的な野党の選択肢は量的にいくつなのか，質的にどういった（経済）業績を期待させるものなのか，そのうちの何がいまのところ限られているのかを分析していかなくてはならない。

第3に，疑似的政権交代の問題がある。日本では，ある政党から別の政党への政権交代は稀にしか生じなかった。しかし，政党から政党への権限移譲はあまり起こらないのだとしても，自民党内の派閥が入れ替わって政権を担うことで，疑似的政権交代が働いたとする通説的見解がある。その観点からすれば，2010年代の日本は，ハイパー・アカウンタビリティ（hyper-accountability）と呼びうるほどに，アカウンタビリティの作用を通じて，頻繁な政権交代が起こっていた[3]。本書は，こうした政権交代に代わる政体の変化を分析の射程に含め

---

2　実験的手法を使った研究として秦（2023），大規模データを使った研究として善教（2023），ほかにも秦（2024）による論考がある。関連研究の整理として，大村（2025）を参照。

ていない。経済状態の悪化に伴う与党派からの離脱の後に，再び与党派に戻ることを説明するためには，首相交代による政権交代の影響をもっと議論すべきであったろう[4]。また，野党派が経済情報への反応を失するほどに諦観を深めていたとするなら，そこにも疑似的政権交代の影響が潜在していたと推測できる。同一政党内での政権交代が，経済投票にもたらす効果を測る（実験）研究は，今後大きな意味をもってくるはずである。

　第4に，党派性の特異な作用をめぐる問題がある。本書の実験では，党派性の特異な働きを支持する結果は得られなかった。しかし多国間比較研究が明らかにし始めているように，党派性の特異な作用はアメリカに特徴的にみられるもので，他国にはあまり例をみない現象のようである[5]。本書の実験では，確かにPMRの作用を認めなかったかもしれない。しかしそれは，日本に固有の党派性の働き方がないことを意味しない。また本書は，日本固有の党派性の働きについて理論を定め，検証しえたわけではない。例えば，（感情的）分極化の多国間比較研究に目を向けると，党派性は単にPMRという観点から問題になるだけではなく，人々の感情をより強く動員し分断を招くことが明らかになっている[6]。その働きは，アメリカよりも，むしろ議院内閣制，比例代表制の組み合わせのもと多党制下で強いことを，最新の研究は浮き彫りにし始めている。こうした研究動向にもとづくと，日本を事例としたうえでの研究に，多くの可能性があるとわかる。現時点では，党派性は経済評価を決め，政治的支持，投票にまで一貫して作用することがわかった段階にとどまる。本書が示した不平の非対称性の党派間での非対称といった知見を踏まえれば，日本において，いまだ理論化をみていない固有の党派性の働きがあると想定したほうがいいだろう。例えば，日本の政党支持者を観察すると，「惰性」や「怠惰」といった観点から新たな党派性概念を構築できるかもしれない[7]。経済投票における党派性の作用をめぐって，日本の事例から導くことのできる新しい作用を探り，理論化・検証を行うことは，今後の大きな課題となる。

---

3　Jastramskis, Kuokštis, & Baltrukevičius（2021），Nyblade（2011），Roberts（2008）を参照。

4　関連する議論として，不人気の内閣を改造，交代させてきたことを，内閣支持率と与党支持率の差をもとに分析したBurden（2015）がある。

5　例えば，Bisgaard（2019）を参照。

6　感情的分極化に関する研究として，Garzia, Ferreira da Silva, & Maye（2023），Gidron, Adams, & Horne（2020），Reiljan（2020），Reiljan et al.（2023）を参照。

終章　日本の経済投票についての答え　*215*

　第5に，認知バイアスにさらされる有権者層の問題がある。各国の研究は，どの有権者層に認知バイアスが働きやすいかを示し，帰責の誤謬（attribution error）をめぐるメカニズムを明らかにしようとしている。その代表的なものが，党派性バイアスとされてきた。党派性をもつ有権者は総じて多い。他方で，党派性ほど一般的ではないものの，より強いバイアスを惹起する有権者の属性や経験にも関心が集まっている。特定の宗教団体や宗派への信仰をもつ，特定産業に従事し所得補償などの恩恵を受ける，自然災害に罹災し復興のための援助を受けるといったことが，それに当たる[8]。しかし日本に限らず，他国においても，2000～3000 の通常の標本規模のなかで，こうした属性や経験をもつ有権者層からの調査協力を仰ぐことは難しい。小規模標本しか利用できないうちは，特定の集団内での効果をめぐって，推定量・効果量の確からしさを測ることが難しいままである。よって業績投票の研究にとどまらず，日本の選挙にかかわる研究を新しい次元へと進めるために，代表性のある数万，数十万単位での標本サイズのデータを使った分析は大きな意味をもつことになるだろう。

　最後に，なぜいま日本の有権者が経済への反応を強めているのか。2010 年代のアベノミクスは，たしかに日本に固有の出来事であった。一方，アベノミクスの基軸が中央銀行による低金利の設定とそのもとでの経済成長の促進にあったと考えると，同時期の先進民主主義国の経済政策にも多くの共通点があった。類似した経済政策が各国でとられていたにもかかわらず，日本の有権者が特に経済情報への反応を強め，経済評価を政治的支持や投票選択につなげていたのだとしよう。であるとすれば，2010 年代の日本の有権者の特性を調べることで，経済投票を促す要因を特定できるかもしれない。それは，長期間にわたる経済成長の低迷，不景気，日経平均株価の低位での推移，そしてデフレーションといった経済的苦境からの「反動（V字回復）」によるものかもしれない。

---

　7　ここでいう惰性や怠惰は，例えば，Lazarsfeld, Berelson, & Gaudet（1944）の頑固さ（stubbornness）や惰性（inertia）と密接にかかわる。古典研究において否定された党派性の作用にこそ，むしろ日本の党派性の性質を解くカギがあるかもしれない。いずれにせよ，日本における党派性の性質の議論は今後の大きな課題である。

　8　信仰との関係に関しては，McConnell et al.（2017），特定産業への従事者に関しては，Caplan（2007），Dahlberg & Johansson（2002），自然災害への罹災などに関しては，Bechtel & Hainmueller（2011），Healy & Malhotra（2009），Malhotra & Kuo（2008），Visconti（2022）といった研究がある。

あるいは，日本の有権者の政治経済的洗練性が，民主党への政権交代期を経て高まったという説明もありうるかもしれない。いずれにせよ，「なぜ2010年代以降，日本の経済投票が活性化したのか」についての十分な検証を，本書は現時点で欠いている。少なくとも本書は，政治経済に関する関心，知識，教育歴といった点を分析に組み込めていない。これらを含めて，日本の経済投票をめぐる政治経済面での洗練性の精査が求められる。

このように本書は，多くの手つかずの課題を残した。それらの問題点を踏まえたうえで，経済投票の観点から浮かび上がる日本の有権者像を，最後に論じる。

## 3 日本の経済投票，そこから浮かび上がる有権者像とその展望

### 日本のアカウンタビリティを考える――野党派の諦念はどこからきたのか？

本書は，日本の有権者が経済を評価するとき，経済評価を政治的なものへの支持に結びつけるとき，そして投票へとつなげるときのいずれにも，党派性あるいは無党派性が影響することを明らかにした。与党を支持する有権者は，国レベルでの経済状況を良く評価しやすい。野党を支持する有権者や無党派の有権者は，悪く評価しやすい。日本の有権者は，党派性の影響・条件付けのもとに，政治的な態度形成，投票時の意思決定を積み重ねている。我々は，「知覚のスクリーン」としての党派性から解放された有権者ではないのかもしれない[9]。

しかしPMRという概念に照らして，日本の有権者を考えると，その政治的意思決定をめぐる資質もよくわかってきた。経済評価が最も党派性に左右されそうな与党派の有権者であってさえ，日本では，経済の悪化を伝える情報をもとに経済評価を更新していた。そして改まった経済評価のもとに，政治的支持や投票意図も変えている。アメリカでは，多くの研究が示すように，ひとたび形成された党派性のもと政治的支持や投票意図が固まりやすく，中立的な情報取得を拒み，経済評価を更新しない有権者が増えつつある。これに対して，本書がみた日本の有権者から，評価・態度・決定の多くを党派性に委ねる姿を見

---

9　知覚のスクリーンに関しては，Campbell et al.（1960）を参照。

出すことは限られていた。よって新たな情報をうけて経済を見直し，政治的支持を変える日本の有権者像に対して，相対的に高い政治・経済的な意味での洗練性を想定することも可能だろう。

　日本の有権者の政治・経済面での相対的な洗練性を前提に，議論を進めよう。そうすると，政治的洗練性が最も表れるシーンは，悲観的な経済情報に触れるときということになる。そのとき経済状況は悪化している。ただし日本では，経済状態が悪いから野党に投票するのではなく，与党支持からの離脱，与党への投票の離脱として不平の非対称性が働く。また不平の非対称性に加えて，「不平の非対称性の党派間での非対称」が働くので，不平を抱く有権者層であっても，野党への支持に多くは加わらない傾向にある。よって，1993年，2009年，2024年の各総選挙といういくつかの反例があるのだとしても，野党への投票が思うように増えない歴史を繰り返している。支持と投票から離脱した与党派が向かう先は，「どの政党も支持しない」「どの政党にも投票しない」だからである。結果として，政治・経済面で相対的に高い洗練性をもち，アカウンタビリティを働かせる素養をもった有権者であったにもかかわらず，また，多党制下で代替的な選択肢があったにもかかわらず，政党から政党への政権交代が稀にしか生じてこなかった。野党への投票が仮に増えたとしても，政権交代に直結するには至らないことを，直近の2024年総選挙は示すものになった。与党支持・投票からの大幅な離脱があったとしても，自民党は依然，比較第一党は維持したのである。

　序章において，アカウンタビリティとは，政府が有権者のために行動しているかどうかを見定め，選挙時に政府を罰したり，褒めたりすることができる場合に機能していると述べた。これに沿うと，日本では，有権者が政府の経済パフォーマンスが良いと評価するときに報奨として再び与党を選び，悪いと評価するときに制裁として与党から離脱するメカニズムは生じている。一方で日本は，「悪いと評価するときに，与党への制裁として野党が選ばれることのないアカウンタビリティの国」であると理解することになるだろう。ここで，1950年代半ば以降，日本の政治学が繰り返し直面してきた「日本の民主主義とはいったい何なのか」という問いに対しても，経済投票の観点から部分的な答えを示せそうである。日本は，単に政権交代が生じないために，民主主義の機能に疑義が呈される例というだけではない。政権交代が起こりにくい背景に，日本

に特徴的な経済投票のメカニズムを備えてきたと考えることになる。経済状態への党派ごとの反応の違いを基調に、与党が見限られても野党が選ばれない民主主義の歴史を繰り返してきたといえよう。

　ではなぜ、野党派の経済状況、経済情報への反応は限られ、経済評価が野党支持や野党投票につながってこなかったのだろうか。また与党支持と与党投票から離脱した有権者は、長期にわたって、なぜ野党を選ばなかったのだろうか。この点をめぐって、伝統的には、イデオロギーからの説明が主力となってきた。自民党が社会保障も含んだ広範な経済政策を担い、左派政党の代表機能をイデオロギー領域にのみ限局したと考えられてきた[10]。「野党の失敗」を強調する論旨と本書の知見は、親和性が高い[11]。本書は、55年体制下の左派有権者の大部分の経済状況への反応が限られていたことを示した。左派党派性の手がかりは、経済にかかわるパッケージでは次第に機能しなくなり、55年体制の終盤ではほぼ認められなくなっていた。日本社会党をはじめとする野党が、経済政策に対するパフォーマンスに対して、野党派の反応が乏しいと学習したことは確かであろう。左派政党の要である再分配政策の拡充にすら野党が消極的となり、それが野党派から評価可能な経済業績を狭めるという循環が生じたと考えられる。

　このように党派性とイデオロギーをつなげつつ、野党派の意思決定をひも解くことは不可欠である。しかし、イデオロギーの終焉ともいわれる55年体制の崩壊を経て旧野党が政権に就いたことで、有権者が野党の経済政策を初めて

---

10　建林（2004: 2-3）、村松（2006: 5）を参照。本書が強調する有権者の政治態度や意思決定に作用する経済は、日本の政党政治、投票行動研究の観点からすると、政策位置における「第2軸」を重視する分析だとの見方も成り立つ（参考：蒲島2004）。伝統的な研究をはじめ、多くの文献が、政策位置の第1軸は安全保障、憲法、価値観領域を中心としたイデオロギーに特徴づけられると考えてきた（参考：谷口2020）。これらの知見からすると、「経済」投票への注目は、第2軸か有権者にとって識別が困難な経済の効果を過大評価しているとも考えられる。この点に関して、イデオロギー、価値観にかかわる質問が中心となって、政策位置をイデオロギーとして測定してきた点を考慮する必要があるだろう。何が重要な争点かを問う調査質問が限られてきたことを考えると、経済評価が常に「2番手」の政策分野であったかは不明であり、よって経済政策が下位分野であったかには議論の余地がある。少なくとも与党支持者にとって、経済分野はかなりの程度優先される政策分野であった可能性を、本書の分析結果は含意しているとも考えられる。

11　野党の失敗に関する議論として、新川（1999, 2007）、的場（2003）、森（2001）、Scheiner（2006）を参照。

観察し，その機会は複数に及んだ。このことを，いかに考えればよいだろうか。野党派が野党の経済政策を知ったにもかかわらず，経済状況，経済情報に反応しない歴史を繰り返していることを，どう説明できるだろうか。「イデオロギーに限局された野党の政策パフォーマンス・野党派の選択」という視点だけでは，野党派の経済に対する限られた反応を説明することには限界がある。

　そこで，55年体制下のみならず70年余りの長期にわたって，野党派の選択を考えるためには，公共政策の内部と外部という視点が必要になってくるだろう。経済政策は公共政策の中心をなす。野党派は公共政策の外部にいることを余儀なくされ，その状態が続いたことにより，野党派の経済政策への反応は限られてきたのではないか。野党派は単にイデオロギーにもとづいた野党支持にとどまり，野党もイデオロギーに限った政策を提供し続けただけではない。与党派が公共政策の内部において，経済投票のもとでの恩恵を受け続けたのに対して，野党派は公共政策の外部となり，経済投票の枠外にあったことが野党派の諦念を決定づけてきたと考えられる[12]。「経済投票のもとでの利益の受け手は誰であったか，少なくとも野党派はその外部にいた」と考えてはじめて，野党派の経済に対する反応の乏しさを説明できるのではないか。

　これを本書がいう「経済投票とは政治的主体としての有権者と経済的主体としての消費者をつなげる試み」という立場に照らして考えると，まずもって，政治的主体としての野党派の有権者は，自党派のイデオロギーをもとにその代表を野党に求めてきた。その傾向は55年体制下に明らかで，戦後日本の政党政治研究も投票行動研究も，その姿を繰り返しとらえてきた。これに加えて，経済投票の視点から光を当てることで，経済的主体としての野党派の消費者は，長期にわたって経済政策の恩恵の外部にいることを余儀なくされた，という見方を示せるように思う。野党が提供できた公共政策，経済政策上の利益の限界を背景に，野党派にとって，政府のアカウンタビリティを判断するための経済政策，すなわち公共政策の応答は経済投票に至るほどに十分なものにはならな

---

12　公共政策の外部としての野党派，経済投票の枠外にあった野党派という観点から分析を進めるためには，経済投票と利益誘導政治をつなげた研究が必要になる。そのために現金給付と政府支持の関係を扱う研究を，日本政治に応用することが不可欠だろう。経済投票と利益誘導政治，経済投票と直接的現金給付の事例として，55年体制下，それより後の日本政治を位置づける作業が今後不可欠となる。

かった。それが野党派の諦念を導いたと考えるのである。

そして，野党派が公共政策の外部に位置し，経済投票の枠外にあったことは，与党派が公共政策の内部に位置し，経済投票の枠内にあったことと表裏である。「悪いと評価するときに，与党への制裁として野党が選ばれることのないアカウンタビリティの国」という日本の民主主義は，公共政策の内部の与党派，外部の野党派という非対称性を基底の一部としてきた。そして，不平の非対称性の党派間での非対称は，「アカウンタビリティ・メカニズムの党派間での非対称」のもとに生じてきたとも考えられるだろう。公共政策の内部と外部という観点から検討することで，55年体制下から現在まで，イデオロギーだけでは説明しきれない野党派の（経済）投票様式に対して，上記の答えを示せるように思う。

このように55年体制とその後の時期を連続的にとらえる立場は，自民党一党優位体制を論じてきた研究と密接につながる。境家（2023）は，2010年代以降，日本が「ネオ55年体制」に至っていると論じる[13]。境家（2023：282）は，「(1)保守政党が優位政党である，(2)与野党第一党がイデオロギー的に分極的な立場をとっている」という新旧55年体制下の特徴をいう。そのうえで，ネオ55年体制が，政治改革を経たという歴史的経緯の違いに重きをおく。首相への権力集中という制度的・構造的背景を伴って，政権交代の可能性が低い一党優位体制が維持され，今後もその傾向は続くだろうと主張する。政治改革以降の時代にも，あえて「55年体制」という語を重ねて使うことで，境家は戦後政治を連続的に俯瞰するための強固で鋭い枠組みを提供した。

境家の主張に本書の知見をつなげて考えると，有権者の側からみた55年体制の存立基盤は政党支持，およびそこから派生するイデオロギーであったということになる。本書の時系列データの分析は55年体制がもっぱら政党支持を基底に，自民党への支持と社会党への支持のもとにあったことを示したし，イデオロギーからの説明が有効なのは既述のとおりである。1960年代から80年代にかけては，与党支持率から内閣支持率へ，野党支持率から内閣不支持率へという結びつき（因果）は確たるものであった。そこに経済業績からの影響は限られていた。

---

13　ほかの関連研究に，境家・依田（2023）。

しかし続いて述べるように，いま，ネオ55年体制の存立基盤は単に政党支持，すなわち党派性のみに依らない。そこに経済投票，業績投票からの作用が加わることで，2010年代以降の日本の政体は，単純な政党システムの固定を予期させるものにはなっていないように思われる。では経済投票という視点を介してみると，今後の日本の政体をどのように展望できるだろうか。

### 日本の経済投票，その今後の展望を考える

本書の分析は，近年の日本が，党派性の影響も，経済の影響もともに強い経済投票が起こる国へと向かっていることを示した[14]。既述のとおり，党派性と政府への支持，経済と政府への支持がともに結びつきを強めている国は多くない。党派性の影響，執政制度・選挙制度をはじめとする各国の文脈の影響を受け，経済投票は終焉を迎えたとすらいわれる。変動の時代の不安定性が強調されるなか，日本は明らかに他国とは異なる様相を帯び始めている[15]。

有権者が党派性の影響から解放されえない，その一方で経済の否定的な側面を中心に政治的な洗練性も一定程度保つ，そしてその状態が強化される――さらに日本の経済投票における党派性の作用，不平の非対称性，そして「不平の非対称性の党派間での非対称」という特徴をも踏まえると，政治的なものと日本の有権者との今後のつながりを，経済投票の観点からどのように展望できるだろうか。不平の非対称性を背景として経済投票が働くとしても，まずもって国会内での大規模な議席の組み換えは起こりにくいはずである。与党派からの大規模な離脱はあまり起こらないことが，ここまでの分析からわかっているからである。2024年総選挙において与党派であった自民党が比較第一党を維持した結果は，その典型的なものといえるだろう。そう考えると，ネオ55年体制は続くだろうと思えてくる。

しかし，経済と政治的支持，経済と投票の結びつきも強くなっているという本書の主張をもとにすると，異なる展望がみえる。1989年から90年代初頭にかけてのバブル経済の崩壊，2008年の世界規模での大規模な経済危機（通称：リーマン・ショック），2011年の東日本大震災の発生に匹敵する水準の大規模な経済状況の悪化が生じれば，政党から政党への政権交代が総選挙を通じて起こ

---

14　Ohmura & Hino（2023）も参照。

15　Anderson（2007），Dassonneville（2016），Dassonneville & Lewis-Beck（2014）を参照。

るだろう，と推測できる。そうした水準の経済危機が生じ，悲観的な経済情報が多く伝わることで，与党派からの政治的支持の離脱，与党への投票意図の大幅な低下が起こりうる。そして経済投票を起点とする政権交代が生じる場合にも，既に論じたように，野党派の反応が野党支持や投票意図の基盤とはならない。あくまでそれは，与党派による支持や投票からの離脱を中心としたものになるはずである。加えて，不平の非対称性の党派間での非対称のもとに無党派が否定的な情報に反応して，野党に投票することが政権交代を促しもするだろう。

　無論，政権与党から野党第一党への大規模な議席の移動は，単一の経済という要因によってのみでは起こりえない。「与党の過去の業績」に対する評価ではなく，「野党の未来の政策」への期待が高まれば，2009 年のように，与野党間で第一党の議席が入れ替わるほどの変化が再現されるかもしれない。2024 年 10 月の総選挙において，政治資金パーティー収入をめぐる「裏金問題」が自民党の大幅な議席の減少をもたらしたように，汚職に伴う政治不信は，なおもって与党から多くの議席を奪う。しかし，日経平均株価が 3 万円台後半で推移し，2024 年第 2 四半期の経済成長率がプラス成長を維持する状況で，自民党は比較第一党にとどまった。野党への期待の高まりや政治的スキャンダルは，与党支持・投票からの離脱をもたらすが，与党第一党と野党第一党の間で議席数が入れ替わるほどの離脱には至らない。本書の分析結果は，与党第一党と野党第一党での議席数が入れ替わるほどの，政党から政党への政権交代が選挙によって生じるとき，その背後には経済状態の大幅な悪化があり，悲観的な経済報道もまた増えているはずだと含意する。

　そして本書は，経済投票をもとに，自民党を中心とした政権与党から他党への政権交代が起こったとして，「その次」の政権交代がいかに訪れるかについても若干の含意を添える。新しく政権を獲得する（連立）与党が生まれるとしよう。しかし，その新与党が中長期にわたって政権を維持するためには，政権交代の起点となった経済状況の悪化を食い止め，否定的な経済情報を促す状況を早期に収めなくてはならない。失政は，政権交代時に離脱した旧与党派，そして新しい政権下の新与党派から，再びの離脱を容易にもたらす。1993 年，2009 年の政権交代後に，新連立与党は中長期にわたって政権を維持しえなかった。政権交代後に，バブル経済崩壊後の低迷に終止符を打てなかったこと，

2008 年のグローバル経済危機後に東日本大震災が再びダメージを与えたこと
といった，否定的な経済状況，否定的な経済情報，否定的な経済評価の継続・
連鎖があったからであろう。

　境家（2023: 284）がこれらの政権交代を「逸脱的な出来事」であったという
ように，政党間での政権の移行は，たしかに偶発的な現象のようにみえる。し
かし再び，経済投票の観点から光を当てると，過去の政党から政党への政権交
代をめぐる体系性がみえてくる。政権交代後の政権が安定しえない理由は，政
権交代を招いた経済状態の悪化を回復させることができない，新与党の経済政
策運営の限界から説明できそうである。政権交代が生じるとしても，新たな政
権が安定して中長期的に政権を維持するためには，政権発足から間もない時期
に有権者の経済評価を好転させねばならない。政権交代に成功した新たな与党
は，それ以前の与党が直面した負の遺産としての経済状態の大規模な悪化を引
き継いでいるからである。それは，旧政権の末期と同程度の政権交代のリスク
を，新政権が引き継いだことを意味する。

　しかし，有権者の経済評価を好転させることは，新政権にとって容易ではな
い。経済状況を改善し否定的経済情報の広がりを抑え，有権者の否定的な経済
評価を肯定的なものへと変えていくことは，「過去の経済業績をもたない新政
権」にとって過酷なものだからである。このように経済投票の観点からみると，
稀にしか生じない政党間での政権交代，それに続く短命政権は偶発的な現象で
はなく，体系的に生じてきたものだとみることができる[16]。

　経済と政治的支持，経済と投票が強い結びつきに至っているという本書の知
見が妥当であるとすれば，「ネオ 55 年体制」という議会内での政党配置は，
「（旧）55 年体制」ほど確たるものとはならないだろう。ネオ 55 年体制下を共
時的に生きる私たちは，55 年体制下を歩んだ有権者が自民党一党優位体制を

---

16　関連する今後の課題として，約 15 年の循環を経て，与党が議席を大きく失う現象が偶
　発的に生じているのか，体系的に生じているのかを検証する必要があろう。自民党が大幅
　に議席を失い，野党第一党が政権に就くが短期間で自民党への再度の政権交代が生じてき
　た。自民党以外の政党が 2〜3 年間にわたって政権を担当し，それを失政とみなす有権者
　が再び自民党を選びなおす。自民党が政権を回復してから，約 10〜12 年間，約 3〜4 回の
　総選挙を経て，野党による経済政策の失政の記憶が弱まるメカニズムが働いてきたのか否
　かを検証する必要がある。すなわち，失政の記憶が弱まるという体系性にもとづいて生じ
　てきたメカニズムか，そうではなく単に偶発的に生じているサイクルなのかを分析するこ
　とが今後の課題となってくる。

みていたのと同じようには，現体制の安定性を自明視できないのではないだろうか。2020年代以降の政党から政党への政権交代の契機は，経済投票を起点として，55年体制下より多いように思われるからである。

　本書の「経済と政治の強い結びつきの時代」という主張をもとに，最後はやや大胆に，経済投票の観点から日本の政体の展望を論じた。こうした経済投票をもとにした展望は，日本の有権者が他国に比肩するか，あるいはそれをしのぐ政治的洗練性を持ち合わせているという知見にもとづく。そこで，本書の議論の出発点に戻ってくる。本書で最も強調したかったことは，日本の有権者の相対的に高い政治的な洗練性である。政治的主体としての日本の有権者，そして経済的主体としての日本の消費者という視点が重なった先に，党派性の働きを受けながらも刻々と動く経済を知ろうとし，それを政治的なものにつなげようとする姿が立ち上がってきたように思う。日本のアカウンタビリティ，代議制民主主義の揺らぎがいわれる。私たちは，どこか自信を失った有権者なのかもしれない。しかし日本の有権者は認知，意思決定の限界を抱えながらも，実は他国よりも進んだ経済投票を行ってきたし，その傾向をより強めていくのではないか——それを改めての最後の問いかけとして，本書を締めくくる。

# 参考文献

【日本語文献】

飯田健. (2005). 「政党支持の内閣支持への影響の時間的変化——ARFIMA モデルと時変パラメーターを用いた時系列分析」『選挙学会紀要』4, 41-61.

飯田健. (2013). 「リスク受容的有権者がもたらす政治的帰結」『選挙研究』29 (2), 48-59.

池田謙一. (2000). 「98 年参議院選挙における投票行動の分析——業績評価変数をめぐって」『選挙研究』15, 109-121.

伊藤光利・田中愛治・真渕勝. (2000). 『政治過程論』有斐閣.

遠藤晶久. (2009). 「業績評価と投票」山田真裕・飯田健編『投票行動研究のフロンティア』おうふう, 141-165.

大村華子. (2017). 「サーヴェイ実験による操作変数を用いた経済投票の分析——日本の有権者の経済評価に関する考察」『年報政治学』68 (2), 65-95.

大村華子. (2021). 「日本の内閣支持率に関する研究の動向——時事通信社による世論調査データを利用した分析の系譜」『総合政策研究』62, 33-46.

大村華子. (2023). 「日本の有権者の「党派性に動機づけられた推論 (partisan motivated reasoning)」を考える」『ROLES REPORT』No. 27.

大村華子. (2024). 「日本の有権者に「党派性に動機づけられた推論」は働いているのか？——情報の受容と知識の表明に対する党派性の影響の検証」『選挙研究』39 (2), 119-139.

大村華子. (2025). 「経済評価」善教将大編『政治意識研究の最前線』法律文化社, 67-81.

粕谷祐子・高橋百合子. (2015). 「アカウンタビリティ研究の現状と課題」高橋百合子編『アカウンタビリティ改革の政治学』有斐閣, 17-54.

金子智樹. (2023). 『現代日本の新聞と政治——地方紙・全国紙と有権者・政治家』東京大学出版会.

蒲島郁夫. (2004). 『戦後政治の軌跡——自民党システムの形成と変容』岩波書店.

境家史郎. (2023). 『戦後日本政治史——占領期から「ネオ 55 年体制」まで』中央公論新社.

境家史郎・依田浩実. (2023). 「ネオ 55 年体制の完成——2021 年総選挙」『選挙研究』38 (2), 5-19.

新川敏光. (1999). 『戦後日本政治と社会民主主義——社会党・総評ブロックの興亡』法律文化社.

新川敏光.（2007）.『幻視のなかの社会民主主義』法律文化社.

鈴木創.（2019）.「日本の国政選挙における投票率の党派的効果」『選挙研究』35（2），38-53.

善教将大.（2016）.「政党支持は投票行動を規定するのか――サーベイ実験による長期的党派性の条件付け効果の検証」『年報政治学』67（2），163-184.

善教将大.（2023）.「2022年参院選における有権者の選択肢」日本選挙学会・2023年度研究大会・総会「共通論題」報告論文.

善教将大・大村華子.（2024）.「党派的な情報探索行動――日本を事例とする検証」日本選挙学会・2024年度研究大会・総会報告論文.

建林正彦.（2004）.『議員行動の政治経済学――自民党支配の制度分析』有斐閣.

谷口将紀.（2012）.『政党支持の理論』岩波書店.

谷口将紀.（2020）.『現代日本の代表制民主政治――有権者と政治家』東京大学出版会.

西澤由隆.（1998）.「選挙研究における「政党支持」の現状と課題」『選挙研究』13，5-16.

秦正樹.（2022）.『陰謀論――民主主義を揺るがすメカニズム』中央公論新社。

秦正樹.（2023）.「世論は野党に何を求めているのか？――2021年総選挙を事例としたヴィネット実験による検証」『選挙研究』38（2），20-33.

秦正樹.（2024）.「なぜ野党は勝てないのか？――感情温度や政党間イメージについて」荻上チキ編『選挙との対話』青弓社，73-91.

平野浩.（1998）.「選挙研究における「業績評価・経済状況」の現状と課題」『選挙研究』13，28-38.

マッケルウェイン，ケネス・モリ／豊福実紀訳.（2015）.「株価か格差か――内閣支持率の客観的・主観的経済要因」『レヴァイアサン』57，72-95.

松林哲也.（2021）.『政治学と因果推論――比較から見える政治と社会』岩波書店.

的場敏博.（2003）.『現代政党システムの変容――90年代における危機の深化』有斐閣.

三浦麻子・小林哲郎.（2018）.「オンライン調査における努力の最小限化が回答行動に及ぼす影響」『行動計量学』45（1），1-11.

三宅一郎.（1970）.「政党支持の流動性と安定性――政党支持の幅の仮説の予備的検討」『年報政治学』21，91-138.

三宅一郎・木下富雄・間場寿一.（1967）.『異なるレベルの選挙における投票行動の研究』創文社.

三宅一郎・西澤由隆・河野勝.（2001）.『55年体制下の政治と経済――時事世論調査データの分析』木鐸社.

村松岐夫.（2006）.「戦後政治過程における政策アクターの立体構造」村松岐夫・久米郁男編『日本政治変動の30年――政治家・官僚・団体調査に見る構造変容』東洋経

済新報社. 1-24.

森裕城. (2001). 『日本社会党の研究——路線転換の政治過程』木鐸社.

山田真裕. (2009). 「党派性と投票行動」山田真裕・飯田健編『投票行動研究のフロンティア』おうふう. 75-92.

## 【外国語文献】

Akhtar, S., Faff, R., & Oliver, B. (2011). The Asymmetric Impact of Consumer Sentiment Announcements on Australian Foreign Exchange Rates. *Australian Journal of Management*, 36 (3), 387-403.

Akhtar, S., Faff, R., Oliver, B., & Subrahmanyam, A. (2011). The Power of Bad: The Negativity Bias in Australian Consumer Sentiment Announcements on Stock Returns. *Journal of Banking & Finance*, 35 (5), 1239-1249.

Anderson, C. J. (2007). The End of Economic Voting? Contingency Dilemmas and the Limits of Democratic Accountability. *Annual Review of Political Science*, 10, 271-296.

Anderson, C. J., Mendes, S. M., & Tverdova, Y. V. (2004). Endogenous Economic Voting: Evidence from the 1997 British Election. *Electoral Studies*, 23 (4), 683-708.

Bansak, K., Hainmueller, J., Hopkins, D. J., & Yamamoto, T. (2021). Conjoint Survey Experiments. In Druckman, J. N. & Green, D. P. (Eds.), *Advances in Experimental Political Science*. Cambridge: Cambridge University Press, 19-41.

Barro, R. J. (1973). The Control of Politicians: An Economic Model. *Public Choice*, 19-42.

Bartels, L. M. (1996). Uninformed Votes: Information Effects in Presidential Elections. *American Journal of Political Science*, 40 (1), 194-230.

Becher, M. & Donnelly, M. (2013). Economic Performance, Individual Evaluations, and the Vote: Investigating the Causal Mechanism. *Journal of Politics*, 75 (4), 968-979.

Bechtel, M. M. & Hainmueller, J. (2011). How Lasting is Voter Gratitude?: An Analysis of the Short- and Long-Term Electoral Returns to Beneficial Policy. *American Journal of Political Science*, 55 (4), 852-868.

Bisgaard, M. (2019). How Getting the Facts Right Can Fuel Partisan-Motivated Reasoning. *American Journal of Political Science*, 63 (4), 824-839.

Blood, D. J. & Phillips, P. C. B. (1995). Recession Headline News, Consumer Sentiment, the State of the Economy and Presidential Popularity: A Time Series Analysis 1989-1993. *International Journal of Public Opinion Research*, 7 (1), 2-22.

Box-Steffensmeier, J. M. & Smith, R. M. (1996). The Dynamics of Aggregate Partisanship. *American Political Science Review*, 90 (3), 567-580.

Box-Steffensmeier, J. M. & Smith, R. M. (1998). Investigating Political Dynamics Using

Fractional Integration Methods. *American Journal of Political Science*, 42 (2), 661-689.

Box-Steffensmeier, J. M. & Tomlinson, A. R. (2000). Fractional Integration Methods in Political Science. *Electoral Studies*, 19 (1), 63-76.

Buhaug, H., Gleditsch, K. S., Holtermann, H., Østby, G., & Tollefsen, A. F. (2011). It's the Local Economy, Stupid!: Geographic Wealth Dispersion and Conflict Outbreak Location. *Journal of Conflict Resolution*, 55 (5), 814-840.

Bullock, J. G., Gerber, A. S., Hill, S. J., & Huber, G. A. (2015). Partisan Bias in Factual Beliefs about Politics. *Quarterly Journal of Political Science*, 10 (4), 519-578.

Burden, B. C. (2015). Economic Accountability and Strategic Calibration: The Case of Japan's Liberal Democratic Party. *Party Politics*, 21 (3), 346-356.

Campbell, A., Converse, P. E., Miller, W. E., & Stokes, D. E. (1960). *The American Voter.* Chicago: University of Chicago Press.

Caplan, B. (2007). *The Myth of the Rational Voter: Why Democracies Choose Bad Policies.* Princeton: Princeton University Press.

Carlin, R. E., Hartlyn, J., Hellwig, T., Love, G. J., Martínez-Gallardo, C., & Singer, M. M. (2023). Instability and Government Popularity in the 21st Century. In Hellwig, T. & Singer, M. (Eds.), *Economics and Politics Revisited: Executive Approval and the New Calculus of Support.* Oxford: Oxford University Press, 1-31.

Casey, G. P. & Owen, A. L. (2013). Good News, Bad News, and Consumer Confidence. *Social Science Quarterly*, 94 (1), 292-315.

Chaiken, S., Liberman, A., & Eagly, A. H. (1989). Heuristics and Systematic Information Processing within and beyond the Persuasion Context. In Uleman, J. S. & Bargh, J. A. (Eds.), *Unintended Thought: Limits of Awareness, Intention, and Control.* New York: Guilford Press. 212-252.

Clark, W. R., Golder, M., & Golder, S. N. (2017). *Principles of Comparative Politics.* Washington D. C.: CQ Press.

Coppock, A. (2023). *Persuasion in Parallel: How Information Changes Minds about Politics.* Chicago: University of Chicago Press.

Dahlberg, M. & Johansson, E. (2002). On the Vote-Purchasing Behavior of Incumbent Governments. *American Political Science Review*, 96 (1), 27-40.

Dassonneville, R. (2016). Volatile Voters, Short-term Choices?: An Analysis of the Vote Choice Determinants of Stable and Volatile Voters in Great Britain. *Journal of Elections, Public Opinion and Parties*, 26 (3), 273-292.

Dassonneville, R. & Lewis-Beck, M. S. (2014). Macroeconomics, Economic Crisis and Electoral Outcomes: A National European Pool. *Acta Politica*, 49 (4) , 372-394.

De Boef, S. & Kellstedt, P. M. (2004). The Political (and Economic) Origins of Consumer Confidence. *American Journal of Political Science*, 48 (4), 633-649.

De Vries, C. E., Hobolt, S. B., & Tilley, J. (2018). Facing up to the Facts: What Causes Economic Perceptions?. *Electoral Studies*, 51, 115-122.

Donovan, K. M., Kellstedt, P. M., Key, E. M., & Lebo, M. J. (2020). Motivated Reasoning, Public Opinion, and Presidential Approval. *Political Behavior*, 42 (4), 1201-1221.

Donovan, K. M., Kellstedt, P. M., Key, E. M., & Lebo, M. J. (2023). Weakened Ties: The Economy and Presidential Approval in the Twenty-First-Century United States. In Hellwig, T. & Singer, M. (Eds.) *Economics and Politics Revisited: Executive Approval and the New Calculus of Support*. Oxford: Oxford University Press, 305-326.

Duch, R. M. & Kellstedt, P. M. (2011). The Heterogeneity of Consumer Sentiment in an Increasingly Homogenous Global Economy. *Electoral Studies*, 30 (3), 399-405.

Duch, R. M. & Stevenson, R. T. (2008). *The Economic Vote: How Political and Economic Institutions Condition Election Results*. Cambridge: Cambridge University Press.

Enns, P. K., Kellstedt, P. M., & McAvoy, G. E. (2012). The Consequences of Partisanship in Economic Perceptions. *Public Opinion Quarterly*, 76 (2), 287-310.

Evans, G. & Pickup, M. (2010). Reversing the Causal Arrow: The Political Conditioning of Economic Perceptions in the 2000-2004 U. S. Presidential Election Cycle. *Journal of Politics*, 72 (4), 1236-1251.

Ferejohn, J. (1986). Incumbent Performance and Electoral Control. *Public Choice*, 50, 5-25.

Ferejohn, J. & Rosenbluth, F. (2009). Electoral Representation and the Aristocratic Thesis. In Shapiro, I., Stokes, S. C., Wood, E. J., & Kirshner, A. S. (Eds.), *Political Representation*. Cambridge: Cambridge University Press, 271-303.

Fleiss, J. L. (1971). Measuring Nominal Scale Agreement Among Many Raters. *Psychological Bulletin,* 76 (5), 378-382.

Flynn, D. J., Nyhan, B., & Reifler, J. (2017). The Nature and Origins of Misperceptions: Understanding False and Unsupported Beliefs about Politics. *Political Psychology*, 38, 127-150.

Frey, B. S. & Schneider, F. (1978). An Empirical Study of Politico-Economic Interaction in the United States. *Review of Economics and Statistics*, 60(2), 174-183.

Garzia, D., Ferreira da Silva, F., & Maye, S. (2023). Affective Polarization in Comparative and Longitudinal Perspective. *Public Opinion Quarterly*, 87 (1), 219-231.

Gidron, N., Adams, J., & Horne, W. (2020). *American Affective Polarization in Comparative Perspective*. Cambridge: Cambridge University Press.

Grant, T. & Lebo, M. J. (2016). Error Correction Methods with Political Time Series. *Political analysis*, 24 (1), 3-30.

Guay, B. & Johnston, C. D. (2022). Ideological Asymmetries and the Determinants of Politically Motivated Reasoning. *American Journal of Political Science*, 66 (2), 285-301.

Hainmueller, J., Hopkins, D. J., & Yamamoto, T. (2014). Causal Inference in Conjoint Analysis: Understanding Multidimensional Choices via Stated Preference Experiments. *Political Analysis*, 22 (1), 1-30.

Hansford, T. G. & Gomez, B. T. (2015). Reevaluating the Sociotropic Economic Voting Hypothesis. *Electoral Studies*, 39, 15-25.

Harzing, A-W. (2006). Response Styles in Cross-National Survey Research: A 26-Country Study. *International Journal of Cross Cultural Management*, 6 (2), 243-266.

Hayes, A. F. & Krippendorff, K. (2007). Answering the Call for a Standard Reliability Measure for Coding Data. *Communication Methods and Measures,* 1 (1), 77-89.

Healy, A. & Malhotra, N. (2009). Myopic Voters and Natural Disaster Policy. *American Political Science Review*, 103 (3), 387-406.

Healy, A. & Malhotra, N. (2013). Retrospective Voting Reconsidered. *Annual Review of Political Science*, 16, 285-306.

Healy, A. J., Persson, M., & Snowberg, E. (2017). Digging into the Pocketbook: Evidence on Economic Voting from Income Registry Data Matched to a Voter Survey. *American Political Science Review*, 111 (4), 771-785.

Hellwig, T. & Singer, M. (2023). *Economics and Politics Revisited: Executive Approval and the New Calculus of Support*. Oxford: Oxford University Press.

Herman, L. E. (2017). Democratic Partisanship: From Theoretical Ideal to Empirical Standard. *American Political Science Review*, 111 (4), 738-754.

Hernán, M. A., Hernández-Díaz, S., & Robins, J. M. (2004). A structural Approach to Selection Bias. *Epidemiology*, 15 (5), 615-625.

Hughes, J. (2021). KrippendorffsAlpha: An R Package for Measuring Agreement Using Krippendorff's Alpha Coefficient. *The R Journal*, 13 (1), 413-425.

Igarashi, T., Okuda, S., & Sasahara, K. (2022). Development of the Japanese Version of the Linguistic Inquiry and Word Count Dictionary 2015. *Frontiers in Psychology*, 13: 841534.

Imai, K., King, G., & Stuart, E. A. (2008). Misunderstandings between Experimentalists and Observationalists about Causal Inference. *Journal of the Royal Statistical Society Series A: Statistics in Society*, 171 (2), 481-502.

Inglehart, R. (1977). *The Silent Revolution: Changing Values and Political Styles Among Western Publics*. Princeton: Princeton University Press.

Jastramskis, M., Kuokštis, V., & Baltrukevičius, M. (2021). Retrospective Voting in Central and Eastern Europe: Hyper-Accountability, Corruption or Socio-economic Inequality?. *Party Politics*, 27 (4), 667-679.

Jones, P. E. (2020). Partisanship, Political Awareness, and Retrospective Evaluations, 1956-2016. *Political Behavior*, 42, 1295-1317.

Jordà, Ò. (2005). Estimation and Inference of Impulse Responses by Local Projections. *American Economic Review*, 95 (1), 161-182.

Kayser, M. A. & Peress, M. (2012). Benchmarking across Borders: Electoral Accountability and the Necessity of Comparison. *American Political Science Review*, 106 (3), 661-684.

Kiewiet, D. R. & Rivers, D. (1984). A Retrospective on Retrospective Voting. *Political Behavior,* 6 (4), 369-393.

Kinder, D. R. & Kiewiet, D. R. (1981). Sociotropic Politics: The American Case. *British Journal of Political Science*, 11 (2), 129-161.

Kramer, G. H. (1983). The Ecological Fallacy Revisited: Aggregate-versus Individual-level Findings on Economics and Elections, and Sociotropic Voting. *American Political Science Review,* 77 (1), 92-111.

Krippendorff, K. (2004). *Content Analysis: An Introduction to Its Methodology*. Thousand Oaks: Sage.

Krippendorff, K. (2011). *Computing Krippendorff's Alpha-Reliability*. Philadelphia: Annenberg School for Communication Departmental Papers.

Kunda, Z. (1987). Motivated Inference: Self-serving Generation and Evaluation of Causal Theories. *Journal of Personality and Social Psychology*, 53 (4), 636-647.

Kunda, Z. (1990). The Case for Motivated Reasoning. *Psychological Bulletin*, 108 (3), 480-498.

Lanne, M. & Luoto, J. (2021). GMM Estimation of Non-Gaussian Structural Vector Autoregression. *Journal of Business & Economic Statistics*, 39 (1), 69-81.

Lau, R. R. (1985). Two Explanations for Negativity Effects in Political Behavior. *American Journal of Political Science*, 29 (1), 119-138.

Lazarsfeld, P. F., Berelson, B., & Gaudet, H. (1944). *The People's Choice: How the Voter Makes Up His Mind in a Presidential Campaign*. New York: Duell, Sloun & Pearce.

Lebo, M. J. & Cassino, D. (2007). The Aggregated Consequences of Motivated Reasoning and the Dynamics of Partisan Presidential Approval. *Political Psychology*, 28 (6), 719-746.

Leeper, T. J. & Slothuus, R. (2014). Political Parties, Motivated Reasoning, and Public

Opinion Formation. *Political Psychology*, 35 (S1), 129-156.

Lewis-Beck, M. S. & Paldam, M. (2000). Economic Voting: An Introduction. *Electoral Studies*, 19 (2-3), 113-121.

Lewis-Beck, M. S. & Stegmaier, M. (2013). The VP-function Revisited: A Survey of the Literature on Vote and Popularity Functions after over 40 years. *Public Choice,* 157(3), 367-385.

Lewis-Beck, M. S. & Stegmaier, M. (2019). Economic Voting. In Congleton, R. D., Grofman, B. N., & Voigt, S. (Eds.), *The Oxford Handbook of Public Choice*, Volume 1, Oxford: Oxford University Press, 247-265.

Liu, G. & Shiraito, Y. (2023). Multiple Hypothesis Testing in Conjoint Analysis. *Political Analysis*, 31 (3), 380-395.

MacKuen, M. B., Erikson, R. S., & Stimson, J. A. (1992). Peasants or Bankers?: The American Electorate and the U. S. Economy. *American Political Science Review,* 86 (3), 597-611.

Maeda, Y. (2011). Economy, Cabinet Approval, and LDP Support. *The Journal of Social Science* [*Shakai Kagaku Kenkyu*], 62 (1), 151-171.

Malhotra, N. & Kuo, A. G. (2008). Attributing Blame: The Public's Response to Hurricane Katrina. *Journal of Politics*, 70 (1), 120-135.

Maloney, J. & Pickering, A. (2015). Voting and the Economic Cycle. *Public Choice*, 162, 119-133.

Manin, B., Przeworski, A., & Stokes, S. (1999). Elections and Representation. In Przeworski, A., Stokes, S. C., & Manin, B. (Eds.), *Democracy, Accountability, and Representation*. Cambridge: Cambridge University Press, 29-54.

Masuda, S., Sakagami, T., Kawabata, H., Kijima, N., & Hoshino, T. (2017). Respondents with low motivation tend to choose middle category: survey questions on happiness in Japan. *Behaviormetrika*, 44, 593-605.

McConnell, C., Margalit, Y., Malhotra, N., & Levendusky, M. (2017). The Economic Consequences of Partisanship in a Polarized Era. *American Journal of Political Science.* 62 (1), 5-18.

Mian, A., Sufi, A., & Khoshkhou, N. (2023). Partisan Bias, Economic Expectations, and Household Spending. *Review of Economics and Statistics*, 105 (3), 493-510.

Moneta, A., Entner, D., Hoyer, P. O., & Coad, A. (2013). Causal Inference by Independent Component Analysis: Theory and Applications. *Oxford Bulletin of Economics and Statistics*, 75 (5), 705-730.

Monroe, K. R. (1984). *Presidential Popularity and the Economy*. New York: Praeger.

Mueller, J. E. (1970). Presidential Popularity from Truman to Johnson. *American Political Science Review*, 64 (1), 18-34.

Nannestad, P. & Paldam, M. (1994). The VP-Function: A Survey of the Literature on Vote and Popularity Functions after 25 Years. *Public Choice*, 79 (3), 213-245.

Nannestad, P. & Paldam, M. (1997). The Grievance Asymmetry Revisited: A Micro Study of Economic Voting in Denmark, 1986-1992. *European Journal of Political Economy*, 13 (1), 81-99.

Newman, B. & Otto, A. (2022). Polls and Elections: The Economy and Events Still Matter (At Least a Little): Partisans' Presidential Approval in the Trump Era. *Presidential Studies Quarterly*, 52 (1), 208-223.

Nezi, R. (2012). Economic Voting Under the Economic Crisis: Evidence from Greece. *Electoral Studies*, 31 (3), 498-505.

Nguyen, V. H. & Claus, E. (2013). Good News, Bad News, Consumer Sentiment and Consumption Behavior. *Journal of Economic Psychology*, 39, 425-438.

Nyblade, B. (2011). The 21st Century Japanese Prime Minister: An Unusually Precarious Perch. *The Journal of Social Science* [*Shakai Kagaku Kenkyu*], 62 (1), 195-209.

Ohmura, H. (2022). The Connection Between Stock Market Prices and Political Support: Evidence from Japan. *Applied Economics Letters*, 29 (1), 1-7.

Ohmura, H. (2023). Macropartisanship in Multiparty Systems: A Comparative Study of Five Democracies. *Political Behavior*, 45 (1), 285-304.

Ohmura, H. & Hino, A. (2023). Economic Retrospection in Japan: Both Partisanship and Economic Evaluations Matter. In Hellwig, T. & Singer, M. (Eds), *Economics and Politics Revisited: Executive Approval and the New Calculus of Support*. Oxford : Oxford University Press, 131-154.

Olea, J. L. M. & Plagborg-Møller, M. (2021). Local Projection Inference is Simpler and More Robust than You Think. *Econometrica*, 89 (4), 1789-1823.

Park, J. Y. (2019). Punishing without Rewards? A Comprehensive Examination of the Asymmetry in Economic Voting. *Electoral Studies*, 57, 1-18.

Parke, W. R. (1999). What is Fractional Integration?. *Review of Economics and Statistics*, 81 (4), 632-638.

Peterson, E. & Iyengar, S. (2021). Partisan Gaps in Political Information and Information-Seeking Behavior: Motivated Reasoning or Cheerleading?. *American Journal of Political Science*, 65 (1), 133-147.

Pickup, M. & Evans, G. (2013). Addressing the Endogeneity of Economic Evaluations in Models of Political Choice. *Public Opinion Quarterly*, 77 (3), 735-754.

Prior, M., Sood, G., & Khanna, K. (2015). You Cannot be Serious: The Impact of Accuracy Incentives on Partisan Bias in Reports of Economic Perceptions. *Quarterly Journal of Political Science*, 10 (4), 489–518.

Reiljan, A. (2020). Fear and Loathing across Party Lines (also) in Europe: Affective Polarisation in European Party Systems. *European Journal of Political Research*, 59 (2), 376–396.

Reiljan, A., Garzia, D., Da Silva, F. F., & Trechsel, A. H. (2024). Patterns of affective Polarization toward Parties and Leaders across the Democratic World. *American Political Science Review*, 118 (2), 654–670.

Riba, C. & Díaz, A. (2002). Economic Voting in Subnational Government. In Dorussen, H. & Taylor, M., *Economic Voting*. London: Routledge, 173–199.

Roberts, A. (2008). Hyperaccountability: Economic Voting in Central and Eastern Europe. *Electoral Studies*, 27 (3), 533–546.

Rubin, D. B. (2005). Causal Inference Using Potential Outcomes: Design, Modeling, Decisions. *Journal of the American Statistical Association*, 100 (469), 322–331.

Sartori, G. (1976). *Parties and Party Systems: A Framework for Analysis*. Cambridge: Cambridge University Press. (ジョヴァンニ・サルトーリ／岡沢憲芙・川野秀之訳〔2000〕『現代政党学——政党システム論の分析枠組み』早稲田大学出版部).

Scheiner, E. (2006). *Democracy without Competition in Japan: Opposition Failure in a One-Party Dominant State*. Cambridge: Cambridge University Press.

Shimizu, S., Hoyer, P. O., Hyvärinen, A., & Kerminen, A. J. (2006). A Linear Non-Gaussian Acyclic Model for Causal Discovery. *Journal of Machine Learning Research*, 7, 2003–2030.

Sigelman, L., Sigelman, C. K., & Bullock, D. (1991). Reconsidering Pocketbook Voting: An Experimental Approach. *Political Behavior*, 13 (2), 129–149.

Singer, M. M. (2011). Who Says "It's the Economy"?: Cross-National and Cross-Individual Variation in the Salience of Economic Performance. *Comparative Political Studies*, 44 (3), 284–312.

Smidt, C. D. (2018). The Consequences of Elite Party Politics for American Macropartisanship. *Journal of Politics*, 80 (1), 162–177.

Soroka, S. N. (2006). Good News and Bad News: Asymmetric Responses to Economic Information. *Journal of Politics*, 68 (2), 372–385.

Soroka, S. N. (2014). *Negativity in Democratic Politics: Causes and Consequences*. Cambridge: Cambridge University Press.

Soroka, S. N., Stecula, D. A., & Wlezien, C. (2015). It's (Change in) the (Future) Economy, Stupid: Economic Indicators, the Media, and Public Opinion. *American Journal of Political Science*, 59 (2), 457-474.

Starr, M. A. (2012). Consumption, Sentiment, and Economic News. *Economic Inquiry*, 50 (4), 1097-1111.

Stegmaier, M., Lewis-Beck, M. S., & Park, B. B. (2017). The VP-Function: A Review., In Arzheimer, K., Evans, J., & Lewis-Beck, M. S. (Eds.), *The Sage Handbook of Electoral Behaviour*. Thousand Oaks: Sage, 584-605.

Taber, C. S. & Lodge, M. (2006). Motivated Skepticism in the Evaluation of Political Beliefs. *American Journal of Political Science*, 50 (3), 755-769.

Taniguchi, M. (2016). The Multi-Store Model for Economic Voting: Rome wasn't Built in a Day. *Electoral Studies*, 41, 179-189.

Tappin, B. M., Pennycook, G., & Rand, D. G. (2021). Rethinking the Link Between Cognitive Sophistication and Politically Motivated Reasoning. *Journal of Experimental Psychology: General*, 150 (6), 1095-1114.

Visconti, G. (2022). After the Flood: Disasters, Ideological Voting and Electoral Choices in Chile. *Political Behavior*, 44 (4), 1985-2004.

Wlezien, C. (2017). Policy (Mis) Representation and the Cost of Ruling: U. S. Presidential Elections in Comparative Perspective. *Comparative Political Studies*, 50 (6), 711-738.

Yagci, A. H. & Oyvat, C. (2020). Partisanship, Media and the Objective Economy: Sources of Individual-Level Economic Assessments. *Electoral Studies*, 66, 102135.

## あとがき

　筆者は，人々の暮らしに関心をもって研究を続けてきた。また，人々の暮らしに政治的なものはどうつながるのかを知りたいとも考えてきた。そして，経済と政治という結びつきは自然と研究の課題となり，いまも変わらずに取り組んでいる。

　こうした研究関心は，博士後期課程のころから変わっていない。よって当時の指導教員であり，研究を支えてくださった待鳥聡史先生への感謝の気持ちは大きい。「指導教員であれば，この一文をどう書くか，どう修正するだろうか」としばしば考えながら，本書の執筆をつづけた。少しでも興味深いと思っていただける分析，文章があるならば，その多くは待鳥先生のご指導のおかげである。

　2024 年 4 月から京都大学大学院法学研究科へ異動し，政治学系の先生方に温かく接していただいている。学部内ワークショップで多くのコメントに恵まれたことで，本書の議論をより発展させることができた。また本書は京都大学大学院法学研究科附属の法政策共同研究センター・文理融合実証研究セクションからの成果公表支援費（出版助成）を受けて，公刊することができた。出版の可能性を探ってくださった土井真一センター長に，心より御礼申し上げたい。

　関西学院大学総合政策学部の在職時には，宗前清貞先生，久保慶明先生，北原鉄也先生にたいへんお世話になった。先生方は政治学・行政学系の授業を一緒に担う同僚であったし，学内業務をともに乗り越えるパートナーでもあった。研究・教育以外のこともたくさんお話し，楽しんで仕事ができる環境を整えてもらった。柴山太先生にも，総合政策学部への着任以降，惜しみなくサポートしていただいた。本書は，総合政策学部の経済学分野の多くの先生方との対話なしには，執筆できなかった。また時事通信社データ，新聞データの入力などで力を貸してくださった総合政策学部の研究演習生の方々にも，感謝の気持ちを伝えたい。

　身近な研究者の存在も大きかった。関西学院大学法学部の善教将大先生には，困っていることをたくさん相談してきた。いつも的確なコメントをくれる善教先生は心強い友人でもある。また山田真裕先生は，関西学院大学政治行動研究

センター長として，いつも気にかけ，温かい言葉をかけてくださった。自信がなくなったときに，山田先生の励ましに何度も助けていただいた。

また飯田健先生，日野愛郎先生，福元健太郎先生，松林哲也先生には，共同研究で多々お世話になり，研究資金の面でもお力添えいただいた。優秀な先生方から，データの集め方，分析の仕方，本や論文の書き方で学んだことは計り知れない。東京大学・ROLES でのプロジェクトにおいて，池内恵先生からも，研究遂行のために多くのご助力をいただいた。記して感謝申し上げる。

すべての方々のお名前を挙げることはできないが，日本政治学会，日本選挙学会，日本行動計量学会，関西学院大学政治行動研究センター研究会，関西学院大学総合政策学部の政策統計研究会，関西行政学研究会，そして論文の査読などを通じて，数多の有益な改善案を頂戴してきた。そうした周囲の方々からのサポートに，心より御礼申し上げたい。

本書の刊行に向けて，有斐閣の岡山義信さんには，実に多くのサポートをしていただいた。本書の計画を快く引き受け，時に親身になって励まし，時に愚痴に付き合ってくださった岡山さんには感謝してもしきれない。

本書の執筆に際して，なるべく多くの方に手に取っていただけるよう，文献的背景の詳述を極力省き，数式や図表の多くをオンライン上の補遺で閲覧してもらうようにした。研究者の方々にとっては論証に物足りなさがあり，幅広い読者の方々にとっては，なおもって難解に映るものになっていると思う。そうした難点を含め，本書の問題はすべて筆者自身に帰するものであることを，改めてお断りしておきたい。

最後に，本書の執筆を支えてくれたのは家族である。明るく献身的な夫・啓喬のおかげで，本書を書き上げることができた。そして宝子，寿太朗，明子，3人のこどもたちが笑っていられるように頑張らなくてはいけないと思っている。この本を3人のこどもたちにおくることを，お許しいただきたい。

2025 年 2 月

大村　華子

# 事 項 索 引

## ▶英数字

55 年体制　69, 99, 128, 218-220, 223
DK 処置　181, 184
GDP 成長率　53, 138, 166, 201, 203
J-LIWC　54
LGBTQ　168, 173, 176, 178, 192

## ▶あ 行

アカウンタビリティ　3, 14, 16, 22, 52, 75, 90, 212, 213, 217, 219, 220, 224
朝日新聞　53, 55, 77
アベノミクス　1, 29, 43, 65, 215
意思決定　2, 9, 11, 22, 28, 33, 36, 89, 96, 134, 194, 195, 203, 210, 212, 216, 218, 224
一党優位体制　5, 220, 223
イデオロギー　54, 55, 138, 168, 170, 171, 173-175, 218-220
因果推論　91, 92
インパルス応答関数（Impulse Response Function：IRF）　93
応援行為（cheerleading）　138, 139, 166, 178-181, 184, 187, 189, 190, 192
応答　2, 93, 220
汚職　76, 77, 222

## ▶か 行

外国人労働者　168, 173, 177-179, 184, 192
科学的根拠　178
為替レート　40, 196, 199
観察データ　10, 11, 16, 20, 35, 97-99, 115, 129, 134, 146, 206, 208, 210, 211
疑似的政権交代　213
記述統計　46, 56, 144, 145, 159, 160, 173, 182, 200
業績投票　2, 3, 11, 20, 75, 102, 212, 213, 215, 221
共変量　58, 101, 109, 112, 117, 123, 146, 160
局所投影法（Local Projection model）　92-94

近視眼性　4
金銭的報酬　139, 166, 179, 180, 184, 187, 189, 190, 192
暮らし向き　4, 17, 19, 20, 31, 39, 41, 43, 130, 131, 135, 138, 140, 150, 154, 180, 206
グローバル経済危機　43, 54, 56, 223
景気　4, 17, 20, 41, 43, 44, 53, 100, 130, 131, 215
　——循環　38, 43-45, 49, 50, 53, 56, 64, 71
　——動向　39
　——評価　18, 20, 31, 32, 39, 135, 138, 140, 146, 153, 180
経済状況　1, 2, 5, 11, 13, 17, 28, 39, 40, 52, 53, 55, 62, 68, 71, 73, 76, 88, 96, 97, 101, 103, 108, 113, 115, 117, 129, 130, 170, 194, 195, 199, 203, 205, 209, 213, 216, 219, 221, 223
経済情報　6, 7, 23, 27, 28, 32, 36, 39, 40, 50-52, 55, 56, 58, 61, 62, 68, 71, 73, 76, 78, 80, 84, 85, 90, 97, 129, 134, 136-138, 141, 151, 154-156, 163-166, 171, 191, 204, 205, 209, 214, 217-219, 222
　——の受容　27, 134-136, 140, 155, 157, 164, 165, 193, 208
　——の推論　165, 167, 171, 178, 193, 208
　——の表明　166, 178, 187, 192
経済成長率　91, 142, 222
経済知識　134, 166
経済的イベント　38, 39, 64
経済投票（economic voting）　1, 2, 8, 9, 11, 12, 16, 17, 20, 28, 33, 35, 38, 39, 42, 62, 74, 75, 89, 96, 134, 156, 157, 165, 173, 177, 179, 194, 200, 205-207, 211, 214, 215, 218, 219, 221, 222, 224
　——の非対称性　6, 9, 12, 33, 50, 58, 75, 76, 84, 86, 89, 129, 138, 141, 143, 148, 158, 193, 197, 199, 205, 207, 210, 212
　——の不安定性　5, 7, 12, 23, 35, 36, 221

経済と政治　1-3, 33, 36, 90, 179, 188, 207, 221, 223, 224

経済評価　2, 4, 6-8, 10, 13, 16, 17, 20, 22, 27, 29, 30, 35, 36, 38-40, 46, 48, 50, 51, 59, 60, 62, 64, 65, 68, 71, 73, 74, 76, 78, 81, 84, 87, 90, 96, 99, 101, 102, 110, 117, 118, 121, 128, 134, 140, 141, 143, 144, 146, 147, 149, 154, 157, 159, 161-165, 171, 177, 179, 187, 193, 206, 207, 209, 211, 212, 214, 216, 218

　——1年前比較　137, 157, 159, 161

　党派別の——　12, 30, 32, 40, 48, 50

鉱工業生産指数　40, 53, 60, 76, 79

肯定的経済情報　16, 22, 50, 51, 53, 55, 60, 76, 80, 89, 134, 137, 138, 140, 142, 147, 150, 152, 153, 154, 157, 158, 162, 164, 197, 201, 203, 204, 210

肯定的経済評価　22, 30, 32, 43, 44, 46, 49, 52, 57, 60, 62, 75, 80, 82, 89

肯定的経済報道　40, 59, 195

公約　1

合理性　12

国政選挙　2, 13, 17, 20, 99

個人志向の経済評価　4, 12, 17, 42, 43, 49, 53, 57, 76, 81, 86, 99, 100, 103, 105, 106, 111, 113, 116, 118, 122, 123, 130, 131, 133, 213

個人志向の手がかり（egotropic cue）　130, 131, 133

個人データ　10, 13, 27, 31, 90, 97, 98, 206

コンジョイント実験　14, 139, 170, 196, 197, 201, 205

## ▶さ　行

最小二乗法（Ordinary Least Squares estimation: OLS）　98, 131

　2段階——（Two-Stage Least Square estimation: 2SLS）　98

最低賃金　167, 168, 170, 173, 175, 178

サーベイ実験　11, 129, 135, 167

残差　11, 98, 115, 131

時系列データ　10, 11, 13, 16, 17, 19, 35, 38, 39, 42, 51, 52, 56, 64, 68, 74, 89, 90, 92, 96, 98, 99, 113, 129, 206, 209, 210, 213, 220

時系列予測　93

時事通信社　12, 17, 29, 38, 51

失業率　4, 5, 40, 53, 60, 76, 79, 140, 142, 145, 146, 148, 167, 196, 202, 205

失言　76

実験データ　10, 11, 98, 115, 135, 140, 141, 166, 206

実質的民主主義　212

実数和分（Fractional Integration: FI）　12, 38

実数和分誤差修正メカニズム（Fractional Error Correction Mechanism: FECM）　12, 39

シミュレーション　98, 109, 111, 117, 144, 151, 161

社会志向の経済評価　4, 12, 17, 20, 33, 35, 42, 43, 46, 47, 53, 57, 59, 60, 76, 98, 99, 101, 103, 106, 107, 109, 110, 113, 116, 117, 119, 122, 126, 127, 130, 132, 133, 213

自由民主党（自民党）　1, 7, 22, 23, 27, 28, 112, 126, 144, 186, 192, 195, 213, 217, 218, 220, 222

順序ロジット推定（Ordered Logit Estimation）　145, 151

消費者　7, 8, 92, 93, 207, 219, 224

消費税　43, 54, 56, 67

所得　4, 13, 96, 97, 100, 101, 104, 106, 107, 112, 113, 115, 129, 206, 209

　——階層　96, 99, 100, 102, 103, 105, 106, 109, 111, 113

スキャンダル　76

スクリーニング質問　144, 159, 182, 200

正解処置　181, 183, 187

政権交代　2, 5, 6, 9, 17, 22, 28, 31, 33, 35, 69, 75, 90, 112, 126, 165, 205, 206, 212, 214, 217, 220, 223, 224

制裁　3, 75, 217, 220

政策位置　138, 170, 171, 173, 175-177, 191

政治的支持　2, 22, 39, 63, 64, 74, 90, 206, 209, 211, 214, 216, 222, 223

　——の安定性・不安定性　13

　——からの残留・離脱離脱　25, 26, 28, 36, 222

事項索引　*241*

政治的スキャンダル　222
政治的洗練性　14, 127, 217, 221, 224
政治的判断　2
政党支持　7, 10, 12, 16, 25, 28, 40, 42, 76, 97,
　136, 189, 209, 221
　──の安定性　25, 71, 74
　──の幅　25
　──率　13, 23, 39, 58, 62, 64, 65, 68, 71,
　73, 74, 76, 78, 80, 83, 84, 86
正答率　138, 171, 176, 177, 191, 192
石油ショック　43, 54, 56, 67
選挙制度　221
選挙制度改革　212
潜在的帰結（potential outcome）　91, 92
選択バイアス（selection bias）　11
センチメント　54, 55

▶た　行

代議制民主主義　1-3, 28, 224
態度形成　11, 28, 212, 216
多党制　2, 5, 6, 9, 29, 69, 138, 206, 207, 212,
　214, 217
知覚のスクリーン　216
中間選択肢　41
長期金利　40, 196, 202
調査協力者　137
定常性・非定常性　42
テキスト分析　54
手続き的民主主義　212
党派性（partisanship）　5, 6, 9, 11, 13, 14,
　16, 23, 25, 27, 33, 35, 36, 39, 49, 51, 59, 62,
　71, 73, 74, 84, 86, 89, 96, 98, 101, 102, 105-
　109, 113, 115, 116-120, 122, 123, 128, 134,
　135, 137, 139, 144, 148, 149, 154, 155, 162,
　164-166, 168, 170, 171, 174, 177, 179, 181,
　184, 188, 191, 194, 204, 206, 207, 209-212,
　214, 216, 221
　──解答スコア　179, 180, 182, 184, 187
　──差異　30, 46, 47, 50, 52, 64, 69, 73, 84,
　102, 109, 110, 112, 113, 126, 127, 136, 139,
　145, 146, 151, 152, 161, 163, 180, 187
　──に動機づけられた推論（partisn
　motivated reasoning：PMR）　8, 11, 12,

　16, 27, 28, 30, 36, 38, 46, 51, 52, 58, 61, 62,
　69, 74, 76, 80, 86, 87, 98, 101-103, 113, 136,
　137, 139, 141, 149, 150, 154, 155, 157, 158,
　162, 163, 165, 166, 171, 175, 177, 178, 181,
　184, 187, 191, 193, 195, 203, 206, 211, 214,
　216
　──の安定・不安定性　42
　──のレンズ　211
　──バイアス　7, 215
投票確率　13, 31, 98, 101, 102, 109, 111, 112,
　117, 118, 126, 128
投票選択　11, 13, 27, 62, 96, 97, 99, 100, 103,
　104, 107, 108, 111, 115, 116, 118, 119, 122,
　123, 126, 129, 132, 201, 211, 215
投票割合　97, 99-101, 104, 107, 113, 116,
　119, 120, 122

▶な　行

内閣支持率・不支持率　13, 23, 34, 39, 64,
　68, 69, 71, 73, 74, 76, 82, 84, 88, 89, 170,
　179, 180, 186, 187, 189, 192, 210, 220
二大政党制　5, 68, 138
日経平均株価　40, 53, 60, 76, 79, 140, 142,
　148, 178, 185, 202, 203, 215, 222
日本経済新聞　53, 55, 77
日本人の選挙行動（Japan Election Study：
　JES）データ　13, 17, 20, 25, 31, 99,
　103, 115, 132
認知的吝嗇（cognitive misers）　130, 131
認知バイアス　215
ネオ 55 年体制　220, 221, 223

▶は　行

ハイパー・アカウンタビリティ（hyper-ac-
　countability）　213
バブル経済　43, 54, 221, 222
反事実　91
東日本大震災　43, 54, 56, 221, 223
否定性バイアス（negativity bias）　11, 16,
　20, 22, 38, 50, 51, 58, 60, 63, 84, 89, 134,
　136, 138, 141-143, 146, 154, 157, 158, 163,
　165, 193
否定的経済情報　8, 9, 12, 16, 22, 33, 50, 51,

53, 55, 60, 63, 64, 75, 76, 79, 80, 84, 89, 90,
134, 137, 138, 140, 142, 143, 153, 154, 157,
158, 162, 164, 197, 199, 201-203, 212, 222,
223

否定的経済評価　30, 31, 43, 46, 49, 50, 52,
57, 60, 62, 75, 80, 81, 82, 88-90, 223

否定的経済報道　22, 40, 59, 206, 209, 210

物価　1, 39, 41, 53, 76, 92, 93, 130, 136, 140,
150, 152, 153, 155, 168, 173, 175, 184, 185,
191, 196, 202, 205

懐事情　4

不平の非対称性（grievance asymmetry）
5, 6, 8, 9, 11, 12, 16, 17, 22, 28, 35, 42, 52,
74-76, 80, 83, 88, 89, 98, 129, 134, 137, 138,
141, 142, 148, 158, 163, 194, 195, 197, 199,
205, 206, 210, 212, 217

不平の非対称性の非対称　9, 12, 16, 33, 51,
63, 103, 113, 119, 133, 140, 141, 143, 152,
155, 158, 193, 195, 199, 201, 203, 206, 210,
212, 214, 217, 220, 222

平滑化曲線　109, 110, 127

▶ま　行

マクロ経済指標　39, 96

無党派　6, 8, 9, 23, 27-29, 31, 36, 38, 46, 47,
50-52, 57, 61, 62, 69, 75, 86-90, 93, 102,
103, 105, 106, 110, 113, 119, 122, 128, 129,
149, 152, 153, 161, 163, 164, 184, 188, 189,
195, 199, 203, 204, 210, 212, 216, 222

──割合　31, 40, 58, 59, 64, 65, 71, 74, 76,
78, 81, 82, 86, 88, 90

模擬新聞　134, 137, 155, 156

▶や　行

野党　2, 5, 9, 23, 29, 116, 118, 119, 123, 143,
205, 206, 210, 213, 217-220, 222

──支持率　23, 40, 58, 64, 65, 68, 71, 74,
75, 78, 81, 82, 84, 88, 220

──派（野党支持者）　6, 8, 9, 26, 28, 29,
31, 36, 38, 46-48, 51, 52, 57, 61, 62, 69, 73,
75, 76, 80, 86, 89, 93, 102, 103, 110, 112,
113, 118, 119, 122, 123, 127, 128, 133, 134,
143, 148, 149, 152, 153, 155, 158, 159, 161,
163, 164, 184, 187, 192, 195, 199, 203, 204,
210, 212, 213, 218-220, 222

──派からの離脱　36

与党　2, 5, 9, 23, 29, 116, 118, 119, 123, 143,
205, 206, 210, 213, 217-220, 222

──支持率　23, 34, 40, 58, 62, 64, 68, 71,
74, 76, 78, 80, 83, 84, 88, 210, 220

──派（支持者）　6, 8, 9, 26, 28, 30, 31,
36, 38, 46, 47, 50, 51, 57, 60, 62, 69, 73, 75,
76, 80, 86, 88, 93, 101, 102, 105, 106, 109,
112, 113, 118, 120, 123, 126, 128, 138, 145,
148, 149, 151-153, 155, 160-165, 175-177,
180, 184, 188, 191, 192, 195, 199, 203, 204,
206, 210-212, 217, 219, 221, 222

──派からの離脱　206, 214, 217

読売新聞　53, 55, 77

▶ら　行

ランダム　134, 139, 167, 171, 194, 195

リーマンショック　221

倫理審査　137

ローリング回帰分析（Rolling Window
Regression）　33, 35, 73

# 人名索引

Anderson, C. J.　　7, 221
Bartels, L. M.　　7
Bisgaard, M.　　31, 137, 141, 155, 156, 214
Box-Steffensmeier, J. M.　　42
Bullock, J. G.　　4, 137, 138, 178, 179, 184, 191
Clark, H. D.　　212
Donovan, K. M.　　31, 33, 47, 69
Duch, R. M.　　7, 20
Enns, P. K.　　17, 20
Erikson, R. S.　　2
Evans, G.　　7
Ferejohn, J.　　3
Grant, T.　　42, 57, 58
Guay, B.　　137, 138, 167, 168, 170, 171, 173
Hainmueller, J.　　194, 196, 215
Healy, A.　　3, 12, 96–98, 115, 117, 131, 132, 215
Johnston, C. D.　　137, 138, 167, 168, 170, 171, 173
Jones, P. E.　　31, 97, 98, 102, 127
Kellstedt, P. M.　　17, 20
Kiewiet, D. R.　　3, 17
Kinder, D. R.　　17
Kunda, Z.　　27
Lebo, M. J.　　31, 42, 57, 58, 69
Lewis-Beck, M. S.　　2–5, 7, 10, 17, 221

Malhotra, N.　　3, 12, 215
Mueller, J. E.　　3
Nannestad, P.　　2, 5, 22
Nezi, R.　　5, 17, 22
Paldam, M.　　2, 4, 5, 7, 10, 22
Park, J. Y.　　5, 17, 22
Pickup, M.　　7
Reijan, A.　　214
Singer, M. M.　　1, 17, 33
Smidt, C. D.　　42
Soroka, S. N.　　1, 17, 20
Stegmaier, M.　　2, 4, 5
Wlezien, C.　　1, 17, 22
飯田健　　23, 74
池田謙一　　130
遠藤晶久　　3
河野勝　　23, 41, 65, 67, 74
境家史郎　　220, 223
善教将大　　25, 182, 184, 213
谷口将紀　　25, 218
西澤由隆　　23, 25, 41, 65, 67, 74
秦正樹　　27, 29, 139, 213
平野浩　　2, 3
マッケルウェイン，ケネス・モリ　　17, 75
三宅一郎　　23, 25, 41, 65, 67, 74
山田真裕　　25

著者紹介　　大村　華子（おおむら はなこ）

　　　　　　現職：京都大学大学院法学研究科教授
　　　　　　略歴：1980 年生まれ。2011 年，京都大学大学院法学研究科博士
　　　　　　　　　後期課程修了，博士（法学）
　　　　　　研究分野：政治学，政治経済学，公共政策，政治行動論
　　　　　　著作に，『政治行動論〔新版〕──有権者は政治を動かせるの
　　　　　　　　　か』（共著，有斐閣，2025 年）；『日本のマクロ政体──現代
　　　　　　　　　日本における政治代表の動態分析』（木鐸社，2012 年）など。

日本の経済投票──なぜ日本で政権交代が起こらないのか?
*Economic Voting in Japan: An Analysis of Japan's Electoral Accountability
　　Mechanisms*

2025 年 3 月 30 日 初版第 1 刷発行

著　　者　　大村華子

発行者　　江草貞治

発行所　　株式会社有斐閣

　　　　　　〒101-0051 東京都千代田区神田神保町 2-17

　　　　　　https://www.yuhikaku.co.jp/

装　　丁　　高野美緒子

印　　刷　　大日本法令印刷株式会社

製　　本　　大口製本印刷株式会社

装丁印刷　　株式会社亨有堂印刷所

落丁・乱丁本はお取替えいたします。定価はカバーに表示してあります。
©2025, Hanako Ohmura.
Printed in Japan. ISBN 978-4-641-14956-4

本書のコピー，スキャン，デジタル化等の無断複製は著作権法上での例外を除き禁じられています。本書を代行業者等の第三者に依頼してスキャンやデジタル化することは，たとえ個人や家庭内の利用でも著作権法違反です。

JCOPY　本書の無断複写(コピー)は，著作権法上での例外を除き，禁じられています。複写される場合は，そのつど事前に，(一社)出版者著作権管理機構(電話03-5244-5088，FAX 03-5244-5089，e-mail:info@jcopy.or.jp)の許諾を得てください。